살아남는
생각들의 비밀

어제의 통찰이 내일의 해결책이 되는
진화적 사고의 힘

살아남는
생각들의 비밀

EVOLUTIONARY IDEAS

샘 테이텀 지음 | 안종희 옮김

더퀘스트

《살아남는 생각들의 비밀》에 대한 찬사

샘 테이텀은 오늘날의 혁신에서 행동과학이 어떻게 결정적인 역할을 하는지를 이론과 더불어 실제 사례를 통해 보여준다. 놀라울 정도로 값진 책이다!

—**니르 이얄**, 《훅》《초집중》 저자

현대의 혁신을 끌어내는 행동과학의 역할에 대한 도발적인 주장.

—**딜립 소만**, 토론토대학교 행동과학 및 경제학 분야 책임연구자, 《라스트 마일》 저자

탁월하고 매력적인 이 책은 혁신의 심리학에 관한 통찰로 가득하다. 특별히 혁신이 혁명적인 것이 아니라 진화적임을 강조한다.

—**맷 리들리**, 《혁신에 대한 모든 것》 저자

새로운 이야기와 탄탄한 실험을 멋지게 결합해 우리 주변의 세상을 설명한다. 혁신을 통해 한발 앞서가기를 원하는 모든 이의 필독서다.

—**리처드 쇼튼**, 《선택한다는 착각》 저자

샘은 혁신과 문제 해결에 대한 진화적 접근방식을 흥미롭고, 쉽게 이해되고, 가장 중요하게는 실용적인 방식으로 제시한다. 간단히 말해 진화는 혁신에 관한 사고방식으로서 인간의 모든 노력에 적용할 수 있다. 《살아남는 생각들의 비밀》은 지금 당장 사용할 수 있는 도구와 전략을 제공한다.

—**이온 프리처드**, 브랜드 전략가, 《어디서부터 잘못되었나?》《협공》 저자

《살아남는 생각들의 비밀》은 새로운 통찰의 온상이며, 우리의 두뇌에 파고들어 스스로 움직인다. 모든 혁신가의 필독서다.

—**시아라 바라자니**, OECD의 선도적인 행동과학자

우리 사회와 자연의 문제에 맞춤한 손쉽게 진화시킬 수 있는 기존 해결책을 이렇게나 많이 두고 굳이 혁신적 해결책을 새로 만들어내야 할까? 샘 테이텀은 진화적 사고 활용에 대한 설득력 있는 주장을 펼치는 한편 문제를 해결해야 하는 모든 이에게 다양한 사례와 영감을 제시한다.

—**코엔 스메츠**, 세인트루이스대학교 겸임 조교수

사람들은 항상 그다음 혁명적 아이디어를 찾는다. 하지만 샘 테이텀이 매력적인 이 책의 여정에서 보여주듯이 해결책을 만들어내는 가장 좋은 방법은 바로 우리 앞에 놓여 있다. 이 책에 담긴 흥미로운 사례들에서 사고의 새로운 차원을 만나보자!

—**마이클 홀스워스**, BIT 아메리카 상무이사

행동 변화 프로그램에 대한 요구가 폭발적으로 증가하고 있다. 많은 사람이 분투하고 있고, 밑바닥부터 행동 변화 개입법을 설계해야 한다고 느낀다. 샘은 기존에 존재하는 것을 왜, 어떻게 활용할지를 영리하고, 명확하고, 매우 시의적절하게 보여준다. 이 책을 읽고 훔쳐라!

—**마크 얼스**, 《허드》《최초가 아니라 최고가 되어라》 저자

혁신은 진화라는 리듬을 탄다

잠시 당신이 먼 곳에 있는 높은 산을 등반하기 위해 출발하는 무리에 속해 있다고 상상해보자. 당신에겐 산의 위성사진이나 지형도는 물론이고 멀리서 한쪽 방향에서 바라본 모습 외에 산의 형태에 관한 정보가 거의 없다. 계곡, 개천, 빙하, 통과하기 힘든 절벽의 위치도 모른다.

한 가지 합리적인 접근방법은 아마 다음과 같을 것이다. 사람들을 몇 명씩 나누어 여러 방향에서 등반한다. 당신이 속한 팀은 북쪽에서, 다른 팀은 남쪽의 낮은 고개, 또 다른 팀은 북동쪽 산등성이를 통해 접근할 수 있다.

당신은 어려움 속에서도 동료들과 계속 연락하면서 시시때때로 이렇게 외친다. "밥, 이쪽에 길이 있는 것 같아." "제인, 서쪽으로 200미터 앞에 더 좋은 길이 있는 것 같아." 이편 팀은 막다른 곳에

봉착하거나 예상치 못한 절벽에 가로막혀 완전히 포기한다. 이 시점에서 사람들은 발걸음을 돌리거나 베이스캠프로 돌아와 보고 들은 내용에 기초해 새로운 방향에서 다시 등반을 시작하기도 한다.

그러다가 누군가는 결국 정상에 오른다.

그리고 바로 이때 두 가지 현상이 발생한다.

모든 사람이 처음 정상에 오른 사람의 이름을 기억하고 그에게 특별한 천부적인 재능이 있다고 믿을 것이다. 하지만 그 못지않게 좋은 경로를 택했음에도 자신의 잘못이 아닌 다른 이유로 곁길로 새거나, 곤경에 빠지거나, 방해를 받아 정상에 오르지 못한 불운한 사람들은 곧 잊어버릴 것이다.

어쩌면 최초의 정상 등반자가 성공한 것은 궁극적으로 크게 실패했던 사람들이나 정상 바로 아래까지 등반한 사람들, 크레바스에 빠지기 전에 낮은 지역의 경로를 전달한 사람들에게서 관련 정보를 습득한 결과일지도 모른다. (영국 정부가 수여하는 대영제국 4등 훈장OBE은 종종 농담 삼아 다른 사람의 노력Other Buggers' Efforts에 주는 상이라고 불린다.)

하지만 모든 실패는 빠르게 잊히고, 최종 승리자와 최초로 성공한 효과적인(하지만 반드시 최적이지 않은) 의사결정에만 초점이 맞추어진다.

그러고 나면 두 번째 현상이 나타난다.

물론 당신이 정상에 서면 고도의 이점과 새로운 전망을 갖게 되어 산에 오르는 최적 경로를 선명하게 볼 수 있다. 유리한 위치에서 새삼 아래를 바라보면 그 경로는 처음부터 명백한 최선의 경로처럼 보인다.

그 결과 당신은 자신이 잘못 선택했던 방향과 곁길 따위는 까맣게 잊어버린다. 실패한 시도도 마찬가지다. 당신은 정상에 오르기까지 잘못된 방향을 선택했던 것도, 정상 등반에 결국 실패한 동료 등반가들이 수행했던 탐색 작업도 잊어버린다.

시간이 지나면 이 이야기는 지금 돌아보니 명백하고도 완벽한 경로를 당신이 처음부터 선택했다고 암시하는 방식으로 각색된다. 실패도 우회로도 없었으며, 빠져나갈 수 없는 협곡으로 접어들어 등반이 예기치 않게 끝나고 마는 일도 없었다. 당신, 오직 당신만이 의식적이고 주도면밀하게 행동한 덕분에 올바른 경로를 통해 산 아래에서 정상까지 올라갔다. 이것은 오로지 이성의 승리였다.

그렇기 때문에 우리는 늘 진화적 메커니즘의 가치를 지나치게 낮춰 본다.

유명한 벨기에인 또는 캐나다인이 적은 이유도 마찬가지다. 알다시피 캐나다인이 유명해지면 사람들은 그들이 미국인일 것으로 추정한다. 벨기에인이 유명해지면 사람들은 그들이 프랑스인이나 네덜란드인일 것으로 추정한다.

점진적인 진화적 과정이 성공을 거둘 때마다 성공 이후의 평가에서 그 과정의 굉장하고 대체할 수 없는 공로는 간과되고, 성공은 의도적인 계획 행위 덕분으로 치부된다. 어떤 이유에서 보면 이 자체가 진화심리학의 산물일지도 모른다. 진화적 방식으로 세상을 보기란 쉬운 일이 아니다.

엘리자베스 여왕의 신하이자 시인이었던 해링턴 경(잡학에 관심이 있는 사람들을 위해 말하자면, 변기 발명가이자 〈왕좌의 게임〉에서 존 스노를 연기한 배우 키트 해링턴Kit Harington의 선조다)은 다음 글을 통해 이러한 비대칭적인 기여 평가에 대해 언급했다.

왜 반역은 자주 성공하지 못할까? 반역이란 무엇인가?
반역이 자주 성공한다면 누구도 감히 그것을 반역이라고 부르지 않을 것이다.

해링턴은 성공한 반역은 찾아보기 힘들다는 것을 알았다. 반역이 성공한다면 다른 이름으로 불렸을 테니까. 예컨대 독립전쟁이나 혁명처럼 말이다.

도와줄 미국인이 있다면 이 실험을 직접 해볼 수 있다. 만약 당신이 미국독립전쟁이 노예를 소유한 소수의 부유한 플랜테이션 농장주와 토지 소유욕이 가득한 사람들의 불만과 탐욕에서 비롯한 편협한 반란이었고 민주적 정당성*이 전혀 없었다고 말하면, 당신은 완전히 논쟁의 소지가 있는 견해(그리고 긍정적인 사후가정적 counterfactual 입장에서 보면 캐나다에서라면 그런 일이 발생하지 않을 수도 있음을 시사하는 견해)를 가지고 있는 셈이다. 하지만 흥미

---

* 특히 혁명 과정에서 발언권이 없었던 원주민과 노예들은 대영제국을 압도적으로 지지했다.

롭게도 당신이 마주하는 것은 어떤 반론이 아니라 짜증과 완벽한 당혹감이다. 나는 미국인들의 이런 태도를 비난하려는 것이 아니다(모든 국가는 어떤 사건을 자국 중심적 내러티브로 설명하며 나 역시 마찬가지다). 다만 마음에 들고 신뢰할 만한 내러티브가 개인이나 집단을 사로잡고 나면 다른 설명을 제시하기가 매우 어렵다는 점을 보여주려는 것이다.

그리고 왜인지는 모르겠지만, 언젠가 한 사상가가 "상황이 그렇게 되다 보니 그렇게 된 것"이라고 간명하게 표현했던 진화적 서사는 계획적이고 의식적인 의도와 설계를 중심으로 하는 서사에 늘 밀린다.

나는 이러한 내러티브 편향과 생존자 편향이 결합되어 대부분의 인간 진보에 대해 오해하는 일이 흔히 발생한다고 생각한다. 인간의 진보 과정은 실제로는 우리가 돌이켜보면서 인정하는 것보다 훨씬 더 많은 실험과 실패를 거친다.

다시 말하지만 어떤 획기적 돌파가 이루어지면 우리는 그 과정을 돌아보면서 마치 처음부터 명확했던 것처럼 인식한다. 일이 일어난 다음 뒤돌아보면 모든 게 명확해 보이는 법이다. 성공적인 경로가 드러나면 다른 모든 경로는 잘못된 것임이 자명해져 빨리 잊히거나 폄하되고, 그 경로를 선택한 사람들의 이름도 종종 역사 속으로 사라진다.

하지만 성공은 전혀 의도에서 비롯되는 것이 아닐 수 있다. 성공을 거둔 사람들은 무작위적 변화와 선택 과정에서 운 좋게 해결책을 찾았고, 그 과정에서 유일하게 눈에 띈 참여자일 수도 있다.

기구한 타이밍 때문에 비틀스The Beatles가 킹크스The Kinks보다 더 작은 밴드가 되고 마는 평행우주가 있을까? 나는 전지전능한 신이 우연히 킹크스의 리드 보컬 레이 데이비스Ray Davies의 열렬한 팬이었다면 충분히 그럴 수 있다고 생각한다. 그런 얘기를 비틀스 팬들 앞에서만 하지 않으면 된다. 마찬가지로 계획과 전략에 참여한 사람들에게 그들의 성공이 전혀 예측하거나 계획하지 않은 일의 의도치 않은 결과라고 말하지 마라. 그들은 그런 말을 좋아하지 않는다.

하지만 이런 차이와 이것을 바라보는 우리의 비대칭적 시각을 이해하는 일은 매우 중요하다. 진보의 기원을 잘못 이해하면 더 많은 진보를 만들어내려는 노력의 방향이 틀어질 수 있기 때문이다.

이 책은 앞서 출판된 맷 리들리Matt Ridley의 《혁신에 대한 모든 것How Innovation Works》과 완벽한 단짝이다. 생물학자인 리들리는 성공을 보상하고 실패는 최대한 빨리 완전히 없애는 메커니즘을 가진 변이와 선택이 특정한 선입견에 기초한 계획적인 투자보다 기술의 진보와 발전에 훨씬 더 많은 역할을 한다고 이해한다.

리들리는 진화 과정이 우리가 실제로 인정하는 것보다 발전에 훨씬 더 큰 역할을 한다고 주장한다. 또 이런 확률적 과정이 시간 속에서 계획된 의도가 결코 얻을 수 없는 결과를 만드는 방식을 설명한다. 진화 이외의 다른 방법으로는 오를 수 없는 산이 있다.

하지만 나의 벗 샘 테이텀은 이 책에서 이런 내용을 한 단계 더 발전시킨다. 샘은 생체모방biomimicry(생물체의 구조와 원리, 특성을 산업 분야에 적용하는 것-옮긴이) 연구를 통해 한 분야의 진화적 과정을 겉보기에 관련이 없는 다른 분야에도 적용할 수 있다고 주장한다. 그는 트리즈TRIZ(구 소련의 겐리히 알츠슐러가 고안한 창의적 문제 해결 기법-옮긴이) 시스템을 통해 성공적인 문제 해결에서 반복적으로 발견되는 패턴을 확인하고, 진화적 과정을 대체하는 것이 아니라 그것을 확대하고 재현하기 위한 틀을 제공한다.

내가 진심으로 환영하는 내용이 또 있다. 인간 지성의 반복적 진화 패턴을 혁신의 기술적 측면뿐만 아니라 심리적 측면에서도 찾아내 재현할 수 있다는 주장이다.

이것이 왜 중요할까? 우리가 새로운 발명품을 개발하는 데 변이와 선택이 수행하는 역할을 폄하하는 경향이 있듯이, 사람들이 새로운 기술을 처음으로 채택하도록 장려하는 과정에서 마케팅·프레젠테이션·광고·설득·판매 기술의 역할을 전체적으로 과소평가하기 때문이다.

일단 새로운 기술을 받아들이도록 설득되면 우리는 흔히 스스로 그 이유를 제시하면서 외부 설득의 역할을 완전히 잊는다. 예컨대 우리는 물건을 사고 나면 판매자가 물건을 팔았다는 사실을 잊고 그것을 '선택'으로 바꿔버린다. 예의 유명한 벨기에인 문제가 또다시 등장한다.

뒤집어 말해보자면 에디슨, 잡스, 포드, 머스크가 발명가 못지

진화는 반복되지는 않지만 라임을 맞춘다.

않게 굉장한 장사꾼이라는 사실이 우연의 일치일까? 아니, 나는 그렇게 생각하지 않는다.

이렇게 말하는 것은 내가 이 멋진 책을 쓴 저자와 마찬가지로 광고계에 종사하는 탓이기도 하다. 하지만 실험·변형·선택의 게임이기도 한 마케팅과 광고의 역할이 혁신의 필수 요소이면서도 간과될 경우가 많다는 점은 짚고 넘어갈 가치가 있다고 생각한다.

나중에 되돌아보면 어떤 마케팅은 애초부터 성공이 보장된 것처럼 보인다. 하지만 마케팅 당시에 성공 여부가 분명한 경우는 드물다. 바로 이런 이유에서 우리는 더 많이 실험해야 할 뿐만 아니라, 무엇을 실험할지 결정할 때 진화적 패턴에 대한 인식을 활용할 필요가 있다. 진화는 단순히 반복하지 않고 라임을 맞춘다.

여기서 특히 흥미로운 점은, 샘이 발견했다시피 행동과학이 항상 올바른 해답을 제공하진 않지만 심리학 영역에서 테스트해볼 만한 타당하고도 종종 예상치 못한 내용을 소개한다는 것이다.

나는 많은 위대한 기술적 성공이 실제로는 위장된 마케팅의 성공이 아닐까 의심한다. 예컨대 우버Uber의 천재성은 지도 앱과 놀라운 심리학적 통찰을 새롭게 결합한 것이다. 사람들은 대기시간 자체보다 대기의 불확실성에 훨씬 더 신경 쓴다. 엔지니어는 대기시간을 측정하지만 심리학자는 기다리는 사람의 정신 상태를 고려한다. 지도 앱은 심리학적 도구를 사용해 불확실성 문제를 해결함으로써 기술전문가들이 인정하는 것보다 훨씬 크게 우버의 성공에 기여했다.

오래전 열차 출발 정보 시스템에서도 이와 똑같은 발견을 했지만, 누구도 이런 발견을 구체적으로 입증하고 택시에 적용할 생각은 하지 못했다.

샘의 접근방식에 힘입어 나는 앞으로 10~20년 동안 심리학의 발전이 오늘날의 기술만큼이나 인간 생활을 개선하는 데 중요한 역할을 할 것으로 본다. 나는 이 책이 집중적이면서 동시에 진화적인 접근방식을 지각·심리학·현상학의 영역으로 확장함으로써 우리에게 규정집이 아니라 더 나은 방향의 실험, 곧 더 빠르고 더 인간적인 진보를 위한 이정표를 제시한다고 생각한다.

런던에서,
로리 서덜랜드Rory Sutherland
(오길비UK 부회장)

해결책의 '패턴'은 우리 주변에 있다

처음 심리학을 접했던 때가 아직도 기억난다.

아홉 살에서 열 살 무렵 초보적인 매뉴얼을 간단하게 작성하는 학교 숙제를 받았다. 지금으로 치면 제작 매뉴얼이라고 부를 만한 것이었다. 다른 아이들은 며칠에 걸쳐 맛있는 팬케이크, 멋진 종이비행기, 신기한 개미농장 만드는 법을 정성스럽게 적은 매뉴얼을 들고 의기양양하게 학교로 왔다. 반면 나는 과제를 잘 이해하지 못해 어리둥절했다.

친구들에게 자극을 받고 집으로 돌아온 나는 부모님에게 아이디어를 구했다. 아빠(회계사였지만 더 창의적인 분야에서 일했어야 했다)는 과제를 살펴보시더니 당시의 나로서는 헷갈리는 대답을 하셨다.

"사람들에게 군중을 모으는 방법을 가르쳐주는 건 어때?"

"어떻게요?"(어리둥절하며) 내가 물었다.

"위를 쳐다보기만 하면 돼." 아빠가 말했다.

나는 더 헷갈렸다. "음, 네가 위를 보고 있으면 네 뒤에 있는 사람이 서서 네가 보는 걸 바라볼 거야. 두 사람이 위를 쳐다보고 있으면, 그다음은 너도 알겠지만, 세 명이 바라보겠지……."

다른 아이들과 달리 이 매뉴얼을 실행하는 데는 달걀, 밀가루, 우유가 필요 없었다. 종이도 흙도 필요 없었다. 그것은 타고난 인간 행동을 간단하게 이해해서 다른 사람들에게 영향력을 끼치는 방법으로 비용이 전혀 들지 않았다.

그것은 마법이었다.

그 뒤로 나는 이런 종류의 아이디어와 인간 심리를 이해하여 사실상 무에서 가치를 끌어내는 방법에 관심을 두었다. 다행스럽게도 나는 지금 심리학을 핵심 재료로 삼는 아이디어와 창의성이 곧 제품이 되는 사업 분야에서 돈을 벌고 있다. 나는 조직심리학을 전공했다. 10년 동안 지구에서 가장 창의적인 네트워크에 소속되어 응용행동과학의 최전선에서 일했다. 운 좋게도 시드니에서 실리콘밸리까지, 그리고 뉴욕에서 나이지리아까지 다양한 곳에서 행동과학과 창의성을 통합하면 우리가 직면한 가장 흥미롭고 까다로운 문제를 해결하는 데 얼마나 유용한지를 경험했다.

나는 행동과학과 진화심리학 분야가 오늘날의 혁신에 얼마나 엄청난 기회를 제공하는지 구체적으로 설명하기 위해 이 책을 쓰기로 결심했다. 이 책을 활용해서 우리가 비용이 많이 들고 리스크가 큰 해결책을 개발하는 데 시간을 덜 쓰는 대신 검증을 거치면서 수용성과 창의적 실행력을 갖춘 심리학적 해결책을 찾는 데 더 많은 시간을 투자하게 되기를 바란다. 이를 위해 학습 가능하면서도 마법처럼 적용할 수 있는 프로세스를 공유할 것이다.

당신은 이제 나와 함께 진화심리학적 해결책의 패턴을 찾는 여정을 떠날 것이다. 일단 당신이 무엇을 찾고 있는지 알면 이런 해결책을 의식적으로 재활용하여 당신이 직면한 가장 중요한 과제에 대한 더 빠르고, 더 효율적이고, 더 효과적인 해결책을 찾아 창의적인 혁신을 이룰 수 있다.

우리가 걸어갈 여정

이 책은 2부로 이루어져 있다. 1부에서는 진화적 사고에 필요한 도구를 제공하고, 2부에서는 진화적 사고를 창출하는 방법을 알려준다.

1부에서는 우리가 새로운 도전에 직면하면 근본적이고 혁명적인 혁신을 추구하는 성향이 있음에도 불구하고, 자연 속에 더 나은 아이디어가 이미 존재한다는 것을 볼 것이다. 생물학과 기술에서 진화심리학에 이르기까지, 우리 주변에는 기존 해결책의 패턴이 존재한다. 실제로 세계의 가장 위대한 혁신 중 다수는 기존의 아이디어를 상황에 맞게 새롭게 적용한 것이다. 창의성을 발휘하는 과정은 체계적일 수 있으며, 행동과학의 분류체계가 우리의 각본이 될 수 있다. 우리는 더 강력한 질문과 의도적인 적용을 통해 이미 존재하는 아이디어에서 새로운 아이디어를 끌어내어 혁신을 가속화할 수 있다는 것을 배울 것이다.

2부에서는 이런 사고방식을 사업, 혁신, 행동 변화 분야에서 당면한 가장 근본적인 도전과제 다섯 가지를 해결하는 데 적용하는 법을 배울 것이다. 인간 심리의 진화적 해결책이 어떻게 (1) 신뢰를 강화하고, (2) 의사결정을 지원하고, (3) 행동을 끌어내고, (4) 충성도를 높이고, (5) 경험을 개선하는 데 창의적으로 적용될 수 있는지 탐색한다. 우리는 혁신의 프로세스와 원재료에 초점을 맞추며, 이를 특정한 실행이나 성과의 규모에 국한하지 않고 다른 곳에도 접목하여 활용할 수 있다.

새로운 적용

이 책은 문제를 해결하려는 사람들을 위한 것이다. 크리에이티브 영역에서 일한 경험에 비추어볼 때 이 주제는 단순히 광고인들이나 마케팅 부서만(매우 유용하긴 하지만)을 위한 내용이 아니다. 이 책의 목적은 오래된 문제를 새로운 방식으로 (또는 새로운 문제를 기존 방식으로) 해결하려는 사람들에게 조언을 제공하는 것이다.

어떤 사람은 이렇게 반문할시도 모른다. "행동과학에 관한 다른 책도 있잖아요?" 맞다. 이 주제를 다루는 책은 많다. 행동과학, 진화심리학, 혁신 전략 분야에 종사하는 탁월한 사람들이 나보다 먼저 자신의 사상과 연구 결과를 책으로 펴냈다. 나의 역할은 이런 결과를 관찰하고 통합하여 문제 해결에 적용하는 것이다.

아울러 이 책은 이 분야의 최신 연구 결과를 제시하겠지만 엄격한 학문적 이론서도, 여기서 언급하는 도전과제의 심리학적 해결책에 관한 자세한 설명서도 아니다. 이 책을 읽고 지나치게 단순화했다고 생각하는 독자도 있을 것이고 너무 복잡하다고 생각하는 독자도 있을 것이다. 어쩌면 이 책은 여러 면에서 이 두 가지 모두에 해당할지도 모른다. 때에 따라 우리는 지나치게 단순화된 방식으로 개념에 접근해서 그것이 더 실용적이고 창의적으로 응용되도록 만들 것이다.

이 책에서 소개하는 응용행동과학에 관한 새로운 사고방식이 우리 사회에 진화적 사고를 증진하고 더 많은 혁신의 기회로 이어지기를 바란다. 이 책은 기계적인 규약 모음보다는 철학에 더 가깝지만 심리적 혁신에 대한 체계적인 모델의 토대를 제시한다. 아울러 이 책이 앞으로 더 창의적인 해결책을 제공할 수 있도록 그 모델을 조직화하는 출발점이 되기를 바란다.

진화적 사고의 세계에 오신 것을 환영한다.

차례

1부
진화적 사고의 도구

2부
생각 도구 사용하기

| 모순 1 | 진실을 바꾸지 않고 신뢰 강화하기

3부
결론

문제 해결의 핵심은 '진화적 사고'다

실리콘밸리 내부 깊숙이 숨겨진 비밀 실험실에서 혁명적 아이디어 하나가 탄생한다.

유명한 과학자들로 구성된 소규모 팀이 은밀하게 개발한 그것은 기술과 인간의 상호작용을 획기적으로 바꿀 잠재력을 지닌 혁신이다. 지금으로부터 약 10년 전인 2012년 4월 4일 처음 발표되자마자 이 프로젝트에 관한 이야기는 말 그대로 삽시간에 퍼졌다.

《타임Time》은 이 제품을 올해 최고의 발명품으로 발표했고, 유명 인사와 CEO에서 대통령, 전 세계의 왕족에 이르기까지 모든 사람이 이 제품을 원했다. TV 시트콤 〈심슨 가족The Simpsons〉은 하나의 에피소드 전체를 이 제품에 관한 이야기로 채우겠다고 발표했고, 《보그Vogue》는 이에 관한 기사에 열두 면을 할애했다. 상상력을 사로잡은 혁신이었다.

이것은 역사상 가장 간절히 고대했던 기술 혁신 중 하나에 관한 이야기다. 이 제품의 공개 행사는 이 혁신적 제품만큼이나 대담했다. 스카이다이버가 비행선에서 뛰어내려 샌프란시스코 모스콘 전시센터 지붕 위로 착지하고, 바이커들이 모스콘의 넓은 지붕 위를 달리고, 라펠러들이 건물에 자일을 매달아 전시센터 측면을 타고 내려와 공개 행사장으로 들어왔다. 이때 모든 시연자가 착용한 이 제품을 통해 모든 장면이 행사장으로 전송되었다. 구글은 이 행사를 위해 돈을 조금도 아끼지 않았다. 6월 27일 소수의 부자에게 사전예약 주문 기회가 제공되었고, 2013년 봄부터 일반인들도 구매할 수 있었지만 오픈마켓에서는 살 수 없었다. 열성 구매자들은 트위터에 이 제품에 대한 구매 서약(무려 정가 1,500달러에)을 남기기도 했다. 2년 뒤 모든 사람이 구매할 수 있게 됐지만 곧이어 판매 중단이라는 충격적인 발표가 있었다.

이 제품은 등장하자마자 빠르게 사라졌다.

구글 글래스Google Glass에 관한 이야기다. 많은 사람이 믿었던 꿈은 산산조각났다.

무엇이 잘못되었을까?

구글은 구글 글래스가 얼굴에 달린 세그웨이 꼴이 되지 않게 하려고 최선을 다했지만, 사람들은 곧바로 구글 글래스가 지나치게 과장되고 비실용적이라며 실망했다. 안경에 부착하는 웨어러블 컴퓨터인 구글 글래스는 유명 인사들은 이 제품을 원하지만 일반 소비자들은 왜 그것이 필요한지 잘 모르는 이상한 역설에 갇혔다. 비평가들은 구글 글래스가 몇 가지 스마트한 기능이 있지만 특별히 유용한 기능은 아니라고 주장했다. 투박하고 무겁고 배터리 수명도 형편없는 구글 글래스는 기존 스마트폰과 스마트워치에 비해 경쟁력이 별로 없었다.

그리고 아주 이상해 보였다.

카메라를 모든 사람의 얼굴 주위에 부착한다는 생각은 사람들을 오싹하리만치 불편하게 만들었다. 사회는 이 제품을 진짜 두려워했다. 《뉴욕타임스The New York Times》는 신문 1면에서 구글 글래스의 사생활 침해 여부를 다루었다. 곧이어 은행, 술집, 영화관, 스트립 클럽(!)이 구글 글래스 착용을 금지하기 시작했다. 구글은 구글 글래스의 얼리 어답터들을 '익스플로러(모험가들)'라 불렀는데, 얼마 못 가서 대중들은 이들을 '글래스홀Glasshole'(구글 글래스 사용자와 비속어 애스홀asshole을 조합하여 비꼬는 말-옮긴이)이라고 바꿔 부르기 시작했다. 구글이 이 제품의 생존을 위해 사회적 에티켓의 변화를 요구하는 것은 너무 무모한 일이었다. 몇 가지 기술적 문제점이 있었지만, 궁극적으로 구글 글래스의 운명을 가른 것은 사회적 공포였다.

구글 글래스의 약속은 우리에게 유용한 기술을 개발하겠다는 것이었다. 약속대로만 된다면 궁극적으로 구글과 전 세계 모든 스카이다이버의 힘을 우리 모두가 누릴 수 있을 것 같지만, 잠시 후 화장실 가는 모습을 라이브 스트리밍할 위험이 조금이라도 있다면 구글 글래스는 그걸로 끝이다.

구글은 산업을 근본적으로 바꾸고 이제껏 보지 못한 혁신을 창출한다는 흥분에 싸여 그들의 길을 가로막는 인간 고유의 문제를 놓쳤다. 구글 글래스가 탁월하다 해도 사람들은 그것으로 무엇을 할지 몰랐고, 알고 나서는 몹시 불편해했다. 구글 글래스는 제대로 상용화되지 못한 채 '발명부터 해놓고 무슨 문제를 해결할지 찾아다닐' 운명이었다.

반짝인다고 모두 금은 아니다.

구글 글래스는 이런 유형의 혁명적 아이디어가 처음으로 실패한 예가 아니며, 마지막도 아닐 것이다. 구글 글래스 이야기가 많은 사람을 실망시키긴 했지만, 안타깝게도 이런 사례는 생각보다 훨씬 더 흔하다. 하버드대학교 경영대 교수 클레이턴 크리스텐슨Clayton Christensen은 혁신의 세계는 여전히 "고통스러운 복불복"이라고 말했다.[1] 매년 출시되는 3만 개의 신제품 중 95퍼센트가 완전히 실패작인 것으로 추정된다.[2]

우리는 경쟁 환경에서 살아간다. 좋은 아이디어, 안정적인 기업, 강력한 캠페인이 살아남고 그렇지 않은 것은 사라진다. 이러한 선별적인 혁신 게임에서 성공은 결국 시간이 지남에 따라 점점 개선되는 것이라고 추정하는 것이 합리적이다. 슬프게도 이런 개선마저 쉽게 이루어지지 않는다.《월스트리트저널Wall Street Journal》[3]은 스타트업 네 개 중 세 개가 파산하고 기업의 조직 변화 시도는 70퍼센트가 실패한다고 추정한다. 또한 《포브스Forbes》[4]는 이런 수치가 증가하고 있다고 말한다. 전 세계의 브랜드, 정부, 기업가의 노력에도 불구하고 선의의 혁명적 사고방식이 초래하는 이차적 손실은 놀라울 지경이다.

> "많은 사람이 근본적인 혁신을 추구하는 이유는 그것이 크고 극적인 변화이기 때문이다."
>
> _ 도널드 노먼Donald Norman, 전 애플 부사장이자 UX의 창시자

이 책의 영어 제목을 처음 보고 사람들은 종종 '진화적(에볼루셔너리)evolutionary'을 '혁명적(레볼루셔너리)revolutionary'으로 읽는다. 우리의 뇌는 기대한 대로 보는 성향이 있으며, 급진적이고 진기한 것을 좋아하는 현대 문화의 페티시 탓에 다른 것을 거의 기대하지 못한다. 이와 비슷하게 우리는 삶과 비즈니스에서도 근본적이고 혁명적인 것에 집착한다. 기적적인 체중 감량과 바이럴 캠페인viral campaigns(상품 판매 촉진을 위해 SNS 등을 통한 입소문을 이용하는 것-옮긴이)에서 대형 브랜드 출시와 (벤처 캐피털의) 유니콘 기업 탐색에 이르기까지 우리는 새롭고 획기적인 아이디어에 굶주려 있다. 마케팅 분야는 특히 크고 새로운 것에 집착한다. 일반적으로 이 업계는 경쟁에서 승리하려면 근본적이고 혁명적인 혁신이 필요하다고 믿는다.

하지만 혁명을 추구하는 일은 매우 위험하다. 우리는 기업이 이

런 일에 충분히 돈을 투자하지 않는다고 생각한다. 하지만 실제로는 너무 많이 투자하고 있다면 어떨까? 획기적인 혁신을 추구할 때, 많은 기업이 한 건이라도 성공해서 나머지 실패들을 보상받기를 바라면서 다수의 혁신 프로젝트에 자금을 지원하는 전략을 채택한다. 누바르 아페얀Noubar Afeyan과 게리 피사노Gary Pisano는 이 주제와 관련해 《하버드비즈니스리뷰Harvard Business Review》에 발표한 논문에서 이것을 '유효 슈팅 오류shots-on-goal fallacy'라고 설명한다.[5] 이를테면 확률 법칙 또는 순전히 행운에 따라 결국에는 득점할 것이라는 신념이다.

많은 사람에게 혁신은 마치 주사위 던지기와 같다.

이 책은 혁신에 대한 새로운 접근법을 소개한다. 하지만 다른 대안을 진정으로 받아들이려면 먼저 혁명적인 것을 향한 우리의 지칠 줄 모르는 집착을 살펴보는 것이 도움이 된다. '창조주의적 사고방식'과 크고 참신하고 급진적인 것에 그토록 강력하게 끌리는 이유는 (특히 현대 기업 문화가 한계이득이나 적응력 같은 개념을 공공연히 강조하는 마당에) 무엇일까? 왜 우리는 여전히 혁명가의 전망에 맹목적으로 매달릴까? 이런 태도의 밑바탕에는 의도와 높은 지위를 향한 집착, 그리고 심리적 '일관성'(뒤에서 더 살펴볼 것이다)에 대한 욕구가 위험하게 뒤섞여 있으며, 그 위로 '이번에는 다를 것'이라는 낙관주의가 흘러넘친다.

고독한 천재라는 신화

아르키메데스, 레오나르도 다빈치에서 마리 퀴리Marie Curie, 스티브 잡스Steve Jobs에 이르기까지, 역사는 전설적인 공상가와 고독한 개척자의 관점에서 가르쳐왔다. 우리는 문화 전반에서 용기나 천재성을 통해 우리의 경로를 바꾼 개인들의 독보적인 업적을 찬양한다. 그들의 '획기적인' 발견과 발명품만이 세계를 바꾼 것처럼.

생물학자이자 베스트셀러 작가인 맷 리들리는 인간 역사가 계획, 방향 설정, 설계를 잘못 강조하고 있다고 주장한다. 우리는 인간의 의도성에 심취해 있고, 고독한 천재가 번뜩이는 영감이나 지혜를 얻는다는 신화에 사로잡혀 있다. 우리는 이런 신화를 다른 방식으로 상상하기 힘들다. 리들리는 이렇게 말한다. "전투에서 승리했다면 장군이 그 전투를 승리로 이끈 것이 틀림없다."[6] 개인의 숙달된 능력과 의도가 혁명적인 결과를 이루어냈을 거라는 이런 기대는 조직의 리더에 대한 기대로 이어진다.

잠시 당신이 BMW 최고경영자라고 상상해보자. 이런 명망 있는 직책을 맡고 있다면 새롭고 흥미로운 성장 기회(곧 비현실적인 생각)를 제시하여 중대한 영향력을 행사하는 것을 자신의 업무로 인식하는 것도 이해는 간다. 자동차 시승 신청 절차를 최적화하는 일처럼 언뜻 보기에 그다지 중요하지 않은 일에 관여하는 것은 당신의 지위와 어울리지 않아 보인다. 하지만 이런 일들은 결국 기업의 성과에 가장 큰 영향을 끼치는 활동이 될 수 있다. 그런데 현실에서 짐

진적이고 사소한 일들은 대부분 하급 직원에게 맡겨진다. 이런 일들은 당신의 위신과 어울리지 않으니까.

비슷한 맥락에서 리더 위치에 있을 때 우리는 흔히 도전과제에 대해 사소하거나 적당한 해결책을 제안하는 것을 몹시 부끄러워한다. 그런 해결책이 너무 작고 뻔해서 변화를 이룰 수 없다고 생각하기 때문이다. 크고 대담하고 근본적인 의사결정을 내리지 않는 리더도 과연 리더라고 할 수 있을까?

비례 편향: 소 잡을 땐 소 잡는 칼

오래전 나는 여동생이 식물에 물을 주는 모습을 지켜보고 있었다(당시 여동생은 두 살이었다). 작은 화분과 큰 화분이 있었고, 물뿌리개는 하나밖에 없었다. 여동생은 작은 화분으로 다가가 물을 조금 주더니 나머지 물을 큰 화분에 전부 주었다. 아주 어린 나이인데도 여동생은 작은 식물은 물이 조금 필요하고, 큰 식물은 남은 물이 모두 필요하다는 걸 알았다. 비례 편향proportionality bias이라고도 하는 이 만연한 정신적 편의주의는 혁신과 관련하여 특히 위험한 상황으로 우리를 이끈다.

비례 편향은 해결책이 문제의 크기 및 형태와 비례해야 한다는 집요한 성향을 만들어내 수많은 인적 영역에서 큰 문제를 초래한다. 이것은 심리학자와 사회학사들이 논문으로 잘 입증했다.[7, 8] 인류 역사에서 개인들은 특정 질병의 속성에 맞는 치료법을 선택했다. 고대 중국 의학에서는 박쥐가 매우 날카로운 시각을 갖고 있다고 믿고 눈이 나쁜 사람들에게 박쥐를 먹였다. 또한 고대 의사들은 (인내심으로 유명한) 여우의 폐를 천식 환자에게 처방한 것으로 알려져 있다. 비례 편향은 음모 이론에서도 나타나며('어떻게 총잡이 한 명이 대통령을 암살할 수 있지?'), 유행성 감염병의 폭발적인 영향을 이해하기 어렵다는 점('작은 모기가 황열병처럼 치명적인 질병을 일으킨다니 말도 안 돼!')을 설명하는 데 도움이 된다.

여기서 입력값은 단순히 출력값과 같지 않다.

유명한 카지노 주사위 게임인 크랩스craps 참가자를 관찰하면 비례성에 대한 멋진 실례를 볼 수 있다.[9] 이런 시나리오에서 사람들은 놀랍게도 낮은 숫자를 원할 때 주사위를 부드럽게 굴리고, 높은 숫자를 바랄 때는 더 힘주어 굴리는 경향이 있다. 마치 바라는 결과(낮거나 높은 숫자)에 적합한 해결책(주사위를 굴리는 강도)을 찾는 습관이 있는 듯하다.

똑같은 습관이 혁신에도 그대로 나타날 수 있다. 문제가 더 놀랍고 복잡하고 중대할수록 그 해결책도 더 크고 대단해야 한다고 느낀다. 큰 문제에는 큰 아이디어가 필요하고 새로운 문제에는 새로운 아이디어가 필요하다. 한 번도 경험하지 못한 도전에 직면하면 우리는 세상에 없는 해결책이 필요하다고 느낀다.

혁신에 관한 한, 우리는 주사위를 그냥 굴리는 게 아니라 아주 '열심히' 굴리고 있다.

반쯤 차 있는 유리잔

인간이 혁명적인 것을 집요하게 추구하는 마지막 이유는 우리가 과도한 자신감을 타고났기 때문이다. 이혼 가능성을 과소평가하고 직업적 성공을 과대평가하는 것에서 보듯이, 인간의 뇌는 천성적으로 비현실적이리만큼 낙관적이다. 매년 수백만 명이 도박의 전리품 위에 세워진 거대한 카지노와 호텔로 가득한 라스베이거스로 몰려든다. 이곳에서도 승산은 우리에게 불리하게 조작되지만(그 증거는 사방에 널려 있다), 자신은 예외일 거라고 믿는다. 이런 낙관주의 편향은 심리학에서 가장 일관되고 견고한 선입견 중 하나로 여겨진다.[10] 진화적 관점에서 보면 매우 타당하다. 우리가 역경에 직면할 때에도 낙관성을 유지하며 삶에 몰두하도록 진화해왔다는 것은 중요하다. 이런 긍정적인 관점은 실패에 대처할 때는 도움이 될 수 있지만, 안타깝게도 실패를 예방하는 데는 도움이 되기커녕 그 반대다. 우리는 때로 과도한 자신감으로 경계심을 버리고 들떠서 위험한 행동을 저지를 수 있다. 예컨대 안전벨트를 매지 않고 운전하거나, 자외선 차단제를 바르지 않거나, 사회적 거리두기 정책을 무시하거나, 매년 건강검진 약속을 빼먹는다.

> "영어에서 가장 비싼 단어 네 개는 '(하지만) 이번엔 다를 거야this time it's different'다."
>
> _존 템플턴John Templeton, 영국 투자가

우리에게 유용할 수도 있고 치명적일 수도 있는데, 우리는 자신이 다른 사람들보다 운이 더 좋다고 믿는 편향이 있다. 다른 사람들이 실패하는 일도 나는 성공할 것이라 믿는다. 혁명적 아이디어와 획기적인 혁신의 성공을 기대할 때에도 이와 동일한 낙관주의가 존재한다. 하지만 현실에서 그런 홈런을 칠 가능성은 그리 높지 않다.

혁명의 유리잔은 절반도 차 있지 않다. 사실상 비어 있다.

우주의 죠스

1979년 5월 25일 자정, 아주 새로운 유형의 공상과학 블록버스터 영화가 시애틀에서 개봉되었다. 비평가들의 호평을 받은 이 영화는 대흥행을 기록해 개봉 상영만으로 미국에서 약 8,000만 달러의 수입을 올렸다.* 주연배우는 일약 스타가 되었고, 여기서 파생된 만화·비디오 게임·프랜차이즈 영화들이 줄줄이 제작되었다. 지금까지 이 영화는 역사상 가장 훌륭한 작품으로 평가되며, 유명한 영화 리뷰 웹사이트 로튼 토마토Rotten Tomatoes에서 발표한 신선도 지수가 97퍼센트에 이른다.

그런데 이런 획기적인 영화를 만들려면 무엇이 필요할까? 시대를 대표하는 이런 상징적인 영화는 어떻게 시작되었을까? 전하는

---

* 오늘날의 화폐가치로 환산하면 약 3억 달러다.

말에 따르면, 오래전 두 명의 작가가 대본을 팔려고 할리우드의 영화 프로듀서 사무실로 갔다. 그들은 영화의 핵심 아이디어를 단 두 마디로 제시했다. "우주의 죠스."

이것이 영화 〈에일리언Alien〉를 만들 당시 최초의 아이디어였다(이 아이디어를 그대로 제목으로 삼은 책에 이 얘기가 전해진다). 창의성에 관한 전통적인 관점은 '정해진 패턴을 따르지 않는다'는 것이다. 우리는 기존에 없던 새로운 아이디어를 떠올리려면 틀에서 벗어나 좌충우돌해야 한다는 신념을 갖고 있다. 사실 우리는 어느 변두리의 어두운 차고에서 "드디어 해냈다!"며 극적인 순간을 만들어내는 혁명가의 신화에 너무 빠진 나머지 변형·모방·패턴 찾기를 통한 혁신을 제대로 이해하지 못할 때가 많다. 예를 들어 먼지봉투가 없는 진공청소기로 큰 찬사를 받은 제임스 다이슨James Dyson의 기술은 인근 제재소에서 본 커다란 산업용 사이클론을 차용한 것이었다. 헨리 포드Henry Ford의 혁명적인 조립라인 역시 그가 시카고 스위프트앤드컴퍼니Swift & Company의 도축장을 방문해 영감을 얻은 뒤 그곳의 해체라인을 반대로 적용한 것뿐이었다.* 우리는 〈에일리언〉 같은 영화는 애초부터 규칙 따위 내던져버렸을 것이라고 생각한다. 그런 것이 진정한 혁명이라고 여기는 것이다. 하지만 실제 그 출발점은 우주의 죠스였을 뿐이다.

거의 모든 분야에는 이처럼 기존의 아이디어 패턴이 존재한다.

---

* 스위프트앤드컴퍼니에서는 도축장 노동자들이 정해진 위치에 서 있으면 도르래 시스템이 고기를 각 노동자에게 전달했다.

잠깐만 둘러봐도 진정한 혁명은 생각보다 훨씬 드물다는 사실을 알수 있다. 아이러니하게도 진짜 혁명적인 아이디어의 희소성은 역사상 가장 혁명적인 시기였던 20세기 초 공산주의 국가 소련의 철저한 조사를 통해 드러났다.

이 흥미진진한 조사에서 엔지니어들로 구성된 조사팀은 세계에서 가장 성공적인 기술 특허 중 무려 20만 건을 검토하여 창의성과 독특성의 정도에 따라 분류했다. 모두 법률 특허를 받은 발명이었지만 놀랍게도 엔지니어들이 직면한 문제의 95퍼센트는 그 해결책이 산업계에 이미 존재하는 것들이었다. 약 3분의 1(32퍼센트)은 "명백한 해결책"으로 간주되었고,* 거의 절반(45퍼센트)은 "기존 시스템을 약간 개선한 것"으로 평가되었다.** 5분의 1(18퍼센트) 미만은 "기존 시스템을 상당히 개선한 것"으로 분류되었다.*** 그리고 혁신의 약 5퍼센트가 "기술이 아니라 과학에 기초해 발견한" 해결책으로 분류되었다.**** 가장 높은 단계의 혁신으로 선정된 것은 조사한 특허 중 단 1퍼센트에 불과했으며, 조사자들은 이것을 진정한 혁신으로 평가했다. [11]

토머스 에디슨Thomas Edison을 공학사의 영웅으로 만든 혁신의 아이콘인 전구 발명조차도 다수의 발명가가 도전하여 이룬 점진적

* 예를 들면 벽의 두께를 늘려서 단열성을 개선했다.
** 예를 들면 조정 가능한 운전대를 만들어 사람들이 체격에 상관없이 같은 자동차를 운전할 수 있게 했다.
*** 예를 들면 자동차의 표준 트랜스미션을 자동 트랜스미션으로 대체했다.
**** 예를 들면 초음파 기술을 이용해 물체의 표면을 청소했다.

인 혁신의 이야기다. 리들리는 이렇게 요약했다. "1870년대 말 백열전구를 독자적으로 설계했거나 결정적으로 개선한 권리를 주장할 수 있는 사람은 21명이었고, 그들은 대부분 서로 독립적으로 활동했다."[12]

그러나 의도와 개인적인 천재성에 대한 집착, 비례성을 추구하는 성향, 장래에 대한 비현실적인 장밋빛 시각에 매몰된 우리는 극히 예외적인 '유레카!'의 순간을 무턱대고 추구한다. 우리는 요행을 기대하며 주사위를 굴린다. 문제는 방금 본 대로 혁명적인 혁신이 생각보다 훨씬 더 드물다는 것이다. 인정하고 싶지 않은 경우가 많겠지만, 사실 혁명적 사고방식으로 문제를 해결하려는 것은 '죽도록 제자리 달리기'나 마찬가지라는 말이다.

더 심각한 문제는 예전에 없던 것을 만들기 위해 기존 방식에서 벗어나면 훨씬 더 유용한 것들, 곧 지금까지 진화해온 해결책을 놓친다는 것이다.

진화적 사고의 힘

우리는 흔히 진화를 생물학적 관점에서 생각한다. 많은 이가 '진화' 하면 공룡과 침팬지, 노래기, 캥거루를 떠올린다. 우리의 문화, 사고, 혁신이 만들어질 때도 진화 과정이 작용한다는 사실을 간과하는 것이다. 충분히 인식하지 못할 수도 있지만 진화는 우리 주변 이디에나 존재한다. 리들리는 이렇게 주장한다. 진화는 "대부분의 사람이 인식하는 것보다 매우 흔하며 영향력이 크다".[13]

경쟁 환경에서는 적응하는 자만이 살아남는다.

인류 역사에서 이 말은 생물학적 진리이자 심리학적 진리이기도 하다. 우리 조상이 생존 가능성을 높이는 의사결정을 많이 할수록 그 기반이 되는 메커니즘이 후대에 전달될 가능성이 컸다. 우리의 사고는 우리가 처한 환경 속에서 오랜 시간 성공 또는 실패에 기반해 진화해왔다. 프랑스 철학자 알랭 (에밀) 샤르티에Alain (Émile) Chartier는《어느 노르망디인의 어록Propos d'un Normande》에서 이렇게 썼다. "배의 형태를 만드는 것은 바다다."[14] 형편없는 아이디어는 가라앉고 좋은 아이디어는 바다 위로 나아간다. 호모사피엔스가 단 한 명의 지적 설계자가 늦은 밤 커피를 마시며 천재성을 발휘한 결과 마법처럼 등장한 것이 아니듯이 혁신 또한 진화하는 현상이다.

우리가 진화심리학에 대한 이해를 높이고 이것이 가장 효과적인 해결책에 어떤 영향을 끼치는지를 더 잘 이해한다면, 혁명적 혁신이라는 전형적인 신화를 더 확실하게 무너뜨릴 수 있다.

혁신에 대한 통념 1:
큰 문제는 큰 해결책이 필요하다

물리적 세계를 매일 접하는 경험을 곰곰이 생각해보면 '어떤 것도 무無에서 비롯되지 않는다'라고 믿는 것은 타당하다.

막대기를 계속 구부리다 보면 어느 순간 부러진다, 접시를 떨어뜨리면 산산조각이 난다, 큰 소리를 울리려면 물체를 세게 쳐야 한다 등 물리적 영역에서는 대부분 이런 비례성이 타당하다. 여기서는 대체로 규모의 일치magnitude match가 통한다. 누군가가 반대 주장을 펼친다면 그거야말로 우려할 일이다. 문제는 이와 똑같은 사고방식을 혁신에 적용하는 경우다. 문제가 클수록 주사위를 더 열심히 굴려야 한다는 식으로 말이다. 우리는 특히 심리학적 해결책을 개발할 때 다른 규칙이 적용된다는 것을 이해하지 못한다. 더 미묘하고, 작고, 점진적인 요소가 뜻밖에도 중대한 영향을 끼칠 수 있다.

예컨대 인지 영역에서는 어떤 것이 문자 그대로 무에서 비롯될 수 있다(속임약placebo의 힘을 절대 과소평가하지 말자). 행동 변화를 위한 혁신의 경우 부채를 없앤다는 것이 꼭 큰 비용 절감을 뜻하지는 않으며, 장기적인 건강 개선은 작은 변화에서 시작될 수 있고, 결제 페이지를 살짝 수정하는 것만으로도 온라인 비즈니스의 매출액을 높일 수 있다. 습관 전문가인 스탠퍼드대학교 교수 B. J. 포그B. J. Fogg에 따르면 행동 변화에서는 "작은 것이 강력하다".[15]

우리가 함께 떠날 이 책의 여정에서는 캠페인 메시지, 상품 경험, 환경을 약간 수정하는 것처럼 작고 절묘한 아이디어에 관해 자세히 다룬다. 하지만 이 책은 단순히 사소하거나 점진적인 변화를 통해 큰 영향을 끼치는 방법(혁신과 응용행동과학 분야에서 잘 규명하고 있다)에 초점을 맞추지 않는다. 이 책의 핵심 목적은 혁명적 혁신이라는 난제의 두 번째 통념, 곧 진기하고 새로운 것을 찾기 위해 규정집을 내던지는 우리의 성향에 초점을 맞춘다.

혁신에 대한 통념 2:
새로운 문제는 새로운 해결책이 필요하다

인간 행동의 배후 메커니즘이 (최근 역사에서는 확실히) 비교적 안정적으로 유지되어왔음에도 불구하고, 개인과 조직이 자신의 문제를 고유한 것으로 여기고 새로운 사고와 혁명적 아이디어를 찾아서 성과를 올리려는 경우가 너무 흔하다.

앞서 배웠듯이, 생물학과 마찬가지로 우리가 본능적으로 생각해내고 다음 세대로 물려주는 많은 아이디어 역시 적응 과정을 거쳤다. 해양생태학자 라프 사가린Rafe Sagarin은 《문어가 주는 교훈Learning from the Octopus》에서 이렇게 썼다. "진화 과정에서 좋은 아이디어는 다양한 유기체에서 거의 동일하게 나타난다."[16] 자연에서 생물학적 해결책의 패턴을 볼 수 있듯이(다양한 종들의 등지느러미 진화처럼), 진화심리학적 해결책의 패턴도 다양한 시대·문화·분야에서 비슷하게 나타난다.

신경과학의 발전에 힘입어 행동경제학(그리고 그 상위 영역인 행동과학)이 주류로 자리잡으면서, 많은 사람이 진화적 인간 행동에 관한 새롭고 정교한 사고방식에 익숙해졌다. 우리는 현대 언어라는 풍부한 분류체계의 발견으로 촉발된 변화의 한복판에 있다. 이 분류체계는 진화한 인간 심리의 패턴을 이해하고 더 잘 정리하는 데 도움을 준다.

이 책은 혁신이 고독한 개척자나 극소수 공상가의 번뜩이는 영감의 결과라는 시각에 이의를 제기한다. 이울러 행동과학이라는 분야 덕분에 기존의 심리학적 해결책을 더 쉽게 적용하여 우리가 직면한 도전과제를 해결할 수 있음을 구체적으로 설명할 것이다. 이 책은 더 크게 소리치거나 더 열심히 주사위를 굴리자는 게 아니라, 이미 존재하는 아이디어에서 영감을 얻는 측면 관점sideways view(복싱보다는 주짓수에 가깝다)을 갖자고 주장한다. 이 책은 창안 중심적 사고와 대조적으로, 본질적으로 좀 더 인간 중심적이다.

이를 위해 우리는 혁신과 창의성을 위한 더 체계적인 접근방법, 이를테면 이미 오랜 시간 동안 살아남은 아이디어에서 의식적으로 아이디어를 키워내는 방법을 탐색할 것이다. 진화생물학적 해결책(첫 번째 도구)과 기술진화적 해결책(두 번째 도구)의 응용 사례를 먼저 탐색하여 일단 우리가 무엇을 찾고 있는지 알면, 다시 활용되기만을 기다리면서 아직 개발되지 않은 진화심리학적 해결책(세 번째 도구)이 우리 주변에 아주 풍부하다는 것을 깨달을 것이다.

"아이디어는 문제에 맞게 독창적으로 적용되어야 한다."
_토머스 에디슨

하지만 명심해야 할 점이 있다. 혁신에 대한 적응적이고 체계적인 접근방식은 창의성의 역할을 경시하거나 우선순위를 낮춘다는 뜻이 아니다. 사실은 정반대다. 본질적으로 창의성이란 이전에 똑같은 형태로 존재하지 않은 것(영화 〈에일리언〉처럼)을 만드는 것으로 정의할 수 있다. 진화적 사고는 직면한 문제나 해당 분야를 의식적으로 재정의하도록 도와줌으로써 훨씬 더 창의적인 성과를 내는 접근방법을 보여줄 것이다. 서로 다른 분야와 산업에서 진화적 해결책의 패턴을 찾아냄으로써 우리는 완전히 새로운 사고방식과 더불어 이전에 접할 수 없었던 아이디어들을 연결하는 능력을 갖게 될 것이다. 공공정책을 알리거나, 내부 이해관계자를 관리하거나, TV를 판매할 때 우리는 매일 똑같은 심리적 과제에 직면한다. 서로에게서 좀 배워보면 어떨까?

> "아이디어란 기존의 요소들을 새롭게 조합한 것에 지나지 않는다."
>
> _ **제임스 웹 영**James Webb Young, 미국의 광고인이자 전설적 카피라이터

이 책을 다 읽을 무렵이면 우리는 해안가의 동물들이 고지대로 달려가는 행동(해일을 피하기 위한 진화적 반응)을 무시해서는 안 된다고 배운 것과 마찬가지로 혁신을 추구할 때 더 이상 무에서 시작해야 한다는 유혹에 빠지지 않을 것이다. 진화심리학과 현대 행동과학을 통해 산업 전반에 걸쳐 창의적으로 사고하는 더 체계적인 방법이 있다는 것을 발견하고 이를 결합 조직으로 삼을 것이다.

이제껏 본 적이 없는 것을 기대하며 고비용에 리스크가 큰 혁신 과정을 지원하는 대신, 기존의 것을 창의적으로 적용함으로써 목적에 더 부합하고 효과적으로 혁신을 이루는 방법을 살펴보자. 진화의 이점이 항상 느리게, 우연히, 점진적으로 발생하는 것은 아님을 알

게 될 것이다. 진화의 이점을 빠르게 발견하고 체계적으로 적용할 수 있으며 그 영향력이 혁신적일 수 있다는 점도 알게 될 것이다. 또한 학습할 수 있으면서도 여전히 마법처럼 적용할 수 있는 사고방식을 발견할 것이다.

결국 내가 바라는 것은 우리 모두가 서로 다른 일을 하는 데 집중하기보다 다르게 해보기에 적격인 일을 찾는 데 집중하는 것이다. "이 문제를 어떻게 해결하지?"라고 묻는 대신 "이전에는 이 문제를 어떻게 해결했지?"라는 질문으로 흥미롭게 출발하는 것이다.

요약

- 혁명적 사고방식은 값비싸고 리스크가 큰 전략이다.
- 진화적 사고는 혁신에 대해 더 효율적이고 인간 중심적인 접근방법을 제공한다.
- 우리가 사용할 수 있는 방법이 이미 존재한다.

EVOLUTIONARY
IDEAS

1부

진화적 사고의 도구

EVOLUTIONARY IDEAS

1 | 거미 대신 과자

진화생물학적 해결책

까마득한 옛날, 우리 조상들은 아침 산책 중 우연히 털이 무성한 거미를 만나면 도망치거나 신문지를 말아서 후려치지 않고 거미를 먹었다. 우리가 이처럼 곤충을 즐겨 먹는 조상들과 어떻게 친척 간이될 수 있는지 이해하려면 결정적인 경로, 이를테면 창조론적 또는혁명적 사고방식과 정반대되는 경로를 추적할 필요가 있다. 진화적사고를 제대로 이해하려면 먼저 진화에 관한 몇 가지 내용을 살펴보아야 한다.

이 짧은 여정을 위해서는 찰스 다윈Charles Darwin의 도움을 받아마땅하다.

핵심을 정리하자면, 다윈의 유명한 이론은 진화를 유기체의 유전자 구성에 미세하고 무작위적인 변화가 발생한 결과라고 간략히 설명한다. 이 유전자 구성은 생물학적 적합도가 후대로 전달되면서 자연선택에 의해 증폭된다. 달리 말하면 돌연변이가 유기체에 생존하고 번식할 수 있는 경쟁 우위를 제공하면 그것은 후대로 전달되지만, 그러지 않으면 그 세대로 끝난다.

과거에 지방과 설탕의 맛을 즐겼던 동물들은 이런 영양분이 제공한 혜택 덕분에 재생산에 성공했다. 그 결과 오늘날 세계는 이런 영양분을 감지할 수 있는 미각을 지닌 유기체로 가득하며, 거의 보편적으로 단맛을 좋아한다.

진화는 오랜 시간이 흐르는 동안 완전히 새로운 종을 탄생시킬 수 있다. 공룡들은 조류(새의 발을 보라)로, 양서 포유류는 고래로(사실이다), 우리의 조상인 유인원은 오늘날의 인간으로 진화했다(여기서 굳이 설득할 필요가 없기를 바란다). 한 종에서 다른 종으로 발달하는 이런 유형의 진화를 대진화macroevolution라고 하는데, 일반적으로 수천 년에 걸쳐 일어나며 이 과정을 추적하려면 화석 기록이 필요하다.

엄밀하게 보면 자연선택은 더 짧은 기간 동안 종 내에서도 일어날 수 있으며, 개체군의 크기·형태·색깔이 세대에 따라 바뀔 수 있다. 이것을 소진화microevolution라고 한다. 이러한 적응적 해결책이 성공하는 이유를 제대로 이해하려면 먼저 유기체가 살아가는 환경의 세약을 이해해야 한다.

창의적 수렴진화

1836년 세계를 탐험하고 돌아올 때 다윈은 연구를 위해 표본 수백 점을 영국으로 가져왔다. 여러 표본 중 특히 그를 놀라게 한 것은 갈라파고스섬에서 채집한 핀치새 무리였다.

이 새들을 비교해보니 해부학적 특징이 서로 관련이 있으며 공통 조상에서 내려온 것처럼 보였다.* 하지만 그런 유사성에도 불구하고 핀치새들은 부리와 발톱의 크기와 형태가 서로 달랐다. 어떤 핀치새는 휘파람새처럼 길고 가는 부리와 날카로운 발톱이 있어 곤충을 잡는 데 아주 적합했다. 그라운드핀치새는 크고 강력한 부리가 있어 견과류를 깨는 데 유용했다. 이러한 차이는 각각의 핀치새들이 갈라파고스 군도의 서로 다른 섬에서 살면서 직면했던 독특한 환경 조건과 그에 따른 선택 압력 때문에 생겨났다.

다윈의 핀치새들은 그 이후 적응방산adaptive radiation이라는 개념의 중요한 사례가 되었다. 적응방산은 소진화의 유형으로서, 같은 부모 또는 조상을 가진 생물종이 특정한 생태 환경에서 생존에 유리한 방향으로 다양하게 진화하는 것을 말한다. 더 흥미로운 것은 이런 영리한 적응이 한 종 내에서만 발생하지 않는다는 점이다. 적응방산은 다른 생물종들 간에도 일어난다. 이를테면 비슷한 제약조건 아래 있는 완전히 다른 생물종들이 동일한 적응적 해결책에 도달할

* 지금은 중앙아메리카 본토에서 기원한 것으로 여겨진다.

수 있다.

예컨대 비슷하게 생긴(서핑하다가 마주치기라도 하면 숨이 멎을 정도로 무섭게 닮았다) 상어와 돌고래가 분류학적으로 다른 생물이라는 말을 듣고 놀라는 사람이 있을지 모른다. 상어는 어류이고 돌고래는 포유류다. 상어는 아가미로 산소를 받아들이지만 돌고래는 숨을 쉬려면 수면 위로 올라와야 한다. 상어의 골격은 유연한 연골로 이루어져 있지만 돌고래는 뼈로 이루어져 있다. 차라리 경주마와 해마를 비교하는 게 나을지도 모르겠다.

이렇게 돌고래와 상어는 완전히 다른 종이긴 해도 유선형 몸체, 등지느러미와 가슴지느러미가 유사한 특성을 갖는 방향으로 진화했다. 이처럼 다른 종이 비슷한 환경적 제약을 극복하기 위해 비슷한 해결책에 이르는 과정을 수렴진화convergent evolution라고 한다. 잠시 밖으로 나가 곤충과 새에서 날치와 박쥐(좀 더 멀리 가야 만날 수 있다)에 이르기까지 여러 생물이 날개와 비슷한 특징들을 어떻게 독립적으로 발전시켜왔는지 살펴보라.

진화는 자연이 문제를 해결하는 방식이다. 시간이 지남에 따라 자연은 북극의 가혹한 추위를 이기는 단열 능력과 숨 막힐 듯한 적도의 열기를 이기는 냉각 능력을 발전시켰다. 바다를 빠르게 헤엄치거나 중력을 회피하는 것과 같은 공통적인 제약조건에 직면할 경우, 수렴진화는 지구의 모든 곳에서 다양한 종이 공통의 진화적 결론에 도달할 수 있다는 것을 보여준다.

곧 알겠지만 이와 같은 진화적 해결책의 패턴을 찾아내면 유기

생물은 자연에서 살아남기 위해
성공적인 해결책을 찾아 수렴진화한다.
여러 경로를 통해 동일한 좋은 아이디어에 도달할 수 있다.

체가 과거에 직면했던 공통의 제약조건을 이해하는 데 도움이 될 뿐만 아니라, 인간이 동일한 환경적 제약조건에 직면할 때 실행 가능한 다양한 해결책을 찾을 수도 있다.

달리 말해 우리는 의도적으로 수렴진화를 할 수 있다.

새 세 마리와 초고속열차

1990년 나카쓰 에이지中津榮治는 지역 신문에서 일본 야생조류협회 오사카 지부에서 낸 작은 공고를 보았다. 항공 엔지니어가 조류에 관해 강의한다는 내용이었다. 열정적인 엔지니어이자 열렬한 조류 탐사자인 나카쓰는 이 모임에 참석하여 그가 가장 좋아하는 두 가지 주제에 대해 동료 엔지니어가 무슨 말을 하는지 들어보기로 했다. 처음에는 두 가지 관심사의 관련성이 불분명했지만 곧 나카쓰와 도카이도 신칸센에 매우 중요한 순간으로 바뀌었다. 도카이도 신칸센은 도쿄와 오사카를 잇는 길이 515킬로미터의 초고속열차 철도노

선이다.

도카이도 신칸센 노선의 전체 거리를 두 시간 반 만에 주파하는 과업이 주어졌을 때 그 일을 맡은 사람이 서일본철도 기술개발 총괄 관리자 나카쓰였다. 흥미롭게도 이 과업을 달성하기 위해 필요한 속도는 최대의 도전과제가 아니었다(이 회사의 6량짜리 실험용 열차는 이미 필요한 속도에 도달했다). 문제는 열차가 빨리 달릴수록 소음이 커지는 것이었다. 소음은 일본의 허용 기준보다 훨씬 더 높았다. 따라서 실제적인 도전과제는 속도를 높이는 것이 아니라 소음을 줄이는 것이었다.

그런데 소음은 어디에서 발생했을까?

전속력으로 주행할 때의 소음을 분석한 결과, 강풍의 영향을 받는 열차의 팬터그래프(객차와 가공선을 연결하는 열차 부품)가 가장 큰 소음 유발원으로 드러났다. 두 번째 소음 요인은 환경적 제약에 해당하는 것으로 도카이도 신칸센 노선에 설치된 많은 터널이었다. 당시 최고 속도로 터널에 접근할 때 발생하는 공기 압축파 탓에 총탄을 발사할 때와 같은 소음 충격파(터널 붐 tunnel boom)가 발생했다. 열차 개발팀의 걱정은 속도가 1단위 증가하면 압축공기의 힘이 3배 높아진다는 것이었다!

소음 문제를 해결하느라 골치를 앓던 기술개발팀은 교착 상태에 놓여 있었다. 나카쓰는 야생조류협회 강의를 떠올렸다. 그는 과거와 현재의 항공기 기술이 새의 기능 및 구조와 얼마나 많이 관련되어 있는지 알고 놀랐다. 나카쓰는 새의 비행과 생리를 더 연구하면 당면한 문제를 해결하는 것은 물론 미래의 열차 개발에도 도움이 될 것이라고 확신했다.

놀랍게도 이 도전과제에 대한 해결책은 물리학을 추가로 연구하거나 특정 기술을 혁신해서가 아니라 올빼미, 아델리펭귄, 물총새에 대한 진화생물학을 더 깊이 이해하는 데서 나왔다.

올빼미

올빼미는 뛰어난 포식자다. 이 야간 사냥꾼은 들키지 않고 몇 미터 떨어진 먹잇감이 있는 곳까지 날아갈 수 있다. 공기가 일반적인 날개 위를 빠르게 지날 때는 보통 '쉭' 하는 소리가 나지만, 올빼미는 톱니 모양의 깃털 덕분에 소리가 나지 않도록 진화했다. 톱니 모양 깃털은 공기 흐름을 짧게 잘라 '미시적 난기류'를 만들어 날 때 소리가 나지 않는다. 나카쓰 팀은 지역 동물원에서 올빼미 박제 표본을 빌려서 올빼미의 특별한 적응 능력이 신칸센 500시리즈에 어떤 도움이 될지 연구했다. 엔지니어들은 연구 결과를 토대로 팬터그래프 상부의 구조를 바꾸었고, 여러 차례 공기 터널을 실험했다. 팬터그래프에 미세한 톱니 모양을 만들어 공기 소용돌이를 작게 하자 난기류가 대폭 줄고 소음이 감소했다. 나카쓰 팀의 노력은 빛을 발휘했고, 큰 성과를 거두었다.

펭귄

신칸센 500시리즈 열차에 두 번째로 영향을 준 것은 아델리펭귄이었다. 남극에서 바다표범의 사나운 이빨을 피하려고 쏜살같이 헤엄치는 펭귄의 영상을 본 적이 있다면 그것이 아마 아델리펭귄일 것이다. 에너지 효율이 좋은 사냥꾼이자 턱시도를 입은 이 날쌘돌이는 엄청나게 빠르다. 아델리펭귄은 최대 시속 8킬로미터까지 수영 속도를 유지할 수 있으며, 순간적으로는 이보다 두 배 빠른 속도로 움직일 수 있다고 알려져 있다.[1]

이런 민첩성이 가능한 요인 중 하나는 아델리펭귄의 몸이 매끈한 방추형이기 때문이다. 나카쓰 팀의 엔지니어들은 아델리펭귄의 체형에서 아이디어를 얻어 팬터그래프의 형태에 관한 실험을 했다. 그들은 공기 속을 더 효율적으로 통과하기 위해 둥근 '방추형' 신체를 응용했다. 기쁘게도 추가 실험을 한 뒤 설계를 수정해 바람 저항을 낮추자 소음이 훨씬 더 많이 줄었다.

난기류에 의해 발생하는 팬터그래프의 소음이 줄어들자 개발팀에게는 터널 붐 문제를 해결해야 하는 과제만이 남았다. 이제 물총새를 살펴보자.

물총새

조류를 관찰하던 시절부터 나카쓰는 물을 거의 튀기지 않고 공중에서 고속으로 물(공기보다 밀도가 800배 더 높다)에 뛰어드는 새를 떠올렸다. 도카이도 신칸센 노선 곳곳에서 다양한 공기밀도를 통과해야 하는 도전과제에 직면한 나카쓰는 길고 날카롭고 뾰족한 물총새의 부리를 면밀하게 연구할 가치가 있다고 생각했다.

〈사진 1〉 신칸센 500시리즈 초고속열차에 진화적 영감을 준 동물들. (위) 올빼미. (중간) 아델리펭귄. (아래) 물총새.

물총새의 부리는 매우 특이하다. 날카로운 유선형 부리가 끝에서 머리 쪽으로 갈수록 점점 직경이 커진다. 하지만 입을 다물면 윗부리와 아랫부리의 삼각형 횡단면이 만나 '찌부러진 다이아몬드형'을 이룬다.[2] 이 모양 덕분에 물총새는 매우 높은 곳에서 물로 뛰어들어 손쉽게 물을 통과해 먹잇감을 낚아챈다.

나카쓰 팀은 물총새 부리의 소음 감소 가능성을 테스트하기 위해 여러 실험을 수행했다. 다양한 형태의 총알(전통적인 총알 형태부터 물총새 부리 모양의 총알까지)을 파이프 안으로 쏘아 압력파의 차이를 측정하기도 했다. 실험 자료에 따르면, 500시리즈에 맞는 이상적인 형태는 물총새 부리 형태와 거의 동일했다.

이렇게 터널 붐 문제까지 해결되었다.

1997년 500시리즈 초고속열차는 최고 시속 300킬로미터 속도로 서비스를 개시했다. 열차는 외부 선로에서 더 조용했고 터널 붐도 발생하지 않았으며, 이전보다 전력 소모량도 15퍼센트 감소했다. 이것은 모두 생물학적 진화의 무한한 지혜에서 영감을 받은 창의적 사고 덕분이었다.[3] 여기서 가장 중요한 점은 나카쓰 팀이 이런 결과를 얻기 위해 무에서 출발하지 않았다는 것이다. 그들은 야생동물들의 적응 능력을 차용하여 신중하게 해결책을 찾았다.

생체모방: 생물학에서 빌려오기

자연의 왕국에서 지혜를 빌린다는 아이디어는 새로운 것이 아니다.

수천 년 동안 초기 인류는 동물들의 이빨과 발톱에서 영감을 받아 칼과 고리를 개발했다. 이와 비슷하게, 1차 세계대전 당시 미 해군은 적들이 함정의 폭·속도·형태를 식별하는 것을 방해하기 위해 함정에 얼룩말처럼 시각을 방해하는 위장무늬 페인팅을 했다.*

오늘날 우리는 현대 과학기술에 힘입어 생물의 복잡한 기능을 훨씬 잘 이해하게 되었고, 자연은 세계에서 가장 흥미로운 혁신의 장이 될 수 있었다. 예컨대 모기를 모방한 무통증 주삿바늘, 물고기의 아가미를 모방한 수질 정화처리 시스템, 토끼의 독특한 귀와 혈류를 모방한 냉각 기술을 개발했으며, 혹등고래의 지느러미발에 있는 혹(좀혹이라고 한다)은 효율적인 풍력 터빈 산업을 낳았다.

이런 새로운 분야를 생체모방이라고 하며 우리의 첫 번째 혁신 도구다. 대표적인 생체모방 건축가 마이클 폴린Michael Pawlyn은 이렇게 설명했다. "생체모방은 통상적인 준거틀에서 벗어나도록 도와준다. 우리는 같은 문제를 같은 프레임으로 생각하는 데 너무 익숙하다."[4] 여기서 핵심은 진화의 적응적 속성이다. 폴린은 이렇게 덧붙였다. "우리는 생물에서 무궁무진하게 배울 수 있다. 자연은 엄청나게 다양한 기능적 제약조건에서 다양한 방식으로 적응해왔기 때

---

* 이 방법의 효과에 대한 평가는 엇갈린다.

생체모방은 인간의 문제와
생물의 진화적 해결책을 연결한다.
이로써 우리는 통상적 준거틀에서 벗어나
혁신을 가속할 수 있다.

문이다. 우리는 기본적으로 이렇게 물어야 한다. '생물들의 전략 중
이 과제에 적용할 수 있는 가장 훌륭한 전략은 무엇일까?'"

생체모방의 철학은 단순하다. 수십억 년이 지나면서 생존에 실
패한 생물은 화석으로 남았고, 살아남은 생물은 생존 비결을 갖고
있다.[5] 생각해보면, 오늘날 자연세계에 있는 모든 것은 이미 38억
년 동안 혹독한 시험을 거쳤다. 이 시험을 통과하지 못했다면 지금
존재하지 못할 것이다. 사가린은 이렇게 썼다. "어떤 기술적 해결책
도 자연의 오래된 적응 과정만큼 매우 가변적이고 예측 불가능한 세
계의 위험에 더 잘 대비할 수 없다."[6] 비록 사소한 이야기일지 몰라
도 오늘날 생존하는 모든 생물의 이야기는 성공담이다.

생체모방은 진화적 사고의 핵심 도구이며, 일본의 500시리즈
초고속열차 개발은 그 대표적인 사례다.

혁신 과정을 촉진하기 위해 세 가지 새의 진화적 적응을 활용한
500시리즈 초고속열차에게 생체모방은 의식적이고 계획적인 수렴
진화의 도구가 되었다. 인산은 지능 넉분에 자연선택을 기다리지 않

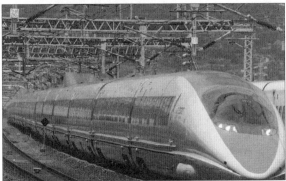

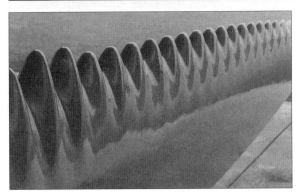

〈사진 7〉 생체모방의 실례: (위) 시각을 방해하는 위장무늬를 칠한 SS 웨스트 마호메트(SS West Mahomet), 1918년. (가운데) 신칸센 500시리즈. (아래) 웨일파워(WhalePower)의 결절 기술은 풍력 터빈의 효율성과 신뢰성을 높여준다.

고 생물의 진화적 지혜를 산업 전반에 의식적으로 활용할 수 있었다. 또한 수천 년에 걸쳐 이어지는 유전적 돌연변이를 기다릴 필요 없이 이제는 며칠 만에 계획적으로 돌연변이를 일으킬 수 있다.

일본 초고속열차 사례에서 보듯이 중력, 양력, 항력과 같은 물리학 개념에 대한 이해도와 분류를 개선하면 고도로 진화한 부리와 깃털에 담긴 자연지능natural intelligence을 철강으로 이루어진 인간 특유의 세계와 연결할 수 있다. 이 책은 삶의 많은 도전과제가 누군가에 의해 어디에선가 이미 해결되었다는 신념을 제시한다. 진화해온 생물들의 해결책에서 영감을 얻는 것도 중요하지만 이 책에서는 인간의 진화심리학적 해결책을 더 잘 이해함으로써 어떻게 혁신을 가속화할 수 있는지에 초점을 맞춘다.

하지만 그 부분을 다루기 전에 먼저 두 번째 혁신 도구인 기술 영역의 진화적 해결책을 소개할 필요가 있다. 이를 위해 창의적 문제 해결에 관한 획기적인 이론 하나를 살펴보자.

명심할 내용
- 새로운 아이디어가 매력적이긴 하지만 더 나은 해결책이 자연에 존재하는 경우가 많다.
- 진화적 해결책을 의식적으로 적용해서 혁신을 촉진할 수 있다.
- 올빼미와 물총새처럼 종 간의 진화적 차이를 활용하면 획기적인 혁신을 이룰 수 있다.

2 | 불가능을 가능케 하는 혁신

기술적 해결책의 진화

지금까지 인간 특유의 문제를 해결하기 위한 혁신에서 생물의 진화적 해결책을 받아들이면 얼마나 강력한 힘을 발휘하는지 살펴보았다. 우리는 고독한 천재나 번뜩이는 영감에 의존하지 않고도 기존의 진화적 해결책을 다양한 분야에 의도적으로 적용하여 혁신을 이룰 수 있다는 사실을 확인했다.

그런데 이런 통찰을 어떻게 체계적으로 적용할 수 있을까? 바위에 꽂힌 보검을 뽑아내 그 진가를 활용하려면 무엇이 필요할까? 다음 단서는 구소련에서 찾았는데, 다름 아닌 이오시프 스탈린Joseph Stalin에게 보내져 약간의 오해를 부른 한 서신에서 비롯되었다.

1948년 12월, 한 젊고 자신만만하던 중위가 2차 세계대전 이후 혁신에 대한 소련의 무능한 접근방식을 두고 골머리를 앓던 중 '스탈린 동지'에게 개인적인 편지를 보냈다. [1]

편지에서 그는 해군에서 경험한 혼란과 비효율성에 관해 간단히 언급하면서 엔지니어들의 발명을 도울 수 있는 새로운 사고방식이 있다고 설명했다. 그는 이 프로세스가 기술 분야를 혁명적으로 바꿀 수 있다고 믿었다.

이 일은 우리가 예상하는 대로 진행되었다. 1949년 이 젊은 장교는 체포되어 심문받고 고문당했다. 그는 자백 후 25년 형을 선고받고 북극권 바로 위에 있는 악명 높은 보르쿠타 노동수용소에 감금되었다.

투옥 기간 동안 그는 심문 조사대에서 밤새도록 취조를 받았고 낮에도 잠을 잘 수 없었다. 그는 이런 상황을 오래 버틸 수 없다는 것을 알고 자문했다. "어떻게 하면 자면서도 동시에 자지 않을 수 있을까?" 이 모순은 그가 눈을 뜨고 있으면서 동시에 감아야 한다는 것을 뜻했다.

"말도 안 되지!"라고 말하고 싶은가? 중위는 동료 죄수와 함께 궁리한 끝에 담뱃갑 종이 두 장에 교묘하게 검은 눈동자 두 개를 그려서 감은 눈에 위에 붙이고 간수를 속여 두 눈을 뜬 채 완벽하게 잘 수 있었다.

그는 거의 불가능해 보이는 모순을 해결했고, 이 과정에서 역사적인 혁신 이론의 결정적 요소 중 하나를 우연히 발견했다. 스탈린에게 편지를 쓴 이 사람은 겐리히 알츠슐러Genrich Altshuller다.

진화적 공학자의 꿈

1930년대 소련에서 자란 겐리히 알츠슐러는 어릴 때부터 매우 독창
적인 천재로 인정받았다. 그는 초등학생 때 수중 다이빙 기구를 발
명해 처음으로 러시아에서 특허를 얻었고, 10학년 때 카바이드를
연료로 사용하는 로켓 보트를 개발했다. 20대 때 알츠슐러는 소련
군에 입대했고, 곧 많은 사람이 그의 최초의 원숙한 발명품으로 간
주하는 '고정된 잠수함에서 잠수 장비 없이 탈출하는 방법'을 개발
했다. 러시아 군부는 이 설계와 설계자를 서둘러 낚아챘고 그의 발
명품은 군사 기밀로 분류되었다. 곧 알츠슐러는 해군 혁신센터에서
일하게 되었다.

　해군에서 복무하는 동안 알츠슐러는 매우 까다로운 과제에 직
면했다. 바로 다른 사람들의 혁신을 도와주는 방법을 찾는 것이었
다. 그는 점차 이 과제를 달성하기가 힘들다는 것을 알게 되었다.
특히 과학계와 혁신 집단들이 획기적인 발명은 우연, 기분, 심지어
혈액형의 결과라고 믿었기 때문이었다. 알츠슐러는 이렇게 썼다.[2]
"혁신은 항상 늦게 찾아온다. 선원은 다른 선원이 이용할 수 있도록
암초와 얕은 바다를 보여주는 지도를 그릴 수 있지만, 발명가들에게
는 그런 지도가 없다. 초심자들은 제각각 계속 똑같은 실수를 범해

야 한다." 체계적인 방법론 없이 해군의 창의성을 증진하라는 과제를 받았을 때 알츠슐러는 방법론을 만드는 데 전념했다.

그는 해군 혁신센터에서 수많은 특허를 검토하면서 문제 해결의 이면에 숨은 과학을 탐구하는 데 몰두했고, 이 탐구는 그의 가장 의미 있는 발견으로 이어졌다. 수십만 건의 특허를 검토한 뒤 그는 발명가들이 자신도 모르게 똑같은 해결책을 반복해서 사용한다는 사실을 알아차렸다. 어떤 분야의 문제는 다른 분야의 여러 기술적 발명에 의해 근본적으로 해결된 것이었다(앞서 언급한 20만 건의 특허를 평가한 이들이 바로 알츠슐러와 그의 동료들이다). 해군이 보기에 이는 대다수 문제가 사실상 이미 해결되었는데도 비용과 시간이 많이 소요되고 성공 확률이 낮은 프로젝트에 자금을 지원해 왔다는 의미였다.

그는 기술적 문제를 해결하는 보편적 패턴이 존재한다는 사실을 우연히 발견했고, 그 함의는 엄청났다.

트리즈: 창의적 혁신 이면의 과학

알츠슐러가 스탈린에게 보낸 악명 높은 편지에는 기술혁신 분야를 바꿀 수 있는 이론의 실마리가 들어 있었다.

수많은 특허를 연구한 알츠슐러는 진짜 혁명적인 사고의 희소성을 입증했을 뿐 아니라 체계적인 혁신 논리를 밝혔고, 이것은 나중에 트리즈TRIZ(창의적 문제 해결 이론theory of inventive problem solving 을 뜻하는 러시아어 머리글자)로 알려졌다.* 알츠슐러는 트리즈를 통해 창의적 혁신의 이면에 있는 과학을 입증하여 기술 분야에 새로운 돌파구를 마련했을 뿐만 아니라 수많은 다른 분야에도 막대한 가치를 지닌 기틀을 확립했다.

진화적 사고를 활용해 혁신하려면 트리즈에서 세 가지 중요한 요소를 배워야 한다.

1. 문제의 해결책은 이미 존재한다.
2. 해결책에는 일관된 패턴이 있다.
3. 모순 해결은 획기적인 혁신을 창출한다.

문제의 해결책은 이미 존재한다

트리즈의 목적은 어디에서 누군가가 당신의 문제를 이미 해결했다는 신념을 공식화하는 것이다. 이는 마치 다른 생물이 비슷한 환경 제약에 직면해 비슷한 생물학적 해결책에 도달하는 것과 같다(등지느러미는 돌고래와 상어가 바다에서 번성하는 데 유용하다). 트리즈는 공통의 기술적 제약에 직면했을 때 여러 분야와 산업 전반에 걸쳐 수렴된 공학적 전략을 알아보는 데 도움이 된다. 생물학이 적응적 특징(척추나 아가미의 존재 유무와 같이)의 유사성에 기초해

* Theoria Resheneyva Isobretatelskehuh Zadach

동물을 다양하게 분류하듯이, 트리즈는 기술적 특징에 기초해 해결책의 패턴을 분류한다. 이것을 발명원리inventive principles라고 한다. 트리즈 방법론은 모두 40가지의 발명원리로 혁신을 불러일으킬 수 있다고 본다.

해결책에는 일정한 패턴이 있다

당신이 비행기에서 뛰어내릴 작정이라면 낙하산(예비 낙하산도!)을 준비하는 것이 좋을 것이다. 우리가 타는 비행기에는 구명조끼와 산소 마스크가 준비되어 있다. 마찬가지로 포뮬러 1 드라이버의 뛰어난 재능과 상관없이 만일의 사태에 대비해 주행 경로 가장자리에 타이어를 설치하지 않고 시속 300킬로미터로 달리는 것은 현명하지 않다는 데 누구나 동의할 것이다. 트리즈에서는 이런 해결책 패턴들을 사전 완충 작용beforehand cushionging, 다시 말해 급증이나 갑작스러운 변화를 완충하거나 완화하는 기능들의 결합이라고 한다. 이것들은 모두 발명원리 2번이다.

트리즈 발명원리로서 확인된 해결책 패턴에는 분할segmentation(발명원리 1번) 같은 개념이 포함된다. 이는 대상을 독립적인 부분으로 나누는 해결책을 말한다(예를 들어 조립식 가구나 납작한 가로대를 엮어서 만든 베니션 블라인드). 반대로 해보기(발명원리 13번)는 가장 애용되는 원리로서 대상이나 환경의 움직이는 부분을 고정하고 고정된 부분을 움직이는 것이다(예를 들어 수영선수가 아니라 물이 움직이는 수영 훈련장). 중첩인형 빌명원리(7빈)는 하나의 대상을 다른 대상 안에 넣는 해결책 패턴을 말하며(예를 들어 러시아 인형 마트료시카), 몇몇 기술 분야에서 여러 응용 사례를 볼 수 있다. 나사처럼 돌려서 매니큐어 병 안으로 들어가는 매니큐어 브러시는 중첩인형의 좋은 사례다. 또한 킨더 서프라이즈Kinder Surprise 초콜릿, 포개진 계량컵, 망원 렌즈, 감기는 줄자도 마찬가지다.

> "당신은 깨달음을 얻기 위해 100년을 기다리든지 아니면 이 원리를 이용해 15분 만에 문제를 해결할 수 있다."
>
> _ **겐리히 알츠슐러**

오랜 생물학적 진화에서 혜택을 받는 생체모방과 마찬가지로, 트리즈는 본질적으로 수많은 엔지니어의 과거 지식과 지혜를 활용한다. 기술적 해결책을 공통된 특징, 곧 공통성에 따라 분류하면 이제 포개진 계량컵, 망원 렌즈, 감기는 줄자는 중첩인형 형태의 문제를 해결할 때 유용한 영감을 줄 수 있다. 생체모방에서처럼 우리는 문제 해결을 시도할 때 일상적 영역, 곧 전통적 준거틀에서 벗어날 수 있다.

중첩인형은 하나의 발명원리일 뿐이지만 이것은 자연 상태에서 수렴진화해온 수많은 공학적 해결책을 보여주고, 또 그것들을 더 잘 연결하도록 도와준다.

〈사진 3〉 트리즈 발명원리 7번인 중첩인형: (위) 감기는 줄자, (가운데) 매니큐어 병과 브러시, (아래) 망원 카메라 렌즈.

모순 해결은 획기적인 혁신을 창출한다

노동수용소에 있는 동안 알츠슐러는 트리즈의 가장 중요한 개념 중 하나를 발견했다. 획기적인 혁신을 창출하려면 모순(또는 상충관계)을 극복해야 한다는 것이다. 이를테면 자지 않으면서 자야 하는 과제처럼 말이다. 트리즈는 '어떻게 눈을 뜨고 있으면서 동시에 감을 수 있지?'라는 모순을 해결하기보다는, '어떻게 무게를 더 증가시키지 않고도 방탄조끼를 더 튼튼하게 만들 수 있을까?' 또는 우산을 '핸드백에 들어갈 정도로 작으면서도 몸을 충분히 가릴 만큼 크게 만들 수 있을까?'와 같은 도전과제를 해결하는 데 도움이 된다.

알츠슐러는 연구 결과 약 1,500가지의 공학적 모순이 존재한다고 결론을 내렸다. 그는 이것을 매개변수 39개로 구성된 모순행렬로 요약했다. 이 변수에는 물리적 제약(예를 들어 무게와 형태), 성과 매개변수(예를 들어 생각 속도, 힘, 안정성), 효율성 한계(예를 들어 시간, 온도, 정보)가 포함된다. 트리즈는 행렬로 표시된 각 모순의 해결책을 찾기 위한 가장 타당한 발명원리를 보여주었다. 예컨대 트리즈 모순행렬을 이용할 때 중첩인형 발명원리를 활용해 '물질의 부피를 늘리지 않고 양을 늘리려면 어떻게 해야 할까?' 또는 '물체의 형태를 바꾸지 않고도 길이를 늘릴 수 있을까?'와 같은 모순을 해결할 수 있다.

한 가지 예를 살펴보자.

미국 질병통제예방센터에 따르면, 40초마다 미국인 한 명이 심장마비에 걸린다.[3] 심장마비는 혈액과 산소를 운반하는 동맥이 막

힐 때 발생한다. 심장마비 환자를 살리려면 스텐트라는 작은 장치를 이용해 막힌 동맥을 뚫어 피와 산소가 원활하게 흐르게 하면 된다. 스텐트의 모양은 튜브 형태이며 보통 아주 가는 금속망으로 만든다. 금속 스텐트는 몸 안에 오랫동안 설치되어 있으면 스텐트에 생체 조직이 형성되어 추가로 응고가 발생할 위험이 있다. 따라서 스텐트는 효과적이고 신뢰할 만한 해결책이지만 금속 스텐트를 쓰면 여러 차례 수술이 필요하므로 비용이 많이 든다. 이런 문제에 직면하여 혁신하려면 이렇게 질문해야 한다. "수술의 용이성을 줄이지 않고도 안정성을 높일 수 없을까?" 당신이 트리즈 행렬을 통해 이 모순을 살펴보면 트리즈는 세 가지 발명원리를 제시한다.

1. 발명원리 17번: 또 다른 차원

2. 발명원리 27번: 값싸고 쉽게 분해되는 물질

3. 발명원리 40번: 합성 재료

값싸고 쉽게 분해되는 물질인 27번 발명원리부터 시작해보자. 이런 해결책 패턴의 사례로는 종이컵과 일회용 기저귀가 있다. 시야를 넓혀 이런 원리의 수렴적 '표본'을 찾아보면, 우리는 일회용 포장재를 대체하기 위해 개발된 혁신적인 플라스틱 제품을 발견할 수 있다. 폴리젖산에서 만들어진 플라스틱 제품의 특징은 물에 분해된다는 것이다. 최초의 고분자 스텐트가 2016년 FDA 승인을 획득한 덕분에 빠르면 몇 년 뒤에 폴리젖산(또는 생체흡수성) 스텐트의 우위성이 계속 커질 것이다. 영구적인 금속 스텐트와 비교하면 생체흡수성 스텐트는 동맥 회복력을 개선하면서도 추가적인 응고 위험을 줄이는 것으로 나타났다.[4] 27번 발명원리가 모순을 해결했다!

생체모방이 일본 초고속열차 신칸센 500시리즈의 혁신을 앞당겼듯이, 모순을 파악하고 발명원리를 적용하고 자연에 존재하는 기존 해결책을 차용하는 트리즈 방법론은 오늘날 널리 사용되는 비용이 많이 드는 재창조 과정을 단축하는 데 도움이 된다. 포드사의 진동 방지 기술에서 보잉사의 선구적인 재급유 시스템에 이르기까지, 세계에서 가장 영향력 있는 기업들이 채택한 것은 적응적 문제 해결 방식이었다.

나는 진화적 해결책을 적용하여 인간 특유의 과제를 해결하는 데 이득을 얻기를 바란다. 곧이어 해결을 간절히 바라는 또 다른 모순 분야로 환경적 또는 기술적 제약이 아니라 심리적 제약과 관련이 있는 분야를 살펴본다. 처음 두 가지 도구인 생체모방과 트리즈 방법론을 적용하여 오늘날 직면한 가장 근본적인 과제를 어떻게 해결할 수 있는지 살펴볼 것이다.

이제 이 이야기의 영웅을 만나서 우리의 최종적인 혁신 도구인 인간의 진화적 심리작용을 탐색해보자.

요약

1. 당신의 문제는 이미 해결된 적이 있는 문제일 가능성이 크다.

2. 트리즈는 기존 해결책에서 패턴을 찾는다. 생물 분류체계와 유사한 이 패턴을 발명원리라고 한다.

3. 트리즈는 발명원리를 체계적으로 적용하고 우리 주변의 기존 해결책을 차용해서 모순을 해결하고 획기적인 혁신을 창출한다.

3 | 살아남은 것과 사라진 것

이제 마지막 도구인 현대 행동과학과 진화심리학을 소개할 때다. 이미 잘 아는 내용이라면 건너뛰고 4장을 읽기 바란다. 그렇지 않은 사람들은 〈사진 4〉를 보자. 사각형 A와 B의 공통점은 무엇일까?

〈사진 4〉 아델슨 체커판: 사각형 A와 B의 음영은 다른 것 같지만 실제로는 똑같다.

그렇다. 둘 다 회색이다. 흥미롭게도 A와 B의 음영은 정확히 똑같다(착시를 일으키는 배경을 제거한 오른쪽 사각형에서 직접 확인할 수 있다). 걱정하지 마시라. 당신의 머리가 이상한 게 아니다. 이유명한 착시현상은 미국 신경과학자 에드워드 아델슨Edward Adelson이 개발한 것으로 MIT의 공식 '브레인 벤더brain bender'다. [1]

진화한 심리학적 해결책

나는 전에도 이것을 수백 번 보았지만 내 눈(더 정확히 말하면 나의 두뇌)에는 여전히 음영이 전혀 다르게 보인다. 사각형 A는 사각형 B보다 더 어둡다. 어떻게 된 걸까? 왜 우리의 지각perception이 완전히 속는 걸까? 이것은 우리에게 무슨 의미가 있을까? 아델슨의 체커판은 인간 뇌의 진화에 대해 매우 중요한 통찰을 제시한다. 곧 살펴보겠지만 이 통찰을 혁신에 적용하는 방안은 아직 미개척 분야나 다름없다.

아델슨의 체커판에서 작용하는 첫째 요소는 동시대조효과simultaneous contrast effect라는 개념이다. [2] 우리의 시각 시스템은 물리적 광도계가 아니다. 우리는 세계를 여행할 때 정보를 완벽하게 인식하지도, 인쇄기처럼 색깔값을 계산하지도 않는다. 대신 사물을 보는 맥락이 우리의 지각에 크게 영향을 끼친다. 옅은 회색 조각을 밝은 배경에 놓고 보면 디 어둡게 보이고 어두운 배경에 놓고 보면 너

밝게 보인다(〈사진 5〉를 보라). 아델슨의 착시현상에서 사각형 B가 네 장의 더 어두운 사각형에 둘러싸이면 상대적으로 더 밝은 것처럼 보인다.

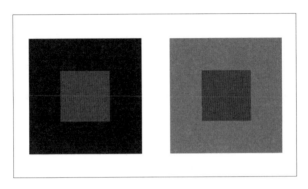

〈사진 5〉 동시 대조 효과: 사각형 두 개의 밝기가 다르게 보이지만 실제로는 똑같다.

아델슨의 체커판에서 우리의 지각에 영향을 주는 두 번째 요소는 밝기 항등성lightness constancy이라는 개념이다.[3] 예를 들어 우리가 냉장고처럼 흰색이라고 알고 있는 대상은 어두운 방에서도 흰색으로 보인다. 밝기 항등성이라는 교묘한 현상 때문에 아델슨의 체커판을 관찰할 때 우리는 의미를 덧씌운다. 어두운 곳에 있는 냉장고를 보는 것처럼 그림자가 드리운 곳에 있는 사각형들이 실제보다 더 밝을 것이라고 생각하고, 그에 따라 우리의 지각 경험이 조정된다.

왜 내가 아델슨의 착시현상과 그 이면의 조금은 복잡하고 흥미로운 근거를 언급할까? 우리의 두뇌는 완벽한 광도계나 계신기가

당신의 두뇌는 망가지지 않았다.
그저 지름길을 찾는 데 능숙할 뿐!

아닐뿐더러 그럴 필요도 없다. 매일 수많은 판단을 내려야 하는 세계에서 인류가 생존하려면 매우 신속하고 적절하게 반응해야 한다.

그 결과 오랜 세월 진화해온 우리의 지각은 예상, 이전 경험, 정보가 제시되는 방식에 크게 영향을 받는다. 때로 이처럼 빠르고 간편한 지름길은 체커판을 볼 때처럼 우리가 본질적으로 망가졌거나 잘못되었다는 느낌이 들게 한다. 하지만 우리의 불완전하고 때로는 게으른 두뇌가 문제를 해결하는 방식은 정말 탁월하다. 진화 과정이 인간의 정신을 만들어온 방식은 우리가 연구하고 배워야 할 대상이지 없어지기를 바랄 대상이 아니다.

살아남은 뇌

인간의 진화한 두뇌는 지구에서 가장 놀라운 기관이다. 뇌에는 은하계의 별보다 더 많은 약 1,000억 개의 신경세포가 있고,[4] 신경세포들을 잇는 연결망의 길이는 총 10만 킬로미터 이상으로 추정된다.[5] 계산에 따르면, 우리의 뇌는 특정 순간에 1,100만 개라는 천문학적

인 정보를 받아들일 수 있다.[6]

당신은 '하지만'이라는 단어가 뒤따를 것이라고 짐작했을 것이다. 슬프게도, 최대한 후하게 평가하더라도 우리는 한 번에 40개 정도의 정보만 의식적으로 처리할 수 있다. 인간이 지금의 위치에 도달하기 위해 일부 정보처리 절차를 무시할 필요가 있었다는 것은 분명하다.

진화적 관점에서 보면, 사건에 반응하는 속도와 특성은 생존에 매우 중요하다. 아델슨의 체커판에서 보듯이 우리의 뇌는 미가공 정보를 정확히 계산하지 않고, 이용 가능한 자료를 JPEGs 파일처럼 지적으로 압축하여 빠르고 직관적으로, 때로는 편견이나 경험칙에 따라 저절로 반응하도록 진화되었다. 아주 큰 소리가 나면 우리는 펄쩍 뛴다. 화장실 선반에 두루마리 휴지가 딱 한 개 남은 것을 보면 우리의 진화한 뇌는 '얼른 집어'라고 충동질한다. 뜨거운 난로에 손이 닿으면 다행스럽게도 우리는 '엄청 뜨거워!'라는 정보를 처리하기 전에 재빨리 손을 뗀다.

우리의 진화적 의사결정을 이해하는 (환원주의적이긴 하지만) 유용한 방법은 우리의 뇌가 두 가지 다른 시스템으로 구성되었다고 생각하는 것이다.

- 시스템 1: 빠르고 직관적인 판단과 자동적인 지각(예를 들어 아델슨의 체커판, 큰 소리를 들을 때 펄쩍 뛰는 것, 뜨거운 난로에서 손을 재빨리 떼는 것)

- 시스템 2: 더 느리고 계획적이고 의식적인 추론 작업(예를 들어 새로운 언어 학습, 복잡한 수학문제 풀기, 보드게임 하기)

이 개념은 심리학자이자 노벨상 수상자 대니얼 커너먼이 자신의 베스트셀러 《생각에 관한 생각Thinking, Fast and Slow》에서 대중화시켰다.[7] 심리학자 조너선 하이트Jonathan Haidt는 유용한 비유를 들어 '빠른'(진화상 옛 시스템 1)과 '느린'(진화상 최근의 시스템 2) 두 시스템 간의 상호작용을 자세히 설명한다.[8] 그는 이 상호작용을 코끼리(시스템 1) 위에 탄 탑승자(시스템 2)와 비슷하다고 설명한다. 착각에 빠진 탑승자는 자신이 통제력을 갖고 있다고 생각할지 모르지만, 코끼리를 타고 땅콩 바구니 근처나 절벽 끝까지 가보기만 하면 누가 진짜 주인인지 분명해진다.

실제 세계에서 인간의 의사결정을 관찰해보면 코끼리와 탑승자 시나리오와 유사한 예측 가능한 의사결정 및 행동 패턴을 볼 수 있다. 우리에게는 군중을 따르고, 과식하고, 저축하지 못하는 성향이 있다. 이런 결정 중 다수는 경제학에서 더 합리적인 의사결정 모델로 간주하는 것들과는 어긋난다. 통제권을 가진 것은 코끼리다. 노벨상 수상자 리처드 세일러Richard Thaler는 이것을 변칙anomaly이라고 말한다.[9]

예를 들어 인간은 거의 보편적으로 더 크지만 지연된 보상보다는 더 작더라도 즉각적인 보상을 선택하는 성향을 갖고 있다(주택 구입 자금을 마련하기 위해 저축하기보다 단기적인 유흥에 월급을 날린다). 행동과학에서는 이것을 시간할인temporal discounting이라고 분류한다.[10] 요즘에는 이런 행동이 유용하지 않지만 우리 뇌가 진화해온 원시적 환경에서는 시간이 흘러도 부를 축적할 기회가 거의 없었기 때문에 자기통제력이 부족한 것이 오히려 성공에 도움이 되는 적응 특성이었을 수 있다.[11] 고대 조상들은 할인가격 또는 시간에 기반한 상충관계를 계산해야 하는 선택지에 직면할 일이 거의 없었다. 이를테면 어떤 물건을 지금 10달러에 구입할지 아니면 미래에 할인된 8달러로 구입할지 비교할 필요가 없었다. 대부분의 목표는 지금 당장 먹이를 잡아먹거나 도망치는 것이었다! 간단히 말해 이러한 성향은 실패나 결함이 아니라 진화적 특성이다.

문제는 세계가 계속 변한다는 것이다.

인간이 소름이나 딸꾹질(소름은 더 긴 체모를 지닌 인류의 친척들이 체온을 유지하기에, 딸꾹질은 양서류 조상들이 공기를 삼키기에 유용했을 것으로 추정된다) 같은 생물학적 해결책을 유산으로 물려받은 것처럼, 지금껏 진화해온 많은 심리학적 해결책은 현대 환경과 맞지 않는다.[12] 우리는 심리적 시차를 겪는 셈이다.

고대와 달리 현대사회에서는 은퇴 계획을 세우고, 단기적 만족을 위해 저축을 미루지 않는 편이 이로울 수 있다. 고칼로리 음식이 편리하고 손쉽게 이용할 수 있다 해도 번화가를 걸을 때마다 눈에 띄는 모든 햄버거 가게에 들러 사 먹지는 않는다. 지난 20년 동안 심리학 분야는 우리의 진화적 반응과 합리적인 경제적 기대 사이의 이러한 불일치를 이해하고 분석할 수 있는 소중한 시각을 제공하여 현대 행동경제학의 토대를 쌓았다.

행동경제학(더 넓게는 행동과학 분야)은 오늘날 세계 곳곳의 많은 기업과 정부 사이에서 빠르게 힘을 얻고 있는 학문이다. 행동경제학을 통해 우리의 진화적 특성을 활용하면 진화적 전략이 처음 시작된 세계와는 아주 다른 세계에서 더 타당한 의사결정을 내릴 수 있다. 기후변화 대응에서 백신 거부에 이르기까지, 이제 행동과학적 통찰은 우리 인류가 직면한 가장 중대한 도전과제들을 해결하는 데 꾸준히 활용되고 있다.

하지만 오늘날의 관심에도 불구하고 행동과학이 지금 제공하는 해결책의 다수는 새로운 것이 아니라는 사실을 인정해야 한다. 자세히 살펴보면 그 해결책들은 오래전부터 계속 존재해왔다.

직관의 조직화

인간은 생존하고 경쟁하고 재생산하기 위해 시간의 흐름 속에서 삶의 많은 도전과제에 맞서 자기도 모르는 사이에 완벽한 해결책을 만들어왔다.

행동통찰팀(영국 정부의 '넛지 팀') 책임자 데이비드 핼펀David Halpern은 이렇게 말했다. "사람들은 인류 초기부터 지금까지 서로 '넌지시 권유'해왔다."[13] 마감 세일과 한정 판매(재고 소진 시까지)에서 대폭 할인된 권상가격, 레스토랑 경영주들이 상사가 살피는 것처럼 보이려고 손님을 바깥쪽 창문가 자리부터 앉히는 관행에 이르기까지 인간은 효과적인 아이디어를 우연히 발견해왔다. 등지느러미의 진화 같은 생물학적 해결책의 수렴적응과 중첩인형 발명원리 같은 공통의 기술적 해결책과 마찬가지로, 인간이 공통의 제약과 모순을 해결하는 방식은 가장 성공적인 심리학적 해결책으로 수렴되어왔다.

다음의 말을 기억하라. "배의 형태를 만드는 것은 바다다."

성서시대 이래로 이러한 다원주의적 지혜의 대부분이 종교, 우화, 민속문화라는 형태로 관찰, 확인, 전승되어왔다.

누가복음 6장 38절을 생각해보라. "주라 그리하면 받을 것이다." 이 구절은 상호성(어떤 사람이 우리에게 관대하면 우리는 그 호의를 똑같이 돌려줘야 한다는 의무감을 느낀다)이라는 행동과학 원리를 아름답게 설명한 것이다.[14] 우리가 확실성 효과certainty effect(가능성이 있는 성과보다 확실한 성과를 훨씬 더 낫다고 느끼는 경향)라는 용어를 만들어내기 훨씬 전에 누군가 "손안의 새 한 마리가 덤불 속의 새 두 마리보다 낫다"라고 말했다.[15] "사람이 많은 곳이 안전하다"라는 속담은 사회적 증거social proof 또는 집단 편향herd bias을 잘 설명해준다.[16] "고통 없이는 성과도 없다"는 말은 노력 경험칙effort heuristic을 요약해 보여준다.[17] "지켜보는 냄비는 절대 끓지 않는다"는 주방의 지혜마저도 지루한 시간이 몰입한 시간보다 더 길게 느껴지는 사실을 적확하게 표현한다.[18]

이런 일관된 패턴을 찾고 과학적으로 분류하려는 학계와 정부의 노력은 우리가 논의하고 비교하고 통합할 공동의 언어를 개발하는 데 도움을 줄 뿐만 아니라 수세기 동안 직관적으로 알게 된 것을 분명하게 이해하게 해준다. 다른 혁신 분야(예를 들어 백신 개발)에서 보았듯이, 직관과 관찰은 흔히 과학에 선행한다. 따라서 행동과학이 지닌 중요한 가치 중 하나는 직관의 이런 측면들을 더 쉽게 인식하고 정리하도록 도와주는 것이다.

다음 장에서는 개념을 설명하는 언어와 분류체계를 만들면 진화적 해결책을 정리하여 분류하는 것은 물론, 근본적으로 그것을 더 쉽게 이해하고 적용할 수 있다는 점을 살펴볼 것이다. 부리나 지느러미와 달리 이런 해결책은 지금까지 대부분 잘 드러나지 않았다. 우리는 말하는 것을 알 수 있고, 아는 것을 적용할 수 있다.

요약

- 인간의 심리와 의사결정은 진화 과정의 산물이다.
- 행동과학은 인간의 진화적 의사결정과 행동에 나타난 일관된 패턴을 찾고 분류했다.
- 이런 분류는 지금 인류가 직면한 가장 중대한 문제들을 예측하고 해결하는 데 도움을 준다.

4 | 새로운 눈으로 보기

·

당신은 사막에서 북극곰을 찾지 않을 것이며, 정글에서 낙타를 볼 가능성도 별로 없을 것이다. 하지만 인류는 아프리카 사바나 지역에서 기원했음에도 지구의 거의 모든 서식지를 차지할 수 있었다. 언어의 진화는 인류가 세계를 지배하는 데 결정적인 역할을 했다.[1] 정보를 전달하는 고성능 부호인 언어는 우리가 극단적인 자연을 헤쳐나가고 생존에 적합한 도구와 집과 옷을 만드는 데 도움을 주었다.

언어 덕분에 우리는 생각을 공유할 수 있었다.

명심할 것은 우리가 사용하는 단어가 인류가 조직되도록 도와주었을 뿐만 아니라, 우리가 만드는 언어가 우리가 주변 세계를 바라보는 방식에 영향을 끼쳤다는 점이다. 중요한 예를 들면, 심리학의 향상된 분류체계는 우리가 전에는 전혀 생각해본 적이 없는 아이디어들을 이해하고, 그것들 간의 연결점을 끌어내도록 도와준다.

"내 언어의 한계는 내 세계의 한계를 의미한다."

_ 루트비히 비트겐슈타인Ludwig Wittgenstein

잠시 바나나를 생각해보자. 우리는 칼륨이 풍부한 이 아름다운 대상을 길고, 구부러지고, 노랗고, 미끈거리는 아침식사 메뉴로 생각하지 않는다. 그 대신 즉시 이것을 바나나로 인식하고 이런 분류를 통해 바나나의 느낌, 맛, 냄새와 같은 다양한 부가적인 관련 사항을 떠올린다. 샌디에이고 소재 캘리포니아대학교 부교수 레라 보로디츠키Lera Boroditsky는 테드TED 주제강연에서 언어는 (바나나와 같이) 개념 구축을 도와줄 뿐만 아니라 실제로 우리의 세계에 영향을 끼치는 새로운 인지 영역을 열어준다고 주장했다.[2] 개념을 명확하게 설명하는 언어가 있으면 우리가 대상을 더 쉽고 확실하게 이해하고 식별하는 데 도움이 된다.

인류 전체가 시각을 갖고 있다는 점을 고려하면, 색깔을 묘사하는 데 사용하는 언어를 탐구하는 것은 언어와 인지의 관계를 이해하는 흥미로운 방법이다. 예컨대 그리스어 화자와 러시아어 화자는 밝은 푸른색과 어두운 푸른색에 대해 두 개의 다른 분류 방식과 단어를 갖고 있다. 그리스어에서는 더 어두운 색조를 ble라고 하며, 더 밝은 색조를 ghalazio라고 한다. 반면 러시아어에서는 밝은 푸른색은 goluboy, 어두운 푸른색은 siniy라고 한다. 영어와 독일어 화자는 두 분류의 푸른색에 대해 하나의 단어를 사용한다. 다시 말해 둘 다 blue 범주다. 연구에 따르면, 이렇게 미세한 색상 구분 능력이 부족한 영어와 독일어 화자는 다양한 색조의 푸른색을 식별하라는 요청을 받았을 때 그리스어와 러시아어 화자보다 상대적으로 더 느리고 덜 정확하게 대답한다.[3, 4] 보로디츠키는 색조 변화를 인지할 때 사람들의 뇌를 관찰하면 푸른 색조를 나타내는 어휘가 더 풍부한 사람들은 놀라움으로 반응한다고 보고한다. 마치 대상의 범주가 달라진 것처럼 말이다. 영어 화자는 이런 구별이 불가능하기 때문에 이렇게 반응하지 않는다. 보로디츠키에 따르면 이런 화자들에게는 마치 아무것도 달라지지 않은 것처럼 느껴진다.

색을 더 풍부하고 명료하게 분류하지 못하는 것은 영국인과 러시아인 커플이 새로운 소파의 색조를 선택할 때 어려움을 줄 수 있지만 이런 배후에 깔린 통찰의 의미는 훨씬 더 만만찮다. 예컨대 색깔의 차이를 넘어서서 언어가 시간을 표현하는 방식도 다르다. 비를 예측할 때 독일어 화자는 현재 시제로 이렇게 말할 수 있다. "내일 비가 온다." 이와 대조적으로 영어 화자는 it shall 또는 it is going to 와 같은 미래 시제 표시어를 사용해야 한다. 의무적인 미래 표시어를 가진 언어(영어처럼)의 화자는 실제로는 덜 미래지향적 행동을 보인다. 반면 더 현재 중심적 언어(독일어처럼)의 화자는 매우 흥미롭게도 더 많이 저축해서 은퇴 시기에 재산이 더 많고, 담배를 덜 피우고, 더 안전한 섹스를 나누고, 비만이 적다.[5]

미국인의 약 3분의 2가 복리 이자와 관련된 어휘와 이것이 그들의 미래 재정에 어떻게 도움이 되거나 손해가 되는지 모르기 때문에 재정적으로 최적의 결정을 내리지 못한다는 주장이 있다.[6] 더 심란한 예를 들자면, 제2형 당뇨병에 걸린 사람들의 3분의 1이 질병을 인지하지 못해 아무런 건강 예방 조치를 취하지 않는데, 이는 각기 다른 다양한 증상을 통합하여 이해하도록 도와줄 중요한 개념을 놓치고 있기 때문이다.[7] 이 예에서 당뇨병은 단 하나의 개념으로(바나나처럼) 인식되지 않으며, 제대로 이해하려면 서로 다른 요소들(길고, 구부러지고, 노랗고, 미끈거리는)을 종합해야 한다.

언어는 우리의 인지에 영향을 끼칠 뿐만 아니라 우리의 행동을 형성한다. 언어에 접근하는 것은 새로운 문을 여는 것과 같다.

우리는 말하는 것을 알 수 있고, 아는 것을 적용할 수 있다.

바나나를 먹어볼까요?

2007년 IBM은 광고회사 오길비Ogilvy와 제휴를 맺고 '말은 그만하고 행동하라'라는 자사 캠페인 광고를 만들기로 했다. 이 광고는 직원들이 팀 미팅을 시작하기 전 모여 있는 상황에서 시작된다. 어떤 사람이 말한다 "이놈의 혁신 회의 때문에 미치겠군……." 또 다른 사람이 말한다. "순 과장에, 업계용어투성이야!" 진행자들이 게임 카드를 나눠준다. "이건 버즈워드(업계 유행어) 빙고 게임인데 유행하는 용어가 나올 때마다 표시를 해요." 광고는 기업의 리더가 무대에 등장하는 장면으로 바뀐다. 리더가 말한다. "간단히 말해 우리는 탁월하고, 마일스톤 지향적이며, 밸류를 높이고, 파괴적이며, 애자일한 문화를 촉진하기 위해 100퍼센트 헌신하고 있습니다."

무리에서 흥분한 목소리가 터져나왔다. "빙고!"

"의사가 좋은 진단을 내리려면 여러 질병에 대한 정보를 많이 알고 있어야 한다."

_ 대니얼 카너먼

복잡하고 많은 행동과학 용어를 제대로 설명하기란 쉽지 않다. 선택마비choice paralysis와 같은 용어는 선택지가 지나치게 많은 것을 아름답게 표현하는 방식일 수 있고, 개인적 적합도idiosyncratic fit와 같은 용어는 특정 개인이나 집단에게만 주는 혜택(예를 들어 회계사를 위한 건강관리 비용 할인)을 구분하는 복잡한 방식처럼 보이기도 한다. 하지만 캐나다 이누이트족에게 눈[雪]을 묘사하는 단어가 53개나 있는 세상에서 비즈니스, 커뮤니케이션, 혁신의 언어가 이렇게 미묘한 차이를 드러내지 못한다는 것은 매우 안타까운 일이다.

IBM 광고에서처럼 놀람, 기쁨, 신뢰, 부가가치, 경험, 충성과 같은 용어는 수없이 들을 수 있다. 이런 단어들은 우리가 사용하는 흔한 유행어이지만 더 세밀하고 풍부한 어휘가 없다면 의미를 제대로 깨달을 수 없다.

마찬가지로 우리는 생물학과 물리학의 발전으로 유전체와 열역

> 행동과학의 용어와 분류는 우리의 언어를 풍성하게 했고,
> 그 결과 혁신의 기회도 늘어났다.

학의 언어를 갖게 되었고, 이런 개념들은 해당 분야를 더욱 발전시켰으며, 현대 행동과학은 심리학의 영역을 더 정확히 분류하는 수단이 되었다. 우리는 이제 이런 유행어에 기여하는 요소들(예를 들어 충성도를 구성하는 요소에 대한 더 세분화된 이해)을 더 깊이 이해할 뿐만 아니라 그들을 다룰 아이디어와 혁신을 창출한 수단도 확보하게 되었다.

충성도 개선 프로그램이든, 행동 변화 캠페인이든 이제 우리는 목적을 달성하기 위해 다양한 유형의 심리학적 해결책을 시도할 수 있다. 양력과 항력 같은 더 미세한 개념을 포함한 물리학 언어가 없었다면 나카쓰는 결코 물총새와 초고속열차를 연결하지 못했을 것이다. 마찬가지로 트리즈 발명원리가 없었다면 줄자를 카메라 렌즈에 비춰봄으로써 기술적 모순을 신속하게 해결하지 못했을 것이다. 트리즈와 유사한 명명법을 적용하면, 현대 행동과학에서 분류하는 심리학적 해결책의 진화한 패턴을 '심리학적 발명원리'라고 할 수 있다(앞으로는 간단히 '심리학적 원리'라고 하겠다). 이 원리들은 '자연 상태에서' 진화한 해결책과 오늘날 해결해야 할 과제 사이를 이어주는 연결고리다.

지금 시점에서 행동과학이 제시하는 약속에도 불구하고 행동과학의 분류와 편향성에 맹목적으로 의존하는 것에 대해 미리 경고해 두어야겠다. 행동과학은 행동 변화의 복잡성을 지나치게 과소평가할 위험이 있다. 모든 것이 단 하나의 해결 가능한 편향 또는 원리로 환원되어서는 안 되고, 긴 시행착오 목록을 펼치는 것만으로는 성공적인 혁신 전략을 세울 수 없다. 이 책의 끝에서 더 살펴보겠지만 상황과 개별적인 차이는 우리의 반응에 중대한 영향을 끼칠 수 있다. 이것은 모두 명백한 사실이다. 하지만 나는 진화적 사고를 위해 추가적인 관점을 환영한다. 혁신과 행동 변화가 과일 샐러드 만들기와 비슷하다고 상상해보자. 샐러드를 준비하면서 "길고, 구부러지고, 노랗고, 아주 미끈거리는 아침식사 대표 과일 먹을까요?"라고 말하는 것이 쉽겠는가, 그냥 "바나나 먹을까요?"라고 말하는 것이 쉽겠는가?

반드시 기억해야 할 내용

- 언어는 현실에 도달하는 효율적인 지름길을 제공한다. 언어는 우리가 세계를 이해하는 방식뿐만 아니라 때로 우리의 행동에도 영향을 준다.
- 행동과학의 언어가 풍성할수록 더 큰 혁신 기회를 찾을 수 있다.
- 우리는 말하는 것을 알 수 있고, 아는 것을 적용할 수 있다.

5 | 심리적 트리즈

몇 년 전 나는 전형적인 소매업 문제를 다루었다. 고객사는 고가 상품 중 하나를 위해 분기별로 판촉 행사를 하고 있었는데, 우리는 제품 매력도 개선과 매출액 증가라는 과제를 맡았다. 우리의 과제는 이렇게 정의할 수 있을 것이다. '어떻게 제품 가격을 바꾸지 않고 소비자가 받아들이는 제품의 인지가치perceived value를 바꿀 수 있을까?' 그리고 판촉 행사가 끝났을 때 매출액은 56퍼센트 증가했다.

　이런 과제에 직면하여 제품 가격을 내리거나 다른 어떤 사양도 변경할 수 없을 경우 전통적인 접근방법은 제품의 높은 가치와 품질을 홍보하는 방법을 새로 만들어 해당 제품이 다른 제품에 비해 더 나은 특성들을 강조하는 것이다. 하지만 우리는 트리즈처럼 과거에 이런 심리적 난세를 해결하기 위해 자연이 진화시켜온 여러 유형의 해결책을 찾기 시작했다.

진화적 해결책의 패턴에는 희소성(제품이 제한적이거나 희소하다고 느끼게 하기)과 사회적 증거(제품의 품질에 대한 신뢰를 강조하기 위해 기존의 소비를 구체적으로 설명하기)와 같은 심리학적 원리가 포함되었다. 우리는 몇 가지 혁신적인 캠페인이 효과가 있는지 소셜미디어를 이용해 시험했다.

시험 결과 한 가지 방법이 나머지보다 효과가 더 좋았다. 그 방법은 과거에 효과가 좋았던 진화적 해결책을 활용하여 캠벨 수프를 더 많이 판매하는 것이었다.

1998년 아이오와주에 있는 슈퍼마켓 세 곳이 현장 연구에 참여했다.[1] 각 슈퍼의 진열대 끝에 캠벨 수프 캔이 10센트 할인된 가격(캔당 89센트를 79센트로 할인)으로 진열되어 있었다. 연구팀은 3일 연속으로 저녁마다 한 가지씩 작은 변화를 주었다. 그들은 할인된 수프에 세 가지 다른 구매 제한을 두어 광고했다(개인당 구매 제한 없음, 개인당 최대 구매 수량 4개, 개인당 최대 구매 수량 12개). 실험이 끝난 뒤 연구자들은 이렇게 구매 제한을 두자 매출액이 증가한 사실을 발견했다. 사람들은 4개 또는 제한을 두지 않을 때(각각 3.5개와 3.3개)보다 12개로 제한했을 때 훨씬 더 많이(평균 7개) 구입했다. 연구자들은 구매 제한을 제시함으로써 구매자의 행동에 기준점을 만들었다.

아이오와 연구에 등장한 것과 같은 수량 제한은 흔히 프로모션의 결함으로 간주된다. 그래서 수량 제한은 기피 대상이 되어 주의 경고문에 묻힌다. 당시 우리 고객사도 실제로 이랬다. 이전의 판촉 행사용 홍보지에는 '개인당 최대 구매 수량 4개'라는 주의 경고문이 아주 작은 크기로 오른쪽 아래 구석에 적혀 있었다. 이제는 수량 고정quantity anchoring이라는 심리학적 원리 덕분에 이 낯익은 가치 문제를 혁신적으로 해결할 수 있었다. 이런 제한이야말로 이 프로모션에서 가장 소중한 요소였다.

우리가 가장 성공한 캠페인은 수량 고정을 적용하여 '고객당 최대 구매 수량 4개'라는 핵심 내용을 크게 홍보한 것이었다. 그 결과 별다른 추가 노력 없이 제품이 판매되었다. 제품의 사양이나 가격을 바꾸지 않고도 일대 혁신을 이뤄 고객사에게 새로운 성장 기회를 제공했을뿐더러 이런 과정을 통해 고객사의 가치를 소비자에게 알리는 것은 물론 창출하기도 했다.

우리는 가격을 바꾸지 않고도 소비자의 인지가치를 개선했다.

창의성의 숨겨진 구조: 체크리스트와 패턴

뉴욕의 여름날, 평소답지 않게 안개가 낀 아침을 상상해보자. 오전 7시 33분 델타항공 DL 970기가 JFK 공항에서 이륙해 덴버로 비행할 준비를 하고 있다.

"쟤는 죄다 잃어버리고 다닌다니까." 부기장 에릭 우가 휴대폰을 찾으려고 객실로 돌아가자 기장 킴 깁슨이 다른 승무원에게 농담

조로 말한다. 에릭이 돌아오자 깁슨이 말한다. "좋아. 서비스 시스템과 착륙장치 상태는?"

살짝 당황한 에릭이 다이얼과 스위치로 가득한 보잉 여객기의 넓은 대시보드를 훑어본다. "음, 이상 없습니다."

"랜딩기어 레버는?" 기장 깁슨이 말한다.

"예, 내려져 있습니다."

"산소는?"

"테스트 완료. 100퍼센트입니다."

같은 시각, 뉴욕시 맞은편에 있는 마운트 시나이 병원의 응급병동에서는 비노드 쿠마르 박사가 수술 절차에 따라 환자의 가슴을 절개하기 시작한다. 환자의 심장에 접근하려면 먼저 흉골과 갈비뼈에 접근해야 한다. 그는 긴급 수술을 진행하고 있다.

부기장 에릭이 말한다. "목적지 고도 확인합니다. 덴버로 향하고 있으며, 5,400피트입니다."

"알았어. 좋아, 주기 브레이크 해제" 깁슨이 지시한다.

"해제."

여전히 시야가 확보되지 않은 상태에서 거대한 항공기가 활주로를 굴러간다.

약 4시간 뒤인 오전 11시 45분, 델타 DL 970기는 안전하게 덴버에 착륙하고 쿠마르 박사의 환자는 회복실에 있다. 순조로운 아침이었다. 하지만 이렇게 된 것이 우연은 아니었다.

체크리스트를 매우 싫어한 적이 있다. 체크리스트를 보면 일, 긴 쇼핑목록, 집 안 허드렛일에 치이는 모습이 떠오른다. 내가 이른 아침 심장 절개 수술을 하라거나 심한 횡풍이 불 때 보잉 737기를 착륙시키라는 전화를 받은 적이 없는 것은 다행스러운 일이다. 이처럼 수천 가지 요소가 재난을 일으킬 수 있는 복잡한 상황에서 체크리스트는 매우 중요하다.

창의적인 일을 추구할 때 우리가 가장 중요시하는 것은 비극을 피하는 것이 아니다. 그보다는 훌륭한 아이디어가 사장되는 것을 훨씬 두려워한다. 문제는 대부분의 사람들이 체크리스트, 템플릿, 체계적인 접근방법이 창의성을 발휘하는 것과는 정반대라고 생각한다는 점이다. 하지만 우리가 인식하든 아니든, 대부분의 창의적인 노력에는 이미 숨겨진 구조가 존재한다. 심지어 가장 많은 상을 받은 광고도 마찬가지다.

1999년 예루살렘 경영대학원 연구진은 광고 경연대회에서 높은 평가를 받은 200개의 인쇄광고를 정리했다.[2] 분석 결과 성공한 광고의 89퍼센트는 과거에 밝혀진 여섯 가지 창의적 패턴으로(트리즈의 발명원리처럼) 설명할 수 있었다. 예컨대 그림 비유(나이키 에어 스니커즈를 소방수의 점핑 시트로 묘사) 또는 극단적 상황(전천후 운전 성능을 입증하기 위해 눈 위를 달리는 지프) 패턴이 있다. 2차 연구에서 연구자들은 동일한 과정과 구조를 이용해 성공하지 못한 광고들을 평가했다. 흥미롭게도 이 그룹에서는 오로지 2.5퍼센트만이 패턴에 적합한 것으로 분류되었다. 요약하면, 연구자들은 창의성을 인정받아 수상한 광고들이 비창의적인 광고들보다 더 예측 가능하고 정형화된 것임을 발견했다.

이 연구에 따르면 창의성은 시간을 통해 입증된 패턴을 따른다 (우주의 죠스를 기억하기 바란다).

> "아이디어 창출은 포드 자동차를 생산하는 공정처럼 명확한 프로세스가 있다."
>
> _ 제임스 웹 영

광고업계 거물에서 비틀스에 이르기까지 세계에서 가장 창의적인 사람들은 자신의 재능을 발휘할 때 정형화되거나 일관된 프로세스를 따른다. 드루 보이드Drew Boyd와 제이콥 골든버그Jacop Goldenberg는 《인사이드 더 박스Inside the Box》에서 추리소설가 애거사 크리스티Agatha Christie(시대를 초월한 베스트셀러 저자로 윌리엄 셰익스피어와 어깨를 나란히 한다)의 성공을 해부한다.[3] 크리스티의 소설에는 명확한 프로세스와 구조가 있다. 이를테면 "시신이 발견되고, 형사가 범죄 현장을 조사하여 단서를 수집하고, 용의자를 만난다. 그리고 맨 마지막에 살인자가 드러난다. 당신이 전혀 예상하지 못한 사람이다!" 이 구조가 크리스티의 상상력을 제한하거나 독자의 즐거움을 감소시킬 것이라고 생각할지 모르지만, 66편의 추리소설이 나온 지금 생각해보면 그것은 오히려 그녀의 사고를 제한하여 집중할 수 있도록 도와준 프로세스다. 이 구조는 그녀의 창의성에 날개를 달아주었다.

혁신과 문제 해결을 위한 체크리스트와 패턴을 만들면 많은 사람이 모호하게 여기는 과정을 체계적으로 수행할 수 있다.

행동과학의 진화적 해결책 패턴, 곧 심리학적 원리들은 자연스럽게 혁신 체크리스트를 만드는 순서를 제시한다. 또한 백지 상태에서 시작하거나 성급하게 결론을 내리거나 혁명의 불꽃을 기원하는 대신, 이전 수많은 문제 해결자들의 직관적 사고 과정을 직접적으로 이용한다. 창의성이 고독한 천재의 전유물이라고 생각하지 않고, 체크리스트를 통해 훈련받은 외과의사나 조종사처럼 혁신에 더 잘 접근할 수 있다. 이런 구조는 수많은 잠재적 참사를 피하기보다는 트리즈처럼 비교적 소수의 진짜 유효한 아이디어를 발견하도록 도와준다.

체크리스트 만들기

화창한 날 오후, 시드니에서 가족 모임에 참석했을 때 나는 내 파트너의 사촌이 둘째를 임신했을 때 있었던 일을 우연히 듣게 되었다.

그녀는 자신과 남편, 그들의 어린 딸 에이바만이 태어날 아이의 성별을 알고 있다고 다른 가족들에게 말했다. 다른 가족들은 그 비밀을 놀랐고, 그들은 그런 상태가 유지되기를 바랐다.

상상이 가겠지만, 모든 사람이 가엾은 어린 에이바에게 캐묻기 시작했다. 몇 달 동안 에이바는 집요하게 질문을 받았지만 엄마 아빠와의 약속을 지키며 입을 굳게 닫았다. 에이바는 거듭하여 다음과 같은 질문을 받았다. "남자니 여자니?" "아기의 성별이 뭐야?" 이런 질문에 에이바는 아무 말도 하지 않았다. 에이바의 경계경보가 울리고 그녀의 의식(시스템 2)에 장벽이 세워졌다.

그러던 어느 날, 어떤 사람이 조금 다른 방식으로 질문했다. 아기가 남자인지 여자인지 묻는 대신 창의성을 발휘하여 이렇게 물었다. "그래 에이바, 아기의 이름을 무엇으로 지을 거니?"*

그러자 에이바는 자랑스럽게 대답했다. "소피아요."

좋은 심리학자의 역할은 문제의 답을 제시하는 것이 아니라 특정 문제와 가장 밀접한 사람들인 해당 전문가들이 스스로 해답을 찾게 하는 것이다. 강렬한 아이디어를 끌어내도록 돕기 위해 좋은 창의적인 체크리스트를 만드는 것도 마찬가지다. 이상적으로 보자면, 질문이 더 효과적일수록(때로 덜 직접적일수록) 더 나은 해답이 더 나올 수 있다.

이런 말이 있다. 사람들에게 "아야"라고 말해달라고 하지 말고 바늘로 찔러라.

---

* 그 이후 나는 "아기 방을 무슨 색으로 꾸밀 거니?"라는 또 다른 훌륭한 질문을 배웠다.

창의성에 이르는 프로세스가 존재한다.
우리는 더 나은 질문을 함으로써
더 창의적인 해답을 얻는다.

그러면 체크리스트를 위한 강력한 질문은 어디에서 찾을 수 있으며, 어떻게 하면 우리의 도전과제에 완곡하게 또는 측면으로 접근할 수 있을까? 예상하겠지만 해답은 우리 주변에 있다.

혁신을 위한 질문: 놓쳐버린 총알구멍 찾기

2차 세계대전 당시 미군은 딜레마에 직면했다. 폭격기들이 계속 총알구멍이 숭숭 뚫린 채로 돌아왔기 때문에 군으로서는 추가 보호 대책이 필요했다. 유일한 질문은 '어디를 보호할 것인가?'였다. 미군은 돌아온 폭격기의 총알구멍 분포도를 포함하여 최대한 많은 자료를 수집하고, 통계조사그룹이라는 고급 연구기관을 참여시켜 어떤 부분을 강화할지 결정하려고 했다. 처음 지침은 총알을 가장 많이 맞은 부분을 강화해야 한다는 것이었다.

처음에는 이것이 논리적 제안처럼 보였지만, 통계학자 에이브러햄 왈드Abraham Wald는 통찰력 있게 총탄을 맞지 않은 부분을 강화해야 한다고 주장했다. 사실 그들이 더 잘 이해할 필요가 있는 것은 돌아오지 못한 폭격기였다. 하버드대학교 교수 게리 피사노Gary Pisano가 주장하듯이, "대다수 기업의 문제는 그들이 아이디어를 찾는 곳이 아니라 아이디어를 찾지 않는 곳에 있다".[4] 미군처럼 도전 과제에 직면하면 가장 쉽게 구할 수 있는 데이터에 눈멀거나 직접적인 경쟁 요소에만 주의를 집중하는 경우가 너무 흔하다. 우리는 가장 쉽게 접하는 정보에 사로잡히기 십상이다. 하지만 주변 사람보다 더 나은 혁신을 이루려면 측면에서 바라볼 필요가 있다.

우리는 놓쳐버린 총알구멍을 찾아야 한다.

등지느러미의 수렴적응(전혀 다른 생물종들의 진화적 해결책)과 트리즈의 발명원리(전 산업계의 기술진화적 해결책)처럼 우리 주변 일상에는 진화심리학적 해결책(우리의 심리학적 원리)이 많다. 적응적 해결책의 특성 때문에 우리는 이런 해결책이 여러 종에 걸쳐 성공적으로 통할 뿐만 아니라 산업계를 비롯한 여러 분야에서 수렴되는 것을 볼 수 있다. ("진화 과정에서 좋은 아이디어는 다양한 유기체에서 거의 동일하게 나타난다"라는 사가린의 말을 기억하라). 예컨대 올빼미나비와 소의 연결고리는 무엇일까? 주의 깊게 살펴보라.

올빼미나비는 수천 년 동안의 적응을 거쳐 날개에 포식자의 선명한 눈을 흉내내도록 진화했다. 이 무늬가 왜 효과적인지에 관해서

는 여전히 논쟁 중이지만 이런 표시는 나비가 쉬거나 먹을 때 포식
자를 단념시키는 데 도움이 된다. 이와 비슷하게 2020년 보츠와나
의 혁신적인 프로젝트에서 자유롭게 방목하는 가축이 사자나 표범
에게 물려가는 피해를 줄이기 위해 비슷한 해결책을 사용했다. 소
엉덩이에 눈을 그려넣는 것이 최상위 포식자를 해치지 않고도 가축
피해를 줄이는 비용 효율이 좋은 수단으로 밝혀졌다.[5]

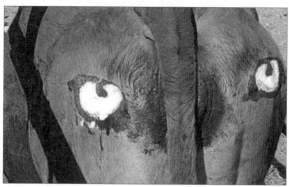

〈사진 6〉 생물들의 수렴적 해결책: (위) 올빼미나비, (아래) 보츠와나 보존 프로젝트.

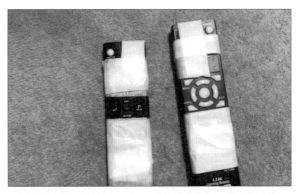

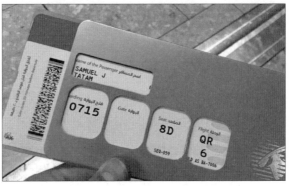

〈사진 7〉 분야에 상관없이 수렴하는 심리학적 해결책: (위) 리모컨 개조품, (아래) 카타르항공 티켓의 단순화 혁신

산업계를 포함해 여러 분야를 살펴보면 진화심리학적 해결책이 비슷하게 수렴하는 것을 발견할 수 있다. 〈사진 7〉에서 리모컨 개조품과 카타르항공 티켓 모두 복잡성이 감소하는 방향으로 적응한 것을 보라.

오늘날 심리학적 원리를 이해하면 자연계뿐만 아니라 BMW나

둥지느러미의 수렴적 적응처럼
우리 주변에는 진화심리학적 해결책이 많다.

도미노 피자처럼 전혀 다른 브랜드에서도 수렴진화의 사례를 쉽게 찾아볼 수 있다. 이 두 브랜드는 어떤 곳에서도 거의 연결되지 않는다(당신이 BMW 4시리즈를 타고 피자를 사러 가지 않는다면 말이다). 하지만 두 브랜드는 모두 '나만의 것을 만들 수 있다'는 이케아 효과(제품의 인지가치를 높일 수 있음을 시사하는 증거)로 알려진 심리학적 원리의 대표적인 예다.[6] 또한 그들은 기업을 눈에 띄게 투명하게 운영한다(피자가 오븐에서 당신의 문 앞까지 배달되는 과정을 추적할 수 있듯이 당신이 구입한 자동차가 뮌헨에서 배송되는 과정을 볼 수 있다). 둘 다 운영 투명성operational transparency이라는 심리학적 원리의 사례다.[7]

마찬가지로 우리는 생체모방을 통해 펭귄에게서 16량짜리 초고속열차를 혁신하는 법을 배우고, 심리학적 해결책 패턴에 대한 인식을 통해 진화적 사고를 자선활동과 금융에서 직장 안전과 제품 설계에 이르기까지 다양한 분야에 적용하여 비슷한 결과를 얻을 수 있다. 창의적 영감의 범위는 무한하고, 말 그대로 분야를 초월한다. 우리는 자신의 기존 경쟁력 요소나 가장 쉽게 이용할 수 있는 데이터(2차 세계대전 당시 폭격기 문제처럼)에 매몰되지 않고, 일반적으로 탐색하지 않는 분야를 차용하여 기회를 확대할 수 있다. 도미노 피자와 BMW, 곧 패스트푸드 기업과 명차 제조기업 모두에게서 배울 수 있는 점의 예를 하나 들자면, 동네 병원이 질병 진단의 70퍼센트를 보이지 않는 지하실이나 외부의 병리실험실에 맡기지 않고 직접 진단하는 질병 유형을 확대하는 것이다.[8]

중요한 점은 생체모방과 트리즈와 마찬가지로 자연의 색다른 적응 사례들을 참고하면 심리학적 원리의 혁신적인 힘이 엄청나게 풍성해진다는 것이다. 잊지 말자. 신칸센 500시리즈의 혁신이 가능했던 이유는 단순히 오래된 새, 날개, 부리를 찾아서 초고속열차와 연결한 것이 아니라 올빼미, 아델리펭귄, 물총새의 색다른 진화적 차이점을 활용한 데 있었다.

질문은 이렇다. '도미노 피자와 BMW가 운영 투명성을 실행하는 다양한 방법으로부터 무엇을 배울 수 있을까?'

이런 차이점을 탐색하여 더 나은 혁신을 위한 질문을 만들면 우리는 마치 폭격기 동체를 강화하듯 준거틀을 제한하는 위험을 피하고 더 나은 해답을 얻을 것이다.

마법의 공식은 없다: 혁신 체크리스트

우리는 말하는 것을 알 수 있고, 아는 것을 적용할 수 있다.

행동과학의 진화적 해결책 패턴을 이용하면 놓치기 쉬운 자연

생물들과 그들의 차이점을 더 쉽게 포착할 수 있다. 예컨대 뉴욕의 캐츠델리Katz's Deli는 팁 바구니에 앵커링 효과anchoring effect(특정 숫자나 사물이 기준점으로 작용하여 이후의 판단에 영향을 끼치는 현상-옮긴이)를 적용했다. 우연이었는지 의도적으로 계획했는지는 모르나 캐츠 직원들은 손님들의 눈길이 10달러에서 시작해 5달러 그리고 1달러로 가도록 팁의 배열 순서를 조정했다. 이론적으로는 기준점을 높게 고정(10달러)하여 팁 액수가 증가하도록 한 것이다. 이것을 혁신적인 질문으로 바꾸면 이 아이디어를 다른 상황에 적용할 수 있다. "어떻게 하면 더 큰 것을 먼저 제시하여 우리의 요구를 더 작은 것으로 느끼게 할까?" 이처럼 관찰된 진화적 해결책을 추상적인 질문으로 바꾸면 적용 범위가 넓어지고 강력한 혁신 체크리스트를 만들

〈사진 8〉뉴욕 캐츠델리의 직원들: 팁을 배치할 때 손님의 눈길이 높은 금액에서 낮은 금액(10달러, 5달러, 1달러)으로 이동하는 방식으로 배열한다. 행동과학에서는 이를 앵커링 효과라고 한다.

수 있다.

또 다른 예로 사회적 증거라는 심리학적 원리를 생각해보자. 연구에 따르면 어떤 사람이 다른 사람의 행동에 대해 들으면 자신의 인지와 행동에 영향을 받는다(예컨대 과도한 에너지 사용을 줄이기 위해 자신의 에너지 사용량과 이웃의 에너지 사용량을 비교한다).[9] 인간 심리의 이런 측면을 안다면 혁신적인 질문을 던질 수 있다. '대다수 사람들이 무엇을 하는지 어떻게 알릴 수 있을까?' 하지만 이러한 직접적인 질문은 에이바에게 "태어날 아기가 남자니 여자니?"라고 질문하는 것과 다를 게 없는 사회적 증거다. 잘못된 방식은 아니지만 그렇게 강력하지도 않다.

실제 현실에서 심리학적 해결책 패턴을 찾는 능력을 잘 갖추면

〈사진 9〉 '실제 현실'에 나타난 사회적 증거: 시드니에 있는 카페의 단골손님을 위한 게시판.

자연에서 수렴적으로 진화해온 미묘한 사회적 증거의 수많은 사례로부터 배울 수 있다. 진화된 사회적 증거를 보여주는 오스트레일리아 시드니의 사례를 살펴보자. 이것은 현지 카페의 단골손님을 위한 게시판이다.

보다시피 카페 게시판에는 고객들의 회원카드가 붙어 있다. 어떤 면에서 보면 실용적인 해결책이다. 이렇게 하면 정기적으로 방문하는 사람들은 언제든지 자신의 회원카드를 이용할 수 있고 무료 커피를 절대로 놓치지 않는다. 그러나 심리학적 관점에서 보면 이것은 사회적 증거의 강력한 예이기도 하다. 바로 카페가 인기가 많다는 것을 입증하는 것이다.

이 카페 회원카드는 더 직접적이고, 예측 가능하거나 과격한 사회적 증거 자극과 비교할 때 더 유용한 체크리스트 질문(더 창의적인 출발점)을 제공한다. 예를 들면 다음과 같다. '어떻게 이전의 행동을 누적하여 기록하거나 시각화할 것인가?' 또는 '어떻게 사람들이 자신의 선호를 다른 사람들에게 밝히게 할 것인가?' 이러한 간접적인 접근방법은 "아기의 이름을 뭘로 할 거니?"라는 질문에 더 가깝다. 간접적인 접근방법에 에이바가 비밀을 누설한 것처럼, 간접적인 질문이 뜻밖의 더 효과적인 해결책을 발견하는 데 도움이 된다.

캐츠델리나 단골손님 게시판과 같이 현실에서 심리학적 원리의 수렴적 적용방식을 발견하여 그것을 더 세심한 질문으로 바꾸면 다른 상황에 그 가치를 적용할 수 있다. 올빼미의 미세한 톱니바퀴 날개 구조를 신간센 500시리즈 팬터그래프에 적용한 것처럼 말이다.

이제 우리는 오늘날 비즈니스, 혁신, 행동 변화 분야가 직면한 가장 일반적이고 복잡하고 중요한 도전과제 다섯 가지를 탐구하면서 이 과제를 해결하는 데 유용한 가장 강력한 질문을 제시할 것이다. 이 책의 부록에 혁신 체크리스트의 질문 목록이 제시되어 있다. 이 목록은 결코 전부가 아니며, 심리학적 트리즈의 한 형태를 실천할 수 있는 출발점을 제공할 뿐이다. 시간이 흐르면 당신은 이런 질문을 스스로 내면화하기 시작할지도 모른다. 그리고 마침내 이런 질문들을 자연스럽게 떠올릴 것이다.

이 접근방법은 도전에 직면할 때마다 매번 무에서 시작하는 대신, 기존 해결책의 가치를 재해석할 수 있도록 도와준다. 다시 말해 시간의 시험을 거쳐 살아남은 아이디어에서 새로운 아이디어를 끌어낼 것이다. 우리의 친구 알츠슐러는 이렇게 썼다. "마법의 공식은 없다. 대부분 절차로 충분하다."[10]

혁신가는 항상 리처드 브랜슨Richard Branson 같아야 한다고 누가 그랬나?

다섯 가지 심리적 모순 해결하기

"미래에는 기술이 아니라 심리적 측면이 중요해질 것이다."

_ 로리 서덜랜드

적대적이고 경쟁적인 환경에서 전통적인 경제적 또는 기술적 접근 방법으로 유리한 위치를 차지하고 유지하기란 어느 때보다 힘들다. 많은 기업이 계속 더 적은 것으로 더 많은 것을 하라는 압박에 시달리며, 소멸의 위협이 현실로 다가오고 있다.

전통적인 경제적·기술적 접근법을 통한 활동의 장은 위축되는데 반해 심리학의 세계는 그 어느 시기보다 확장되고 있다. 지난 30년 동안 우리는 인간의 뇌에 관해 과거 3,000년보다 더 많은 것을 배웠다. 경제학과 물리학 같은 학문의 발전은 심리학에 일어난 엄청난 도약과 비교하면 왜소해 보일 정도다. 행동과학이 반복적으로 입증하듯이 "가치는 물리적 세계에서와 마찬가지로 마음에서도 창출될 수 있다".[11] 따라서 로리 서덜랜드는 진화심리학이 아직 충분히 개발되지 않았고, 예상치 못하게 독점적 우위를 차지할 수 있는 드문 영역 중 하나라고 주장한다. 하지만 이 기회를 제대로 활용하려면 우리는 다르게 생각해야 한다.

먼저 우리는 성공을 속도, 중량, 항력, 온도, 비용, 지속 시간 같은 직접적인 물리적 또는 공학적 잣대로만 평가하는 데는 한계가 있다는 점을 인정해야 한다. 이런 것은 계량화할 수 있어 매력적이지만(신칸센 500시리즈 또는 트리즈 방법론에 적합할 수 있지만), 눈앞에서 일어나는 심리학적 르네상스에서 이득을 얻을 수 있는 능력을 제한한다. 이 새로운 세계에서 우리는 만족감, 선호도, 기쁨, 나아가 기억되는 경험과 같은 더 다채롭고 풍부한 심리적 성과를 위해 경쟁한다.

이런 사고방식을 수용하면 우리가 해결해야 할 심리적 모순의 새로운 스펙트럼이 나타난다. 우리는 더 이상 트리즈에서 우선시되는 기술적 또는 물리적 세계의 영역에 제한되지 않고, 이 장의 첫 부분에서 살펴본 것과 같은 심리적 모순('가격을 바꾸지 않고 소비자의 인지가치 높이기')을 해결하기 위해 혁신할 수 있다. 지금부터 우리는 자연스럽게 심리학적 해결책을 우선시하고 비용(시간, 돈, 재료)이 훨씬 덜 드는 방식으로 가치를 창출할 수 있다.

이제 물총새는 없어도 된다.

2부에서 비즈니스, 혁신, 행동 변화 영역에서 공통적으로 나타나는 일반적인 심리적 모순 다섯 가지를 살펴볼 것이다. 이것들은 해결해야 할 매우 중요한 과제이면서 동시에 가장 '깨기' 어려운 문제이기도 하다.

첫째, 인간 협력의 주춧돌인 신뢰 구축을 탐색한다. 하지만 상호이익이 되는 거래의 결정적인 토대인 신뢰는 오늘날 잘못된 정보가 늘어나고 가치 있고 정직한 신호는 점점 희귀해지면서 위협받고 있다.

그다음 의사결정으로 주의를 돌린다. 매일 약 35,000건의 선택에 직면하는 사람들이 이용할 수 있는 선택지를 축소하지 않으면서도 그중에서 신속하고 정확하게 선택하도록 도움을 주는 진화적 해결책의 패턴을 알아본다.

이어서 물 절약과 전원 끄기를 돕는 일에서 손 씻기에 이르기까지 행동 유발의 중요성을 살펴본다. 엄청난 에너지가 가치 창출 프로세스의 초기 단계(예를 들어 기업 비전, 전략, 광고)에 사용되지만 진화적 해결책은 응답을 강요하지 않고 행동을 이끌어냄으로써 유종의 미를 거둘 수 있도록 도와준다.

행동을 끌어내고 나면 충성도로 옮겨간다. 미국 기업의 90퍼센트 이상이 충성도 프로그램에 투자한다. 하지만 이런 프로그램이 상업적으로 끼치는 영향은 미미하거나 부정적인 것으로 나타났다. 우리는 고객의 충성도를 높이고 헌신을 확보하기 위해 사용할 수 있는 진화적 해결책을 탐구한다.

마지막으로 경험의 심리학을 파헤친다. 시계시간clock time과 뇌시간brain time 사이의 결정적인 차이를 살펴보고, 두 시간에 대한 오해가 상업과 고객에게 어떤 영향을 끼치는지를 평가한다. 관광·여행·금융·제과제빵 등 분야에 상관없이, 우리는 제품과 서비스를 개발하여 전달하는 방식이 순간의 경험과 그것에 대한 장기기억에 영향을 끼친다는 것을 알게 될 것이다.

현대 비즈니스에서 빈번하게 발생하는 이런 도전과제를 해결하면 그에 상응하는 커다란 영향력을 얻을 수 있다. 뿐만 아니라 이런 도전과제는 보편적이라고 해도 될 정도의 관련성이 있기 때문에 이에 대한 다양한 해결책이 산업 전반에 이미 풍부하게 개발되어 있다. 이런 기존 해결책을 활용하여 미래의 혁신을 지원할 수 있다.

우리가 살펴볼 다섯 가지 심리적 모순은 다음과 같다.

1. 진실을 바꾸지 않고 신뢰 강화하기

2. 선택지를 제한하지 않고 의사결정 지원하기

3. 응답을 강요하지 않고 행동 이끌어내기

4. 보상을 늘리지 않고 충성도 높이기

5. 경험의 지속 시간을 바꾸지 않고 경험 개선하기

여기서 여러분은 '난 멤버십 프로그램 같은 거 운영하지 않으니 이런 책 안 읽어도 되겠는데'라고 생각할지도 모르겠다.

다시 생각해보기 바란다.

이 책은 마일리지 포인트, 레스토랑 테이블 채우기, 스니커즈 판매 기술을 다루는 것이 아니다. 그보다는 더 깊은 차원의 해결책, 다시 말해 이런 전술들의 저변에 깔린(하지만 궁극적으로는 전술에 영향을 끼치는) 심리적 기회를 이해하자는 것이다. 광고계의 전설 빌 베른바흐Bill Bernbach가 말하듯이, 우리는 살과 뼈만이 아니라 마음을 탐구하고,[12] 사고 자체를 깊이 살펴본다.

이와 같은 과제에 직면하면 무에서 시작하거나 때로 규정집을 내던져버리고 싶은 마음이 들 수 있다. 하지만 다음 장에서 어떻게 기존의 가치를 다시 적용해 과제를 해결할 수 있는지 살펴볼 것이다. 우리는 '이 문제는 어디에서 이미 해결되었는지', 그리고 그것을 지금 어떻게 적용할 수 있는지 배울 것이다.

다음 단계로 넘어가기 전에 꼭 기억해야 할 것

- 인간은 근본적이고 혁명적인 것을 좋아하는 성향이 있지만, 우리의 과제에 대한 해답은 어딘가에 이미 존재할 가능성이 있다.
- 행동과학의 분류와 언어는 주변에 존재하는 진화적 해결책 패턴을 찾고 이해하도록 도와준다. 이런 해결책 패턴을 심리학적 원리라고 부른다.
- 강력한 질문을 만들어냄으로써 심리적 모순을 체계적으로 해결할 수 있다. 여러 분야의 해결책을 연결하여 목적에 맞게 더 나은 아이디어를 만들어낼 수 있다.

EVOLUTIONARY
IDEAS

2부

생각 도구 사용하기

모순 1
진실을 바꾸지 않고
신뢰 강화하기

6 | 말은 됐고,
    믿을 수 있는 걸 보여줘

가장 깊은 밤, 외로운 흡혈박쥐가 조용히 소의 발목을 한 바퀴 돈다. 소의 피부 밑을 흐르는 따뜻한 피를 찾아내는 능력과 면도날처럼 날카로운 이빨, 침 속의 항응혈제로 무장한 이 악명 높은 포유류는 거의 피만 빨아서 먹고 살도록 탁월하게 진화했다.

흡혈박쥐가 무슨 먹이를 선택했는지는 그다지 충격적이지 않을지 모르지만, 박쥐가 잇달아 두 번 식사를 거르면 굶어 죽는다는 말을 들으면 사람들은 깜짝 놀랄 것이다. 흡혈박쥐는 소가 가까운 곳에 없더라도 다음 식사를 어디에서 구할지 알아야 한다. 박쥐와 인간 모두 '신뢰'라는 귀중한 자원 없이는 야생 세계에서 생존하거나 번성할 수 없다.

✦

속 깊은 비밀을 털어놓을 사람을 결정하든, 보모를 선택하든, 새로운 직원을 채용하든 신뢰는 협력의 초석이다. 보건과 교육에서 금융 투자에 이르기까지 대부분의 산업에서 성공은 신뢰에 의존한다. 신뢰는 사람들이 함께 살고 일하게 해주며, 신뢰로 인해 우리는 사회집단 내에서 안전하게 받아들여진다고 느낀다. 신뢰가 있으면 모든 것이 잘 돌아간다. 신뢰가 사라졌다는 것은 살얼음판 위에서 스케이트를 타는 것이 아니라 이미 얼음물 속에 빠진 것이다.

동물의 왕국에서 흡혈박쥐는 규칙적으로 먹이를 섭취해야 하기 때문에 먹이를 섭취한 박쥐가 먹지 못한 불운한 박쥐에게 가장 최근에 먹었던 피 중 일부를 게워내어 나누어주는 일이 흔하다. 참으로 놀라운 행동이지만 박쥐만이 이런 복잡한 유형의 상호 이타주의를 보이는 것은 아니다. 몇몇 조류는 짝짓기를 해서 새끼를 키울 때 다른 새들의 도움을 받는다. 버빗원숭이 또한 포식자가 근처에 있으면 불필요한 주의(및 위험)를 초래함에도 불구하고 소리를 내어 다른 개체들에게 경고한다. 이런 이타적 행동 중 특정 시점, 특히 불완전한 정보(학계에서 정보 비대칭성information asymmetry이라고 부르는)가 있을 때 유기체는 이런 행동을 자발적으로 해야 한다.

호혜성의 순환이 시작되려면 음식을 게워내는 일이 먼저이며 질문은 나중 문제다.

신뢰 구축은 흡혈박쥐와 마찬가지로 인류가 생존하는 데 매우 중요하다. 인간은 선천적으로 신뢰를 강화하거나 불신을 유발하는 단서와 신호에 민감하다. 예컨대 고등동물인 침팬지들이 서로 털을 손질해줄 때 사회적 유대감이 생기는 것과 마찬가지로, 사랑하는 사람에게서 마사지를 받으면 통증이 가라앉으면서 관계가 강화된다.

심리학자 대처 켈트너Dacher Keltner는 미묘한 물리적 접촉이 사람들 사이의 신뢰 증진에 도움이 된다는 사실을 보여주었다.[1] 실험에서 실험자와 잠시 접촉한 참가자들은 게임에서 다른 사람들과 협력할 가능성이 더 컸다. 우리는 신뢰도에 대한 평가를 거의 즉각적으로 내리며(0.1초), 추가 연구에 따르면 한 웹사이트에 대한 신뢰도는 잠깐 동안의 노출로도 영향받을 수 있다.[2, 3, 4] 하나의 종으로서 인간은 감지하기도 힘든 신뢰의 실마리들을 즉각적으로 받아들이고 해석하고 반응하도록 고도로 진화했다.

기술 발전과 소셜미디어의 폭증으로 말미암아 신뢰할 수 없는 정보가 그 어느 때보다 빠르고 멀리 확산하고 있다. 퓨리서치센터Pew Research Center는 온라인상의 건강과 의료 정보 중 의사가 검토한 것은 절반 미만이라고 평가한다![5] 정보 과잉 환경에 직면한 지금, 신뢰할 만한 정보를 찾고 실질적이고 신뢰성 있는 메시지를 만드는 능력의 중요성이 커지고 있다.

신뢰 구축: 생존은 신뢰에 달렸다

얼굴이나 악수로 신뢰감이나 따뜻한 인상을 주기 쉽지 않은 세상에서 다행스럽게도 우리는 신빙성, 진실성, 신뢰성을 보여주는 다른 중요한 신호들을 전달할 수 있다. 신뢰를 효과적으로 강화하는 진화심리학적 해결책이 몇 가지 있다.

의사는 의사로서의 권위를 나타내는 청진기를 목에 두르면 의학적 진단에 대한 확신과 신뢰를 개선할 수 있다.[6] 이것은 직장에서 메신저 효과messanger effect(메신저의 진실성은 메시지만큼이나 중요하며, 지위와 권한이 주는 신호는 신뢰를 강화한다) 중 하나의 사례에 지나지 않는다.

흥미롭게도 우리는 진실 또는 정확성을 판단할 때 메신저의 권위에 의해 설득당할 수 있는 것과 마찬가지로 메시지의 미적 요소와 같은 주관적인 특성에 영향을 받을 수도 있다.

예를 들어 다음과 같은 말을 생각해보자.

- 하루에 사과 하나면 의사가 멀어진다. A apple a day keeps the docter away.
- 급할수록 천천히. Haste makes waste.
- 시련은 원수도 뭉치게 한다. Woes unite foes.
- 의지는 기술을 대신할 수 없다. Will is no replacement for skill.

당신이 대부분의 사람들과 비슷하다면 당신은 이런 주장들을 진실하다고 믿을 것이다. 확실히 어색한 말은 아닐 것이다. 하지만 다음의 말과 비교해보라. "시련은 적들도 뭉치게 한다Woes unite enemies." "결단력은 기술을 대신할 수 없나Determination is no replacement for skill. " 이런 주장의 내용은 형식과 별도로 숙고해야 하지만, 연구에 따르면,[7] 사람들은 진술의 정확성을 운율적 특성에 기초해 판단한다.* 이를테면 운율은 메시지의 신뢰도에 부차적인 것이 아니라 핵심이다. ["장갑이 맞지 않으면 무죄입니다If the gloves don't fit, you must acquit"라는 말을 잊지 말기 바란다. (살인 혐의로 기소된 O. J. 심슨의 재판에서 검찰이 살인 현장에서 발견된 피 묻은 장갑을 껴보라고 말하자 심슨의 변호인이 한 유명한 말. fit과 acquit 단어의 각운이 살아 있어 큰 설득력을 발휘했다-옮긴이)]

정보의 신뢰성을 확증하기가 더 힘들어지고 신뢰할 수 없는 정보가 기하급수적으로 확산하면서, 우리에게는 정직성을 보여주는 더 분명한 신호가 필요하다.

신뢰를 강화하는 데 유용한 심리학적 해결책이 여럿 있는데, 지금부터는 산업계를 비롯한 여러 분야에 적용된 몇 가지 사례에 초점을 맞추어 더 자세히 살펴보기로 하자.

신뢰를 강화하는 신호에 대한 우리의 진화적 반응을 이해하면 더 나은 설득력을 얻기 위해 사실을 수정하지 않고도 더 효과적이고 정직한 신호를 만들어 더 큰 신뢰를 얻을 수 있다. 진실을 가장 잘 전달하는 방법을 알면 정직한 해결책은 비록 완전한 해결책은 아니더라도 가장 강력한 자산이 될 수 있다.

우리는 진실을 바꾸지 않고도 신뢰를 강화할 수 있다.

* 이러한 지적 간편법을 흔히 키츠(Keats) 휴리스틱스라고 한다. 이것은 "아름다움은 진실, 진실은 곧 아름다움"이라는 키츠(John Keats) 시인의 확신을 일컫는 말이다.

요약

- 문명의 성공은 신뢰에 달려 있다.
- 신뢰할 수 없는 정보가 그 어느 때보다 더 빨리, 더 멀리 확산하고 있다.
- 진화심리학적 해결책을 이해하면 강력하고 '정직한' 신호를 통해 신뢰를 강화하는 법을 배울 수 있다.

7 | 구체적인 신호가 신뢰를 강화한다

심리학적 원리: 신호

왜 우리는 그렇게 많은 돈을 들여 값비싼 약혼반지를 살까?

미국의 하드록 밴드 반 헤일런Van Halen은 왜 계약서에 '갈색 M&M's 금지' 조항을 넣었을까?

게이머들이 말의 고환(오자 아님)이 쪼그라드는 것을 보고 신이 나서 즐거워했던 이유는 무엇일까?

오늘날 어떻게 하면 진화적 사고를 통해 혁신을 촉진하는 방법을 배울 수 있을까?

이해를 돕기 위해 먼저 자연을 살펴보자.

비싸 보이는 것: 신호의 신뢰성

생물들의 신호는 유기체가 다른 방법으로는 관찰할 수 없는 특성을 전달할 수 있도록 진화해왔다. 독개구리의 검고 노란색을 보자. 이런 독특한 시각 신호는 위장술을 대놓고 버리는 것이지만 개구리의 독성을 정확하게 알려주므로 자연선택에 따라 채택되었다. (자, 용기 있으면 날 먹어봐!)

이와 유사하게 스프링복의 활기 넘치는 껑충 뛰기(네 발을 동시에 들며 공중으로 뛰어오르는 것)는 이렇게 젊고 건강하니 누구도 추적할 수 없다고 경고하는 확실한 신호다. 그다음으로 익히 알려진 공작이 있다. 공작은 현란하고 화려한 꼬리를 이용해 자신의 건강을 과시한다. 건강한 수컷 공작이 이렇게 불리함을 무릅쓰고 값비싼 자원을 들여 신호를 보내는 것은 짝으로서 매력을 높이는 것 말고는 다른 목적이 없다. 이와 같은 신호들은 비용에 비해 이익이 더 많은 한 자연선택에 의해 채택된다(스프링복은 적은 에너지를 사용하여 껑충 뛰기를 함으로써 추격당하지 않을 기회를 얻는다).

엄밀하게 보자면, 신호의 신뢰성을 확인하는 가장 확실한 방법은 그 신호와 관련된 비용이나 위험이다. 늙고 지친 스프링복(저품질 신호자)이 포식자를 속이기 위해 열정적인 껑충 뛰기(고품질 신호)를 흉내내다가는 체력을 소진하여 취약해질 것이다. 따라서 쉽게 위조할 수 있는 낮은 비용의 신호는 신뢰할 수 없는 신뢰성 신호인 경우가 많다. 이와 같은 맥락에서 눈길을 사로잡는 개구리의 밝

〈사진 10〉 동물들의 값비싼 신호들: (위) 독개구리의 색깔은 자신의 독성을 보여주어 포식자에게 접근 금시를 경고하는 신뢰할 만한 신호다. (가운데) 스프링복은 껑충 뛰기를 통해 자신이 젊고 건강하며, 누구도 자신을 추적할 수 없다는 신호를 보낸다. (아래) 수컷 공작은 화려하고 자원이 많이 소모되는 꼬리를 이용해 강한 번식력을 갖고 있다는 신호를 보낸다.

은 색깔은 독성과 거의 완전하게 상관관계가 있는 것으로 밝혀졌다.[1] 수컷 공작도 암컷 공작에게 "난 부자야!"라고 자랑만 하지 않는다. 모든 늙은 새도 그렇게 말할 수 있다. 다만 말이 아니라 보여줄 필요가 있다.

신뢰에 관한 한 말만으로는 부족하다.

서부 개척시대가 배경인 비디오게임 〈레드 데드 리뎀션 2Red Dead Redemption 2〉는 역사상 가장 기대되는 미디어게임 중 하나였다. 이 게임은 오락게임 역사상 최대 규모의 주말 출시 행사를 통해 공개되어 그 뒤로 3일간 7억 2,500만 달러의 수입을 올렸다.[2] 비평가들은 이 게임이 모험 게임 분야에서 새로운 이정표를 세웠다고 환호했다. 하지만 게임 출시 전 몇 주 동안에는 이 게임 자체에 대한 세부 정보가 의외로 부족하다는 보도가 있었다.

미디어에서 다룰 정보가 거의 없는 상황에서 〈레드 데드 리뎀션 2〉는 어떻게 그토록 크게 화제를 불러일으킬 수 있었을까?

> "〈레드 데드 리뎀션 2〉는 대박을 터뜨릴 것이다. 어떻게 아냐고? 고환 때문이지. 구체적으로 말하면 말의 고환 때문이지."
> _래 존스턴, 정키Junkee.com

업계의 한 매체는 헤드라인에 "〈레드 데드 리뎀션 2〉는 매우 시실적이어서 추위에 말의 고환이 쪼그라든다"라고 썼다.[3] 전 세계 게이머의 이목을 끈 것은 이 게임의 엔진이 아주 강력하고 그래픽도 매우 사실적이어서 수말의 고환이 추운 날씨에 쪼그라들고 따뜻하면 늘어나도록 프로그래밍했다는 기사였다. 이러한 사소한 특징은 게임의 탁월함을 보여주는 강력한 신호가 되었다. 이 기사는 이용자의 관심을 불러일으키고 게임의 품질에 대한 신뢰를 강화하는 데 도움을 주었다.

이 작은 한 가지 특징(날씨에 따라 달라진다)에 대한 투자가 게임의 품질과 완성도를 위해 기술적으로 얼마나 노력했는지를 방증해준다. 단순히 비싸다는 느낌만으로도 품질에 대한 강력한 신호가 될 수 있다. 공작의 꼬리처럼 사치스러운 광고가 제품의 품질에 대한 신호로 작용하는 것이다. 똑같은 물건이라도 비싸 보이는 광고가 그렇지 않은 광고보다 더 효과적이다.[4] 우리가 비용이 많이 드는 메시지를 신뢰하는 것은 그것을 통해 메신저에 관한 보이지 않는 정보, 이를테면 '우리는 자원을 펑펑 쓸 정도로 이미 성공을 거두고 있다'고 추정할 수 있기 때문이다.

의식하든 아니든, 우리는 자신의 신용과 신뢰를 강화하는 신호를 계속 만들고 있다. 우리 주변에는 이런 진화적인 사례들이 많다. 대학 입학생 모집자들은 자원이 풍부한 환경이 신입생을 기다리고 있음을 보여주려고 대학교 로고를 새긴 호화로운 자동차를 타고 다닌다(하지만 그 차가 렌터카라면 부정직한 신호로 간주될 수 있다). 정부와 은행은 으리으리한 석조 건물을 시어 그들의 정통성을 보여준다. 은행은 평범한 건물(사실 당신이 맡긴 돈이 그런 건물 안에 있는 것도 아니다)에서도 영업 활동을 할 수 있지만, 이런 신호들은 금융의 안정성과 금융 기관의 영속성에 대한 자신감을 나타낸다. 우리는 시장 가판대에 돈을 맡기고 싶어하지 않는다.

개인적 차원에서 사치스러운 선물과 고가의 약혼반지 역시 신뢰를 높이는 행위일 수 있다("일시적인 연애라면 내가 그렇게 비싼 다이아몬드 반지를 사지 않았을 거야!"). 이런 물건을 구매하느라 치른 희생은 우리의 의도를 보여주고 관계의 안정성을 제공한다. 듀크대학교 심리학자이자 《상식 밖의 경제학Predictably Irrational》의 저자 댄 애리얼리Dan Ariely는 개인적인 희생이 어떻게 신뢰를 강화하는지에 대한 추가적인 시각을 제공한다. 친구들과 함께 식사를 한다고 생각해보자.[5] 첫 번째 사람이 생선 요리를 주문한다. 웨이터가 대답한다. "생선 요리를 드시지 마십시오. 너무 비싸고 그다지 맛도 없습니다. 닭고기 요리를 드시죠. 닭요리가 더 싸고 맛도 좋습니다." 웨이터의 추천을 받은 사람들은 어떻게 반응할까? 웨이터의 추천은 그들의 신뢰를 얻는다. 애리얼리는 우리가 다른 사람의 관심사를 고려해 기꺼이 자신의 이익을 희생한다는 것을 보여주는 것이 신뢰를 얻는 활동이라고 주장한다.

2021년 영국에서 에너지 가격이 기록적으로 올랐을 때, 재생에너지 전문 기업 옥토퍼스 에너지 그룹Octopus Energy Group은 이와 비슷한 전략을 따라서 장래 고객에게 겨울 동안 에너지 공급 업체를 바꾸지 말라고 권고했다. 그들의 웹사이트는 이렇게 공지했다. "지

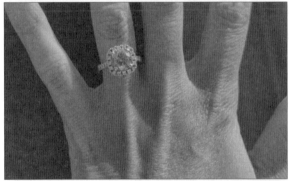

〈사진 11〉 효용을 위한 희생과 비용: (위) 시드니 커먼웰스 은행(Commonwealth Bank)의 웅장한 빌딩 정면은 은행의 보안과 영속성에 대한 신뢰를 강화한다. (가운데) 보석과 약혼반지는 파트너에 대한 장기적인 의도를 보여준다. (아래) 옥토퍼스 에너지 그룹은 직관과 반대로 장래 고객에게 겨울 이전에 자신의 기업으로 거래를 옮기지 말라고 권고한다.

금 에너지 가격이 엄청나게 높습니다. 대부분의 가정은 겨울 동안 현재 에너지 공급 업체와 그대로 거래하는 것이 낫습니다." 정직한 웨이터처럼 이 희생적 행위는 옥토퍼스가 단기적 이익이 아니라 장기적 미래 목표를 추구하는 기업이라는 이미지를 강력하게 보여주는 신호 역할을 했다. 이와 같은 희생 뒤에는 신뢰가 따라온다.

이제 피를 게워내는 흡혈박쥐로 다시 돌아가자.

신뢰 강화하기: 혁신 체크리스트

1. 어떤 지출 또는 비용으로 우리의 신뢰성을 입증할 수 있을까?
2. 다른 사람을 위해 기꺼이 희생하는 예로 어떤 것이 있을까?
3. 제품이나 서비스에 대한 우리의 자신감을 보여줄 수 있는 투자 또는 희생으로 무엇이 있을까?

탄광 속 카나리아: 불확실한 상황에서 관찰 가능한 신호

카나리아가 사람이 구토를 일으킬 정도의 높은 고도에서 비행하려면 엄청난 산소가 필요하다. 그래서 카나리아는 해부학적으로 공기를 들이쉴 때나 내쉴 때 모두 공기를 받아들일 수 있는 공기주머니를 발달시켰고, 그 결과 두 배의 공기를 확보할 수 있다. 이로써 카나리아는 아름나운 산맥 너머로 높이 날아갈 수 있는 놀라운 능력을 갖게 되었다. 하지만 주변에 유독성 가스가 있는 지하 100미터의 작고 어두운 터널 안으로 들어갔을 경우에는 사정이 다르다.

❦

불확실한 상황에서 관찰 가능한 신호들은 관찰할 수 없는 특성에 대한 통찰을 제공한다("이봐, 난 이 게임 전체에 대해서는 잘 모르겠지만 말의 고환을 기준으로 판단하면……"). 탄광, 록 음악, 헤비급 복싱을 비롯해 모든 산업에서 심리학적 해결책의 패턴들은 특정 시나리오에서 신뢰와 안전을 강화하도록 진화해왔다.

예컨대 1900년대 초부터 1980년대까지 카나리아는 유독성 기체에 특히 취약한 것으로 알려졌기 때문에 몇몇 국가의 석탄 광부들은 일산화탄소와 같은 유독가스를 감지하기 위해 카나리아를 조기경보 시스템으로 이용했다. 카나리아의 빠른 호흡, 작은 몸 크기, 주변 공기를 두 배로 빨아들이는 적응력 때문에 카나리아는 광부들보다 더 빨리 가스의 영향을 받았다. 카나리아의 건강 상태는 갱도가 안전한지, 유독가스가 있는지를 판단하는 분명한 신호 역할을 했다. 카나리아가 아프거나 죽으면 광부들은 갱도에서 나가야 할 때라는 것을 알았다. 이것은 카나리아에게는 나쁜 일이었지만 광부들에게 소중한 혁신이었다.

광부들은 1970년대에도 카나리아를 탄광 안으로 데려갔다. 하드록 밴드 반 헤일런은 카나리아 경보 시스템에서 영감을 받아 관찰할 수 없는 정보를 한눈에 보여주는 해결책을 우연히 발견했다. 그들은 (동물에게 해를 입히지 않고) 밴드를 대참사로부터 보호하려고 조기경보 장치를 만들었다.

공연을 요청받으면 반 헤일런도 많은 밴드처럼 기획자에게 보안, 조명, 무대의 전자음향 장비를 포함하여 공연을 위한 구체적인 요구사항을 담은 계약서를 작성하고 추가사항을 전달했다. 기획자가 지시사항을 정확히 지켰는지 너무 늦지 않게 확인하는 방법으로 '갈색 M&M's 금지'라는 조항을 만들었다. 그들은 갈색 M&M's를 모두 뺀 M&M's 한 그릇을 무대 뒤편에 놓아달라고 요구했다. 리더 싱어 데이비드 리 로스David Lee Roth는 회고록에 이렇게 썼다. "무대 뒤편으로 가서 그릇에 갈색 M&M's가 하나라도 보이면 우리는 곧바로 모든 공연 장비가 제대로 작동하는지 확인합니다. 기술적 오류가 있는지, 뭐라도 문제가 있는지 확실히 확인했죠."[6] 반 헤일런은 '갈색 M&M's 금지' 조항을 통해 그들만의 카나리아를 만들었다. 보이지 않는 미래의 재난을 보여주는 믿을 만한 관찰 가능한 신호를 만든 것이다.

매디슨 스퀘어가든의 복싱 링에서도 신뢰를 보여주는 신호가 진화해왔다. 이번에는 메탈 음악이 아니라 헤비급 권투선수와 관련된 이야기다. 복싱에서는 다양한 방식의 속임수가 있다. '벨트 아래'에서 일어나는 부정행위는 쉽게 알 수 있지만 '글러브 속'의 부정행위는 그렇지 않다. 글러브에서 패딩을 제거하면(복싱에서는 불법 행위다) 상대 선수에게 상당한 피해를 줄 수 있는데, 글러브에 다른 재료가 추가되면 훨씬 더 끔찍할 수 있다. 경기 관리사들이 바짝

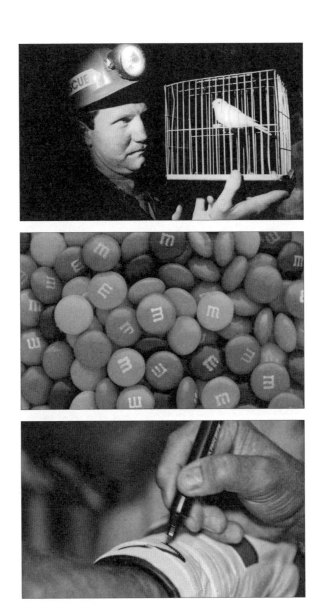

〈사진 12〉 신뢰의 신호 만들기: (위) 탄광의 카나리아. (가운데) 반 헤일런의 '갈색 M&M's 금지' 조항. (아래) 심판이 권투선수의 글러브에 사인하기.

경계하지 않으면 권투선수가 손을 감싸는 붕대 안에 석고 가루를 넣을 수 있다. 시합이 진행되고 선수가 땀을 흘리면 석고가 딱딱하게 굳는다. 남들이 모르는 사이 선수는 강력한 콘크리트 손을 갖게 되는 것이다.*

권투선수의 신뢰성을 평가하는 방법으로, 심판들은 관례적으로 각 선수가 상대방의 테이핑과 글러브를 검사해서 손에 불법적인 것이 추가되지 않았는지 확인하게 한다. 그다음 심판이 글러브를 감싸는 테이프에 사인한다. 이것은 오래전 문서 보안을 위해 주교나 군주들이 사용한 왁스 인장과 비슷하다(인장이 망가져 있으면 뭔가 잘못되었다는 것을 알 수 있다). 어떤 식으로든 서명이 사라지거나 망가져 있으면 심판은 직접 펀치를 맞지 않고도 선수의 손이 콘크리트 손이 되는 부정행위가 있다는 것을 쉽게 알아차릴 수 있다.

시나리오나 사람에 대한 신뢰성이나 안전성을 직접 평가할 수 없을 때 산업계에서는 대안적인 신호를 개발하여 보이지 않은 정보를 확인했다. 조기에 명확하게 확인할 수 있고 속이기 어려운 탄광의 카나리아, 갈색 M&M's, 단순한 서명 같은 대안적 신호는 개인, 브랜드, 제품, 서비스에 대한 신뢰성을 강화하는 데 도움이 된다.

신뢰 강화하기: 혁신 체크리스트

1. 어떻게 하면 보이지 않는 것을 분명히 보여주는 신호를 만들어

* 셰인 모슬리(Shane Mosley)와 시합을 하기 전 권투선수 안토니오 마가리토(Antonio Margarito)의 이런 부정행위가 발각되었다.

신뢰성을 확인할 수 있을까?

2. 제안의 정직성을 확인할 수 있으면서 속이기 어려운 세부 내용으로 어떤 것이 있을까?

3. 특정 기능 하나에 초점을 맞추어 전체에 대한 신뢰도를 높이려면 어떻게 해야 할까?

잃을 것이 많은 쪽: 부정직한 신호 탐지의 기술

어느 날 콘월에서 가족 휴가 중에 나는 비키와 잭을 만났다. 그들은 현지 테스코 상점의 직원이었다.

내가 직원 유니폼에 관심을 보이자 두 사람은 휴식 시간인지 나에게 친절하게 말을 걸어왔다. 나는 자기소개를 하고 내 생각을 말했다. "음, 겉보기에는 잭보다 비키에게 더 신뢰가 가요." 비키가 활짝 웃었다. 사실은 두 사람 모두 나의 도발적인 주장에 동의하는 것 같지 않았다. 물론 내가 진지한 어조로 말한 것은 아니었다(나는 고작 약 30초 전에 그들을 알았고, 주차장에서 두들겨 맞고 싶다면 훨씬 더 창의적인 방법도 많았을 것이다). 하지만 비키와 잭 사이에는 나의 입장을 정당화할 수 있는 미묘한 차이점이 있었다.

진화 과정 내내 부정직한 신호를 탐지하는 데 유용한 전략을 개발해야 한다는 선택 압박이 상당했다. 앞서 보았듯이 신호를 위한 비용, 다시 말해 개인적인 희생 또는 비용은 부정직한 신호를 식별하는 한 가지 방법이다. 신호의 정직성을 강화하는 추가 비용은 잠재적 평판 비용이다. 예컨대 부정직한 신호자가 결과적으로 처벌받을 위험이 더 클 때 신호는 비용이 많이 드는 것으로 간주될 수 있다. 자연에서 가장 강력한 신호는 일대일로 전달되지 않는다. 이를테면 밝은 색깔의 독침개구리, 공작의 화려한 꼬리, 스프링복의 힘찬 껑충 뛰기는 모든 동물이 볼 수 있다. 신호의 목격자가 많을수록 부정직한 신호자에게는 더 큰 위험이 따른다.

흥미롭게도 디지털 커뮤니케이션(특히 온라인 타깃 광고) 시대가 도래하면서 이런 평판 위험이 제한되어, 이론적으로는 의사 전달자가 전하는 신호의 영향력이 줄어들고 있다. 작가 돈 마티Don Marti는 커뮤니케이션에서 "타깃팅이 신호를 망가뜨린다"라는 가설을 세웠다.[7] 이것은 당신이 당신만을 대상으로 한 광고를 볼 때, 그것을 대중적 메시지보다는 판촉 전화와 비슷하게 느낀다는 뜻이다. 이 방법은 평판 비용이 들지 않기 때문에 판매자의 의도에 대해 신뢰성 있는 정보를 전달하지 못한다. 기만적인 판매자들이나 사기꾼들이 공공 커뮤니케이션 채널보다 온라인에서 더 많은 성공을 거두는 것은 놀라운 일이 아니다. 신뢰를 구축하려면 단순히 메시지를 보는 것이 아니라 다른 사람들도 그 메시지를 보고 있다는 사실을 아는 것이 중요하다(이것이 곧 암묵적인 사회적 증거이며, 이에 관해서는 9장에서 더 자세히 나눈다).

예컨대 영국 정부는 코로나19 팬데믹 시기의 주요 단계마다 잘 못된 정보에 관한 우려에 대응하기 위해 메시지의 중요성과 타당성, 그로 인한 신뢰성을 강화하려고 일부 광고를 영국의 모든 주요 방송 채널에서 동시에 내보냈다('모두가 거짓말일 리는 없겠지!').

많은 디지털 브랜드 역시 '디지털 플랫폼 밖'의 대중적인 공중 파 채널을 통해 메시지를 전달함으로써 그들의 약속과 주장에 대한 신뢰를 강화하기 위해 노력한다. 우버는 메시지('안전은 절대 멈추 지 않는다')만이 아니라 두바이의 대형 옥외광고판과 같은 매체를 통해서 신뢰를 강화한다. 구글과 페이스북 같은 디지털 거대 기업들 도 이와 동일한 접근법을 계속 사용한다. 이런 브랜드는 디지털 개 발 역사가 아무리 오래되었더라도 특히 보안과 안전에 관한 중요한 내용을 전통적인 매체를 통해 전달함으로써 자신을 대중에게 더 많 이 노출시키고, 그 결과 부정직한 점이 밝혀질 경우 더 큰 평판 위험 을 감수한다. 이런 평판 비용은 메시지의 인지적 신뢰도를 강화하는 역할을 한다.

그렇다면 왜 나는 비키와 잭을 만났을 때 도발적인 말을 할 수 있었을까? 잭은 그때 왜 나를 때리지 않았을까? 테스코의 직원 유니 폼과 명찰에는 일부 개인정보(예를 들어 꽃꽂이나 축구 같은 관심 사)와 입사 연도가 기록되어 있었다. 이것은 신뢰를 강화하는 강력 한 신호로, 비키가 테스코에서 수십 년 동안 근무했을 뿐만 아니라 (따라서 그녀는 그동안 해고당할 정도의 매우 불미스러운 행위를 하 지 않았을 것이다) 근무 기간이 긴 만큼 고객을 잘못 응대할 경우 그

〈사진 13〉 평판 위험에 대한 신호: (위) 테스코 직원 비키와 잭의 명찰. (가운데) 우버는 자사의 안전 활동을 두바이의 대형 옥외광고판에 홍보한다. (아래) 사상 유례없이 영국의 모든 채널에서 내보낸 코로나19 관련 공익광고.

에 따른 평판 비용이 더 크다는 것을 보여준다. 한마디로 비키는 잃을 것이 더 많다. 한편 잭은 근무 기간이 짧아 별로 알려지지 않은 사람이다. 성과를 입증할 근무연수가 더 짧고 테스코에서도 투자를 훨씬 더 적게 했다. 잭을 신뢰할지 말지는 거의 개인의 추측에 달렸을 것이다(나는 웃으면서 이 글을 쓰고 있다. 그는 아주 훌륭했지만, 독자들은 결코 알 수가 없다).

신뢰 강화하기: 혁신 체크리스트

1. 어떤 신호가 평판 위험이 존재한다는 것을 보여주는가?
2. 평판 비용을 개선하기 위해 많은 시청자를 확보하려면 어떻게 해야 할까?
3. 메시지의 신뢰성을 강화하기 위해 약속을 어떻게 대중에게 전달할 수 있을까?(19장의 '헌신'을 보라.)

8 | 보이는 것을 믿는다

심리학적 원리: 운영 투명성과 노동 착시

"난 아직도 우리가 매사추세츠주 케임브리지에 있는 아파트 3층에서 내 노트북 컴퓨터 주위에 모였던 기억이 납니다." 하버드대학교 경영대 교수 라이언 부엘Ryan Buell이 나에게 말했다. "바로 '책 만들기'라는 버튼을 누르는 순간이었죠."

대학원 시절 부엘은 한 학교 친구와 함께 친구들이 인생의 중요한 순간에 모여 이야기와 사진을 공유할 수 있는 책 형태의 협업형 온라인 플랫폼을 개발하고 있었다. 몇 달 동안 두 사람이 이 프로젝트에 매진했고, 드디어 힘든 작업의 결과가 첫 책으로 나올 준비가 되었다. 부엘은 이렇게 회상했다. "나는 온라인 플랫폼이 배후에서 어떻게 돌아가는지 알았습니다. 모든 이미지와 텍스트를 끌어와서 프로그램을 이용해 이미지의 크기를 바꾸고, 페이지를 매기고, 주문 제작 권리를 모두 확보해야 했습니다. 그다음 그것을 PDF 파일로 바꾸어 페이지를 넘겨볼 수 있게 했습니다." 두 사람은 몇 주 동안 한 교수를 위한 책을 코딩하고 만들었다. 그들이 버튼을 누르자 모든 것이 마법처럼 작동했다. "정말 멋졌습니다." 부엘은 의기양양했다. 그러고는 "곧장 의기소침해졌죠."

뭔가 느낌이 이상했다.

보이지 않으면 믿기지 않는다

전하는 말에 따르면, 피카소의 한 열성 팬이 레스토랑에 앉아 있는 피카소에게 불쑥 다가왔다. 겸연쩍은 듯이 팬은 소장용으로 종이 냅킨에 간단한 스케치를 그려달라고 요청했다. 피카소는 점잖게 승낙하고 그리기 시작했다. 그림이 완성되자 팬은 그림을 집으려고 손을 뻗었다. 그러나 피카소는 그림을 건네주지 않았다. "그림 가격은 1만 달러입니다." 피카소의 말에 팬은 깜짝 놀랐다.

"왜 그렇게 비싸죠? 그림을 그리는 데 1분밖에 걸리지 않았잖아요."

피카소가 대답했다. "아뇨, 40년 걸렸습니다."

노력이 우리의 지각에 영향을 끼칠 수 있다는 생각은 사회심리학에서는 오래되고 중요한 개념이다(서론에서 언급한 비례 편향을 기억할 것이다). 특히 제품이나 서비스의 실제적 품질이 모호할 때 우리는 이러한 정신적 지름길에 강하게 의존해 가치를 파악한다.[1]*

"볼 수 없는데 어떻게 믿을 수 있죠?"

고객 서비스를 개선하고 효율성을 증대하기 위해 기업들은 흔히 의도적으로 물리적 거리를 두거나 기술을 자동화함으로써 고객들이 기업의 노력을 보지 못하게 막는다. 많은 경우 이것은 서비스 속도의 엄청난 개선, 인건비와 대기시간의 감소로 이어지지만 해로운 부대 효과가 발생한다.[2] 이를테면 고객들이 기업 활동과 분리되어 배후의 노력을 보지 못한다. 피카소의 팬 이야기처럼 우리를 위해 수행되는 일을 볼 수 없으면 우리는 만족도가 떨어지고, 대가를 지불할 마음이 줄고, 신뢰도가 감소한다. 고객들이 ATM 기기를 더 많이 사용하고 지점의 은행원을 덜 이용하면 은행의 부담이 줄어드는 게 아니라 은행에 대한 전반적인 고객만족도가 떨어진다.[3]

더욱 흥미로운 점은 그 반대도 마찬가지라는 것이다. 이를테면 더 많은 노력이 보일수록 우리는 더 소중하게 여기고 신뢰한다.

부엘은 몇 주 동안 작업을 했지만 겉보기에 별다른 노력 없이 책이 만들어지자 실망했다. 그는 곧장 다시 코딩을 했고, 살짝 변화를 주어 틈새형 메시지를 만들었다. 이제는 버튼을 클릭하고 즉시 결과물을 받는 대신 이런 말이 나온다. "우리는 당신의 책을 만들

---

* 댄 애리얼리는 이것을 '열쇠공의 역설'이라고 부른다. 그는 경험이 많을수록 문을 더 효율적으로 빨리 여는 열쇠공이 돈에 합당한 가치를 제공하지 못하는 사람으로 인식된다고 말한다.

겁니다. 20분 정도 걸립니다. 작업을 마치면 당신에게 이메일을 보내겠습니다."

부엘은 쓴웃음을 지으며 이렇게 회상한다. "그렇게 하는 게 더 나은 것 같았습니다." 작업을 수행하는 과정을 전달하고 작업 속도를 늦추면 직관과는 반대로 고객 경험의 질이 개선된다.

몇 년 뒤 하버드대학교 경영대학원의 라이언 부엘 교수와 동료 교수 마이클 노턴Michael Norton은 이런 관찰 결과를 획기적인 실험으로 바꾸었다.[4] 그들은 사람들이 자신을 위해 수행된 작업 내용을 볼 수 있을 때 해당 서비스에 더 많은 노력이 투입됐다고 인지하고, 서비스 제공자가 전문지식을 더 많이 가졌다고 믿는다는 사실을 규명했다. 게다가 당신이 수행하는 일을 보여주면 사람들은 설령 기다리는 수고를 하더라도 결과를 더 좋아할 수 있다.[5] 그들은 이런 관찰 패턴을 운영 투명성이라고 불렀다. 부엘과 노턴은 논문에서 여행 웹사이트 카약닷컴Kayak.com이 사랑받는 이유 중 하나는 이런 심리학적 원리 때문이라고 말한다. '휴가'를 검색하면 이 사이트는 어떤 항공편이 검색되고 있는지를 자세히 보여주고, 즉각적인 결과를 제공하기보다는 검색하는 내내 업데이트 결과를 시각적으로 보여준다. 이 사이트는 우리를 위해 얼마나 열심히 일하고 있는지 보여주고 작업이 끝날 때까지 기다리게 한다. 두 연구자의 결론에 따르면, 우리는 카약닷컴이 여행자들을 위해 더 나은 결과를 제공한다고 믿는다.

놀랍게도 수행하는 작업 과정을 간단히 보여주기만 해도 신뢰에 대한 인식을 강화할 수 있다. 두 연구자는 이것을 노동 착시labour illusion라고 명명한다. 그들은 이런 접근법이 다양한 서비스 환경에서 입증되고 있다고 말한다. 예컨대 자동응답시스템은 사전에 녹음된 타이핑 소리를 배경음으로 들려주고(디지털 운영자가 당신의 문의를 열심히 타이핑하고 있다는 인상을 준다), ATM 기기는 거래 전에 당신이 받을 돈을 신중하게 세고 있음을 간단한 동영상으로 보여준다. 이처럼 자동으로 처리될 동안 작업 과정을 보여주는 신호를 제공함으로써 품질과 신뢰에 대한 인식을 효과적으로 강화할 수 있다.

자동화의 장점과 대규모 일괄생산의 효율성이라는 매력적인 요소에도 불구하고, 많은 진화적 해결책을 활용하면 사람들이 '일하는 과정을 보게' 하거나, 제품 또는 서비스 생산에 투입된 노동을 신호로 나타낼 수 있다. 심지어 닫힌 문 뒤에서 작업이 수행되는 경우에도 그렇다. 진화적 해결책은 다양한 제품과 서비스 분야, 예컨대 사이더와 오렌지 주스에서 레스토랑과 캡슐형 식기 세척제에 이르는 분야까지 신뢰를 강화할 수 있다.

나뭇가지로 심려를 끼쳐 죄송합니다

2012년 몬티스Monteith's 양조회사는 뉴질랜드 국민에게 사과했다. "국민 여러분, 나뭇가지로 심려를 끼쳐 죄송합니다."

지난 몇 주 동안 뉴질랜드의 목마른 고객들은 몬티스가 만든 애플사이더(사과로 만든 발효주—옮긴이)의 포장 상자에서 나뭇가시를 발견했다. 그다지 기분이 좋지 않은 고객들의 당혹스러운 문의와 불만이 쇄도했다. 지역 라디오 방송은 "일부 과일 농가가 이 일로 곤경에 처할 것 같습니다"라고 보도했다.[6]

이상한 점은 몬티스가 일부러 그렇게 했다는 것이다.

몬티스는 자사의 유명한 사이더 제품을 만들 때 신선한 사과와 복숭아를 으깨어 사용한다는 주장에 대한 신뢰를 강화하려고 과수원에서 나뭇가지를 꺾어 사이더 포장 상자에 넣었다. 생산 과정에 대한 신호를 제공하여 운영 투명성을 높였다. 대국민 사과의 최종 결과는 이 단순한 아이디어가 '농축액을 쓰지 않는다'라는 그들의 주장을 정당화하고 소비자의 신뢰를 강화해 그해 몬티스의 매출액이 43퍼센트나 증가했다는 것이었다.[7] 음료에서 예상치 못한 것이 나오는 것은 일반적으로 기뻐할 일이 아니며, 다른 사람의 음료에 예상치 못한 것을 넣는 것 역시 '날 믿어줘요!'라는 의미로 받아들여지지 않는다. 하지만 이 일이 효과가 있는 이유를 알고 나면 상황은 달라진다.

'진짜 사과와 복숭아'라는 주장에 대한 신뢰는 몬티스 브랜드의 차별화와 품질 신뢰도를 높이는 데 매우 중요했다. 오렌지 주스 브랜드들에게는 착즙 주스가 신선하다는 주장에 대한 신뢰성이 중요하다. 프랑스 슈퍼마켓 체인점 앙떼르마르셰Intermarché는 '역사상 가장 신선한 오렌지 주스 브랜드'라는 것을 알리기 위해 과수원에 가져온 나뭇가지를 넣는 대신 매우 창의적인 방법을 찾아냈다. 그들의 해결책은 주스의 각 병에 과일을 착즙한 시간을 표시하는 것으로, 이를테면 8:36, 8:54, 10:15처럼 분 단위로 병마다 기록했다.

우연이나 의도적인 계획을 통해 운영 투명성을 나타내는 비슷한 신호가 전 세계 기업에서 수렴적으로 발전해왔다. 런던 퀸스파크에 살 때 지역 파머스 마켓은 당근을 (불과 5분 거리에 위치한) 현지세인즈버리 슈퍼마켓보다 약 세 배 더 비싸게 팔았다. 파머스 마켓의 당근은 합리적으로 볼 때 세인즈버리의 당근보다 더 볼품없다는

〈시긴 14〉 운영 투명성을 전달하는 신호들: (위) 몬티스의 "국민 여러분, 나뭇가지로 심려를 끼쳐 죄송합니다". (아래) 앙떼르마르셰의 "역사상 가장 신선한 오렌지 주스 브랜드".

인식 때문에 역설적으로 혜택을 본다. 어떻게 그럴까? 파머스 마켓의 당근은 흙이 묻어 있어 지저분하다. 몬티스의 포장 상자에 든 나뭇가지처럼 흙은 생산 과정을 볼 수 있는 창을 제공하고, 현지 식재료와 음식의 관련성, 신선함에 대한 신뢰도를 강화한다. 약간 다르게 적용한 예로 레스토랑 입구에 아이다호 감자를 쌓아두는 미국 햄버거 프랜차이즈 파이브 가이즈Five Guys를 들 수 있다. 이 감자는 처음부터 '직접 만든' 감자튀김이라는 신호를 준다(메시지만으로는 결코 눈으로 확인할 수도, 믿을 수도 없었을 과정이다).

이것은 다른 레스토랑에서도 비슷하게 진화해온 해결책이다. 예컨대 파리의 한 파스타 레스토랑에서는 아이다호 감자가 아니라 밀가루 포대를 상점 앞에 보관하여 '우리는 파스타를 직접 만듭니다'라는 신호를 전달했다. 뉴욕 북부의 후식 지역으로 넘어오면, 우리가 배울 수 있는 최종적으로 진화된 아이디어를 벌리 팜Berle Farm에서 찾을 수 있다. 이 농장은 공인된 유기농 채소와 달걀에서 요거트, 독특한 애플사이더에 이르기까지 모든 것을 생산한다. 벌리의 유기농 인증 우유로 만든 요거트 병에는 쾌적한 환경에서 키운 소와 건강한 농업 실천 노력을 기념하여 해당 우유를 생산한 소들의 이름이 적혀 있다. 농장의 운영과 요거트의 유래에 대해 중요한 신호를 제공하는 멋진 방법이다.

현대 기업들이 효율성과 고객 경험을 개선하는 과정에서 고객들과 기업 활동 간의 거리가 점점 멀어지고 있다. 하지만 운영 투명성이라는 개념과 심리학적 원리를 활용한 진화적 해결책을 통해 어

〈시긴 15〉 생산에 대한 투명한 신호: (위) 런던 퀸스파크의 흙 묻은 당근, (가운데) 파이브 가이즈와 파리의 한 파스타 가게 입구에 쌓아놓은 식재료, (아래) 뉴욕 벌리 팜의 소 이름 표기.

디서든지 이런 문제에 대응할 수 있다. 노력을 보여주고 노동의 신호를 제공하면 진실을 바꾸지 않으면서 제품의 품질과 우리의 주장에 대한 신뢰를 높일 수 있다. 우리는 사람들이 보고 믿도록 도와줄 수 있다.

신뢰 강화하기: 혁신 체크리스트

1. 어떻게 하면 사람들에게 작업 현장의 이면을 보여줄 수 있을까?
2. 어떻게 하면 제품 생산에 투입된 요소들을 제품 자체에서 보여줄 수 있을까?
3. 제품의 보이지 않는 요소 중 고객에게 보여줬을 때 신뢰를 강화할 수 있는 것은 무엇일까?

적극적으로 보여줘라

식기 세척제, 기침 치료용 목캔디, 치약의 공통점을 무얼까? 이것들은 모두 무언가를 깨끗하게 한다. 하지만 그것이 전부가 아니다. 이것들은 다기능성 제품이다. 이 제품들의 광고는 문질러 씻고 빛나게 하는 동시에 기름을 제거하거나, 코를 시원하게 하면서 목을 부드럽게 하고, 치아를 더 튼튼하게 하면서 입 냄새도 없애는 동시에 잇몸이 더 단단해진다고 말한다. 앞서 언급한 것처럼 기초적인 제품들로서는 현기증이 날 정도로 놀라운 주장이다(나는 미 항공우주국이 무언가 관여하지 않았을까 하는 생각이 든다).

하지만 이렇게 복잡하고 다양한 기능을 약속하면서도 한편으로 저관여 제품(껌이나 화장지처럼 제품에 대한 중요도가 낮고 상표 간 차이가 별로 없는 상품-옮긴이)에 속하는 이런 브랜드가 진실을 말하는지는 어떻게 해야 믿을 수 있을까? 다시 한번 말하지만 기업들은 우리에게 말하는 것 이상을 보여주어야 한다.

우리는 몬티스의 '나뭇가지로 심려를 끼쳐 죄송합니다' 그리고 앙떼르마르셰의 '역사상 가장 신선한 오렌지 주스 브랜드'에서 기업에 운영 투명성 원리가 작용하고 있음을 보았다. 이와 비슷한 진화적 해결책이 소비재 제품의 설계에도 분명히 존재한다. 여기서는 제품의 형태가 투여된 노력을 강조하는 데 도움이 될 수 있으며, 제품의 적극적인 특징들(여러 기능을 발휘하는 부분)에 주목하게 한다.

예컨대 피니시Finish 식기 세척제 중 밝은 빨간색의 파워볼 Powerball과 치료용 목캔디 앤티콜Anticol의 가장 중요한 가운데 붉은 부분은 "이곳이 가장 큰 효과를 발휘하는 부분입니다"라는 점을 구체적으로 알려준다. 이런 제품을 보면 특별한 가치가 무엇이며 어떤 노력이 투여되었는지에 대해 의구심이 들지 않는다. 이것들은 우리가 신뢰할 수 있도록 강력한 효과를 발휘한다. 로리 서덜랜드가 《잘 팔리는 마법은 어떻게 일어날까Alchemy》에서 썼듯이, 줄무늬 치약도 마찬가지다.[8] 심리학적으로 볼 때 붉은색·파란색·흰색의 줄무늬는 치약이 한 가지 이상의 기능을 수행하며, 이 하나의 치약으로 튼튼한 치아·청결한 입 냄새·건강한 잇몸을 가질 수 있다고 믿게 만든다.

세 가지 색깔의 줄무늬 치약은 아무런 차별성도 없는 흰색 치약이었다면 믿기 어려운 주장을 믿을 수 있도록 도와준다. 이런 제품들의 품질이나 주장에 대한 신뢰를 강화한 것은 메시지 내용이나 부가 서비스가 아니라 제품의 형태 자체였다. 이것을 알고 나면 파워

〈사진 16〉 다기능 제품들: 피니시 파워볼(위)의 붉은 중앙 부분은 가장 큰 효과를 제공하는 '유효 성분'임을 보여준다. (아래) 줄무늬 치약은 튼튼한 치아, 입 냄새 제거, 건강한 잇몸 효과라는 주장에 믿음을 준다.

파워볼의 밝은 빨간색은 기름때를 위한 것이 아니라
바로 당신을 위한 것이다.

볼의 밝은 빨간색은 기름때를 위한 것이 아니라 당신을 위한 것이라는 사실을 더 이해하기 쉬울 것이다.

여기서 반드시 언급해야 할 점은 어떤 주장을 정당화하거나 사실을 왜곡하거나 고객을 속이기 위해 노동에 관한 신호를 제공하는 것이 아니라는 사실이다. 사실이 아닌데도 자신이 열심히 일했거나 유효 성분을 첨가한 것처럼 속일 수는 없다. 부엘은 이렇게 강조한다. "많은 연구 결과에 따르면, 고객들이 기업의 조작 시도를 포착하거나 그들이 조작당하고 있다고 느끼면 고객과 기업의 관계는 완전히 무너진다."[9] 굶주린 박쥐에게 거짓으로 피를 게워내는 척한 박쥐는 무리에서 쫓겨난다. 노동 착시의 힘을 제대로 이해하고 정직하게 보여주면 소비자들은 제품의 기술적 탁월성을 더 쉽게 알고 신뢰할 수 있다.

신뢰 강화하기: 혁신 체크리스트

1. 어떻게 하면 복잡한 기술이 작동하는 방식을 시각적으로 보여줄 수 있을까?
2. '가장 효과적인' 구성요소를 강조하기 위해 제품을 어떻게 '해

체'할 수 있을까?

3. '가장 효과적인' 구성요소에 어떤 특별한 이름을 붙일 수 있을까
   (예를 들어 파워볼)?

9 | 숫자가 주는 안전함

심리학적 원리: 사회적 증거

"이제 바다에서 물결이 일기 시작합니다."

BBC 방송의 〈블루 플래닛Blue Planet〉은 깊은 바다에서 수천 마리의 멸치 떼가 빽빽하게 무리를 지어 유영하는 광경을 보여준다. 깊은 바다의 포식자에게 쫓기는 멸치 떼는 수면 바로 아래에서 인상적인 은빛 덩어리를 형성하여 파도와 함께 흩어지고 뭉치기를 반복한다. 데이비드 아텐버러David Attenborough 경은 "처음에는 바이트볼bait-ball(공처럼 둥글게 뭉친 물고기 떼-옮긴이)의 크기가 포식자를 위협하는 것처럼 보인다"라고 설명한다. 물고기 떼는 파도와 함께 계속 힘차게 움직인다. 얼마 뒤 소용돌이치는 파도에 실려 수면으로 올라

〈사진 17〉 사회 규범을 암시하는 의사소통: "쓰레기는 집에 가져가세요. 다른 사람들도 그렇게 합니다!"

온 가다랑어가 멸치 떼를 공격하기 시작한다. 멸치 떼는 더 단단히 뭉치면서 안전을 유지한다. "아직도 바이트볼이 잘 유지되고 있습니다."

얼마 후 황다랑어 떼가 도착한다. 황다랑어들이 맹렬하게 공격하자 수십 마리가 단단히 밀집한 바이트볼에서 떨어져나온다. 바다는 출렁이며 움직인다. 계속해서 등지느러미가 노란 황다랑어들이 멸치 떼를 공격하여 분리시킨다. 바이트볼이 부서지면서 멸치 떼는 흩어진다. 아텐버러가 이어서 말한다. "15분 만에 흩어졌습니다. 이제 남은 것은 은빛 비늘 조각뿐입니다."

멸치 떼처럼 인간 역시 특히 불확실한 상황에 직면해서 행동을 결정할 때 다수 안에서 안전을 추구한다. 어떤 것이 안전하고 위험한지, 누가 신뢰할 만하고 그렇지 않은지 결정하기 위해 우리는 사회적 증거social evidence를 찾는다.¹ 진화적 관점에서 볼 때 이처럼 다수의 입장을 따르는 태도는 우리의 생존 가능성에 거의 항상 긍정적인 영향을 끼친다. 유명한 심리학자이자 베스트셀러 《설득의 심리학Influence》의 저자 로버트 치알디니Robert Cialdini는 "모든 사람이 그렇게 한다면 틀림없이 합리적인 행동일 것이다"라고 말한다.[2] 이런 현상은 요즘 소비자 추천 글과 제품 리뷰에서 자주 볼 수 있는데, 환경 내에서 미묘한 신호로도 신뢰성을 알릴 수 있다. 예를 들어보자. 방문한 동네 레스토랑이 분주한가? 밖에 대기 행렬이 있는가, 아니면 쉽게 자리가 나는가? 대기 행렬은 음식이 맛있어 자리가 부족하다는 강력한 신호가 된다. 기다리는 게 귀찮더라도 종종 주변 사람들의 행동을 따르는 것이 현명하다. 심리학 교수 스티브 스튜어트윌리엄스Steve Stewart-Williams는 이렇게 쓴다. "우선, 당신 주변 사람들은 살아 있다. 당신이 그들이 하는 행동을 한다면, 다시 말해 그들이 먹는 것을 먹고 그들이 피하는 어두운 골목을 피하면 당신 역시 계속 생존할 것이다."[3] 사회적 증거는 처음 한 입을 먹어보기 전에 레스토랑이 안전하고 방문할 가치가 있는지, 신뢰할 만한지 알려준다.

구부러진 나무가 가리키는 것

스마트폰과 GPS가 등장하기 수세기 전 자연환경에는 믿을 만하고 안전한 경로를 알려주는 중요한 신호가 있었는데, 바로 눈에 잘 띄는 이정표나 발자취였다. 수백 년 동안 우리는 태양과 별들의 인도를 받았다. 하지만 미국의 원주민들은 안전한 경로를 헤쳐나가기 위해 아주 새로운 해결책을 만들었다. 그들은 자신과 다른 사람들이 볼 수 있도록 자연에 흔적을 남기는 방법으로 사회적 증거를 만들어 신뢰할 만한 경로를 보여주었다.

천 년 동안 사람들이 오르내려 내려앉은 계단이든, 바티칸 순례자 수백만 명의 손길에 닳은 베드로의 축복받은 오른발이든 바람직하고 신뢰받는 행동의 증거는 주변에 널려 있다. 이런 사회적 증거에는 특정 장소에서 의도치 않게 발생하는 고빈도 상호작용도 포함되지만, 어떤 대상을 맥락에서 분리하여 조작·추가·제거하는 행위도 포함된다. 이는 특정 행위의 사회적 증거를 제공하고, 정상적이거나 믿을 만한 반응처럼 느껴지게 만든다.

아메리카 원주민들에게 신중하게 모양을 잡은 표시나무marker trees는 안전한 경로에 대한 사회적 증거다. 표시나무는 흔히 미국흰참나무로 바닥에서 몇 미터 위를 급격히 휜 나무를 가리킨다. 이를 설명하는 가장 유력한 이론은 현지 부족들이 다양한 간격으로 두고 어린 나무들을 일부러 휘어 부자연스러운 형태로 성장하게 한다는 것이다. 이 표시나무는 안전한 횡단 지점, 광물 매장지, 조상의 무덤 같은 중요한 메시지를 전달한다. 표시나무는 안전한 길을 알려주는 물리적 표시로서 빠르고 간편하게 의사결정을 할 수 있도록 도와주었다. 연구자 데니스 다운즈Dennis Downes는 이런 의사결정을 이렇게 설명한다. "삶과 죽음, 배부름과 굶주림, 강 횡단의 성패를 좌우할 수 있다."[4]

북미의 표시나무와 비슷하게 오늘날에도 환경에 어떤 것을 추가함으로써 사회적 증거를 제공할 수 있다. 우리는 다른 사람들이 앞서 한 행동을 보고 이것이 정상적이거나 신뢰할 만한 대응인지 배운다. 한 무더기의 담배꽁초는 흡연자들이 어디에서 흡연하는 것이 안전하거나 허용되는지 말해준다. 일반적인 보고에 따르면, 쓰레기 투기는 깨끗한 환경보다는 지저분한 환경에서 더 많이 발생한다.[5] 여러 연구는 이런 환경에서 우리의 반응이 어떻게 미묘하게 다를 수 있는지 보여준다. 예를 들어 투명한 기부함에 동전을 미리 많이 넣어놓았더니 소액 기부를 많이 받았다.[6] 하지만 기부함에 단위가 큰 돈을 조금 넣어놓았더니 큰 금액을 기부하는 빈도가 더 줄었다. 우리는 주변을 수없이 관찰하면서 무엇이 바람직하고 정상적이고 안전한지를 보여주는 신호를 열심히 따른다.

하루 최대 45억 번의 '좋아요' 기록을 세운 페이스북은 아마 오늘날 세계에서 가장 강력한 사회적 증거 엔진일 것이다(불쌍한 성 베드로는 페이스북을 이길 가능성이 없다). 매우 흥미롭게도 '좋아요' 버튼 자체가 진화된 적응이다. 스텀블어폰StumbleUpon은 2000년대 초에 '엄지척thumbs-up' 메커니즘을 특별히 제시했고, 비메오Vimeo는 페이스북이 2009년 2월에 처음 출시되기 4년 전에 '좋아요'라는 용어를 사용했다. 오늘날 인스타그램, 트위터, 링크드인과 같은 거대 소셜미디어들은 모두 사회적 증거를 이용자 경험의 중심으로 삼는다. 또한 아마존 같은 전자상거래 플랫폼들은 별점 순위나 추천 글을 통해 사회적 증거의 기회를 더 많이 만든다. 그들은 신뢰

〈사진 18〉 사회적 증거의 예: (위) 아메리카 원주민들의 표시나무. (가운데) 동네 빌딩 옆 담 배꽁초 더미는 '안전'한 흡연 장소가 어딘지 보여준다. (아래) 페이스북 '좋아요'를 통한 온 라인 사회적 증거.

를 강화하는 역할을 하는 설득력 있는 평판 시스템을 만들었고, 그러면서 신호자(판매자)의 정직성도 유지한다.

애팔래치아 트래킹 코스에서 아마존 결제 프로세스에 이르기까지, 우리는 다른 사람들의 행동과 신호를 따라감으로써 사망 확률을 줄일 뿐 아니라 주변 사람들에게 신뢰할 만하고 귀중한 행동을 전달하도록 진화했다. 표시나무든 별점 순위든, 사회적 증거를 만들어 제공하면 더 쉽게 미지의 바다를 항해하고 불확실한 상황에서 의사 결정을 내릴 수 있다. 우리는 진실을 바꾸지 않고도 특정 경로나 선택에 대한 신뢰를 강화할 수 있다.

신뢰 강화하기: 혁신 체크리스트

1. 어떻게 하면 다른 사람들의 이전 행동을 보여줄 수 있을까?
2. 정상적이거나 안전한 대응이었다는 사실을 보여주기 위해 무엇을 남길 수 있을까?
3. 어떻게 다른 사람들이 행위자 또는 제안의 신뢰도를 평가하도록 만들 수 있을까?

없어진 것이 말해주는 것

최근에 나는 코츠월드로 여행을 가던 중 커피와 주전부리를 사러 카페에 들렀다. 영업 마감시간이 다 되었다는 것을 알고 인기척이 있는지 확인하려고 안쪽을 들여다보았다. 어떤 사람이 계산대에 있었고(확인), 커피머신이 여전히 가동 중이었다(이중 확인). 진열장 아래에 선택할 수 있는 음식이 있는 것 같았다(삼중 확인). 나는 안으로 들어가 젊은 직원에게 커피를 주문하고, 판매하는 페이스트리 종류를 살펴보았다. 진열장을 보고 있을 때 직원이 말했다. "아직 비건 페이스트리가 남아 있습니다."

아 그래요……. 나는 입맛을 다시며 속으로 생각했다. 나는 평소 비건 페이스트리를 싫어하지 않지만 그날 다른 페이스트리는 모두 팔리고 비건 페이스트리만 남을 걸 보니 조금 찜찜했다. 비건 페이스트리는 아무도 손대지 않은 채 그대로였다. "커피만 주세요, 고맙습니다."

담배꽁초 무더기나 페이스북의 '좋아요'처럼 어떤 상황에서 남은 것의 의미를 더 분명하게 이해할 수 있지만, 어떤 것을 제거하는 행위도 그에 못지않은 강력한 진화된 반응을 끌어낼 수 있다. 쿠키 통을 열었는데 과자 부스러기만 발견할 때처럼, 때로 어떤 것의 부재는 그것에 대한 매력과 신뢰를 강력하게 강화할 수 있다. 마케팅에서 가장 강력한 단어는 '매진'(또는 아마존이 가끔 긍정적으로 말하듯이, "너무 좋아서 품절되었습니다!")이다.

별것 아닌 것처럼 보이는 '꼬리표 떼기' 전단 광고는 진화심리학을 이용한 교묘한 방법 중 하나다. 이 전단 광고는 강력한 사회적 증거('나 이전에 누군가가 관심을 보였군')를 제공할 뿐 아니라 희소성 유발요인('꼬리표가 얼마 남지 않았어!')이 내포되어 있다. 사가린에 따르면, "최선의 적응은 다양한 기능을 제공한다".[7] 예컨대 말미잘의 진화된 독침은 살아 있는 먹이를 기절시키거나 죽일 수 있을 뿐만 아니라 포식자로부터 자신을 보호하고 경쟁자인 다른 말미잘의 접근을 막는 데 도움이 된다. 진화심리학적 해결책도 마찬가지다. 예를 들어 사회적 증거는 선택의 안전성과 신뢰성을 강화할 뿐 아니라 희소성 휴리스틱scarcity heuristic(경험에 근거해 희소한 것이 중요하다고 인지하는 것-옮긴이)을 유발할 수 있다.

우리는 대체로 '음, 그게 그렇게 좋다면 나도 갖는 게 낫겠어!'라고 생각한다. '매진'이라고 말하는 것과 '매진될 때까지'라고 말하는 것은 미묘한 차이가 있다. 우리는 가치를 창출하는 방향으로 움직인다. 예를 들어 코로나19 팬데믹 초기 단계에 사재기 열풍이 기승을 부릴 때 전 세계 슈퍼마켓에는 화장지를 비롯한 여러 필수품 진열대가 텅텅 비었다. 그때 이런 사회 분위기가 생겨났다. "다른 사람들은 틀림없이 내가 모르는 걸 알고 있어." 그래서 희소성에 따른 사재기가 유발되었다('화장지를 확보하지 않으면 나만 손해야!').

생물종으로서 인간은 자신의 인식과 행동을 선택할 때 다른 사람의 행동에 크게 영향을 받는다. 살아 있는 다른 사람들이 하는 대응을 따라 하면 우리 역시 죽지 않고 계속 생존할 가능성이 있다. 이것은 우리에게 안전하고 믿을 만한 것이 무엇인지 보여준다. 미묘한

〈사진 19〉 무엇이 사라진 걸까? (위) 꼬리표가 몇 개 떼어진 기타 레슨 전단 광고는 얼마 남지 않은 꼬리표를 보여줌으로써 행동을 촉진한다. (가운데) 2020년 화장지 사재기로 텅 빈 슈퍼마켓 진열대. (아래) 품절을 이용한 제품 품질 강화. "너무 좋아서 품절되었습니다!"

환경 신호를 통해 특정 환경에서 사회적 증거를 추가하거나 새로 만들고, 우리보다 앞선 다른 사람들의 행동을 보여주는 요소를 제거함으로써 신뢰를 강화할 수 있다.

신뢰 강화하기: 혁신 체크리스트

1. 무엇을 제거해야 이전의 다른 사람들의 행동을 보여줄 수 있을까?
2. 어떤 표시가 제거되었을 때 다른 사람들이 안전하게 참여했음을 보여주는 예시로 어떤 것이 있을까?
3. 행동의 필요성에 대한 신뢰를 강화하려면 어떤 예상치 못한 부재가 필요할까?

지금까지 신호, 운영 투명성, 노동 착시, 사회적 증거의 힘을 통해 심리학적 해결책이 진실을 바꾸지 않고도 신뢰를 강화하기 위해 어떻게 진화해왔는지 깊이 살펴보았다. 심리학적 해결책들은 달리 볼 수 없는 정보를 볼 수 있는 창을 제공하여 서비스, 제품, 제공자를 제대로 알고 신뢰할 수 있도록 도와준다. 이제 우리에게 필요한 것은 신뢰할 만한 선택지를 결정하는 것뿐이다.

다음으로 의사결정을 살펴보자.

모순 2

선택지를 제한하지 않고
의사결정 지원하기

10 | 의사결정의 기로에서: 선택할 게 너무 많아!

계속 따라다니며 괴롭히는 사자들이 고작 몇 미터 떨어진 곳에서 빤히 보고 있는데도 얼룩말 무리가 무사태평하게 풀을 뜯는다. 얼룩말들은 건조한 세렝게티 평원을 어슬렁거리다가 때로 재빨리 흙먼지 속으로 사라진다. 사자들은 어깨와 턱을 아래로 낮추고 있어 메마른 풀 속에서 보이는 것이라곤 실룩거리는 귀뿐이다.

이윽고 때가 되었다.

암사자들이 동시에 몸을 일으켜 공격한다. 얼룩말들은 날카로운 울음소리를 내며 사방으로 흩어진다. 사자들은 껑충 도약할 자세를 취하면서 얼룩말들을 포위한 채 흙먼지 속에 있는 목표물을 고립시킨다. 사자들이 협공을 펼칠 때 얼룩말들은 왼쪽, 오른쪽으로 몸 비틀고 방향 전환을 하는 등 현란한 몸짓으로 후려치는 사사의 말톱을 피한다. 사자들은 미처 피하지 못한 가장 작은 얼룩말을 목표물로 정한다. 혼자 떨어진 얼룩말이 탁 트인 평지에서 이리저리 뛸 때 사자들은 함께 전력 질주한다. 달리는 시간이 길어질수록 얼룩말과의 거리는 더 멀어진다. 암사자들의 결정이 너무 늦었다. 이제 기습 공격의 이점은 사라지고 얼룩말은 위험에서 벗어난다.

이렇게 사냥이 끝난다.

사자들은 체중이 약 200킬로그램에 달하는 강력한 포식자이지만 이런 실패는 드물지 않다. 평균적으로 사자들은 네 번에 한 번꼴로 사냥에 성공할 뿐이다.[1] 그런데 약 3억 년의 진화를 거친 우아하고 가냘프고 앙증맞은 잠자리는 거의 매번 사냥에 성공하는 요령을 터득한 것 같다. 이 무자비한 사냥꾼들은 95퍼센트의 성공 확률로 먹이를 낚아챈다.[2] 그들은 동물의 왕국에서 가장 효율적인 사냥꾼일 것이다. 그 비결은 무엇일까?

연구자들은 작은 탐침을 잠자리 뇌 속에 집어넣어 성공률 높은 사냥을 가능케 하는 몇 가지 특성을 정확히 찾아냈다.[3] 아마 가장 놀라운 특징은 목표물을 추적할 때 근처에 있는 다른 먹잇감들이 잠자리에게 거의 영향을 끼치지 못하게 하는 신경세포를 갖고 있다는 점일 것이다. 마치 눈가리개를 착용하여 주의 분산을 완전히 차단하는 것과 같다. 잠자리는 놀라울 정도의 선택적 주의력을 갖고 있어 여러 먹잇감 중에서 한 마리에게만 집중할 수 있다.

잠자리의 뇌에는 선택 능력이 내장되어 있다.

더 많은 선택을 원하세요?

"무엇이든 더 많이!"

선택은 본질적으로 매력적이다. 쥐들을 미로에 놓아두고 음식물로 곧장 가는 길과 돌아가는 길(추가 선택이 필요하다) 사이에서 선택하게 하면, 거의 모든 쥐가 돌아가는 길을 선택한다.[4] 컬럼비아대학교 쉬나 아이엔가Sheena Iyengar 교수는 《나는 후회하는 삶을 그만두기로 했다The Art of Choosing》에서 이처럼 선택을 선호하는 성향이 버튼을 눌러 먹이를 선택하도록 훈련받은 비둘기와 원숭이에게도 나타난다고 말한다.[5] 이 동물들은 또한 다수의 버튼이 제공된 조건을 더 선호한다. 동물들이 단지 음식만 원했다면 더 쉬운 길이 있었을 것이다. 결국 그들은 선택도 좋아하는 것 같다.

인간에게 선택은 거의 보편적으로 긍정적인 것으로 여겨진다. 아무도 바닐라맛과 바닐라맛 중에서 하나를 선택하길 원치 않으며, "선택권이 없어요"라는 응답이 긍정적인 의미인 경우는 거의 없다. 우리는 선택지가 많을수록 원하는 것을 찾을 기회가 있고, 더 자유롭게 결정을 내릴 수 있다고 느낀다. 모든 선택지를 고려했다고 확신할수록 더 나은 선택지가 남았을지 모른다는 불확실성이 사라진다. 선택지는 많을수록 좋다.

적어도 우리는 그렇게 들어왔다.

문제는 선택지가 너무 많으면 의사결정의 만족도가 떨어질 수 있다는 것이다.[6] 최선의 선택을 했는지 확신하지 못하고,[7] 선택을 후회하거나[8] 미루거나[9] 번복할[10] 가능성이 높아진다. 오스트레일리아의 '행동해설자' 브리 윌리엄스Bri Williams는 이것을 빈 주차장에 도착하는 것에 비유한다. 완벽한 주차 장소를 찾으려고 이리저리 돌아다니며 경험하는 혼란은 주차할 곳이 하나밖에 없을 때보다 훨씬 더 고통스럽다. 실제로 아이엔가는 이러한 선택의 기로에서 경험하는 후회가 우리가 궁극적으로 어떤 선택을 할 때 느끼는 기쁨보다 더 큰 경우가 많다고 주장한다. 날마다 (일부 자료[11]에 따르면) 35,000개의 선택에 직면하는 우리가 자신의 결정에 늘 만족할 수는 없는 것이 어쩌면 당연한 일이다.

의사결정의 어려움은 주차할 곳이나 가게에서 샴푸를 구입할 때처럼 사소한 선택에 영향을 끼칠 뿐만 아니라 직업, 장기적 건강, 경제적 안정에도 중대한 영향을 끼친다. 컬럼비아대학교 연구팀은 주요 투자그룹에 가입한 개인 75만 명 이상을 분석하여 이용 가능한 퇴직연금 상품이 10개가 추가될 때마다 퇴직연금 상품 가입률이 약 2퍼센트 감소한다는 사실을 발견했다.[12] 핵심만 말하자면, 선택지가 많을수록 퇴직연금에 가입하는 사람이 줄어든다. 심리학자가 베리 슈워츠Barry Schwartz는 "어떤 선택이 좋다고 해서 선택지가 많은 것이 반드시 더 좋은 것이 아니다"라고 강조한다.[13] 그는 이것을 선택의 역설paradox of choice이라고 부른다.

그나마 덜 나쁜 쪽

새롭게 발견한 선택의 역설과 반대로, 의사결정을 지원하는 한 가지 해결책은 선택지를 추가하는 것이다. 설령 추가된 선택지가 선택될 가능성이 희박하더라도 말이다.

두 가지 대안 중에서 선택할 때 제3의 열등하거나 덜 매력적인 선택지(유인용 미끼)를 추가하면 결정에 영향을 주거나 지원할 수 있다는 사실이 여러 생물에게서 발견되었다. 형태의 다양한 방향과 크기를 구별하도록 훈련받은 원숭이들은 미끼 자극(이를테면 목표 형태보다 더 작은 형태)의 영향을 받으며, 미끼 자극은 그들이 의사결정을 하는 데 도움을 준다.[14]

이와 비슷한 예로, 캐나다어치에게 터널 끝에 놓인 건포도를 되찾아오게 하는 실험이 있다. 한 터널에는 입구에서 28센티미터 떨어진 지점에 건포도 한 개를 두고, 두 번째 터널은 입구에서 56센티미터 떨어진 지점에 건포도 두 개를 두면, 어치들은 시행 횟수의 80퍼센트에서 더 적거나 더 가까운 건포도를 선택한다. 하지만 세 번째 터널의 입구에서 84센티미터 떨어진 지점에 건포도 두 개를 놓으며 가장 가까운 건포도에 대한 선호율이 64퍼센트로 떨어진 반면 56센티미터 지점에 둔 두 개의 건포도 선택률이 33퍼센트가 되었다.[15]

자, 당신이 스마트폰 판매점에 있다고 상상해보자. 한 스마트폰은 멋진 카메라가 장착되어 있지만 배터리 수명이 짧다. 다른 스마트폰은 배터리는 좋지만 카메라 성능이 형편없다. 이 둘 사이에서 선택하기 힘들지 않은가? 이런 경우 카메라 성능은 좋지만 배터리 수명이 훨씬 더 짧은 세 번째 카메라가 선택지로 제안되면 우리의 선호가 달라질 수 있다. 이것은 더 먼 거리에 동일한 개수의 건포도를 추가로 놓아두는 것과 마찬가지의 미끼다. 이것을 작은 새들의 선택에 관여하거나 스마트폰 선택을 변경하기 위한 단순한 기법으로 볼 수도 있지만 사전 건강검진을 권유하거나 퇴직연금 가입률을 높이려고 할 때 이와 비슷한 진화적 해결책을 적용할 수 있다.[16]

미끼를 통한 탐색과 같은 의사결정의 지름길은 계산의 효율성 때문에 자연선택에 의해 선호되었다는 주장이 지배적이다.[17] 기본적으로 오랜 시간이 흐르면서 의사결정 처리 속도와 최종 의사결정의 질 사이에는 진화적 상호 절충이 이루어졌다. 이것은 또 다른 진화적 해결책이다. 앞서 언급한 원숭이와 어치, 스마트폰 구매자들처럼 기준점, 곧 쉽게 탈락시킬 수 있는 선택지를 추가하면 우리가 이용 가능한 선택지에 덜 압도당하고 결정을 내릴 수 있도록 도와줄 수 있다.

진화된 인간의 뇌가 복잡한 의사결정을 다룰 때 갖는 한계를 깊이 이해하고 우리가 세계를 절대적 관점이 아니라 상대적 관점으로 바라본다는 점을 인정하면, 선택 자체를 없애거나 제한하지 않고도 의사결정을 지원할 수 있다.

우리는 선택설계자choice architect가 될 수 있다.

선택을 설계하다

선택설계라는 용어는 리처드 세일러Richard Thaler와 캐스 선스타인 Cass Sunstein이 처음 만들었다. 이 용어는 의사결정이 선택의 배치, 순서, 프레임에 따라 어떻게 영향을 받는지를 설명하기 위해 사용되었다. 두 사람의 말을 인용하자면, "의사결정자들은 진공 상태에서 결정을 내리지 않는다".[18] 의사결정이 이루어지는 환경은 최종 선택에 중요한 영향을 끼칠 수 있다. 두 사람은 이렇게 썼다. "겉보기에 사소한 세부 사항도 사람들의 행동에 중요한 영향을 끼칠 수 있다."[19] 앞서 '미끼'에 대해 살펴보았듯이, 미묘한 특징들의 활용은 때로 직관에 반하는 중대한 영향을 끼칠 수 있다. 오늘날 우리는 선택의 기로에서 헤매는 대신 선택을 설계하는 데 도움을 주는 몇 가지 진화적 해결책을 찾을 수 있다. 이것을 이용하면 고객과 우리 자신이 더 쉽게 의사결정을 내리고, 아울러 이미 내린 의사결정에 대해 더 편안하게 느낄 수 있다.

이후의 장에서는 의사결정을 체계화하고, 단순화하고, 지원하기 위해 일련의 진화심리학적 해결책을 살펴본다. 우리도 무자비한 잠자리처럼 의사결정을 더 쉽고 빠르게 내릴 수 있는 조건을 만들수 있다. 이런 조건에 따라 고객은 당신의 제품을 선택할 수도, 다른 사람의 제품을 선택할 수도, 아니면 아무것도 선택하지 않을 수도 있다. 왜냐하면 우리는 매일 매 순간, 심지어 외면하고 떠나는 순간에도 선택을 하고 있기 때문이다.

요약

- 선택은 매력적이지만 선택지가 너무 많으면 흔히 의사결정이 더 어렵고 고통스러워진다.
- 심리학적 해결책은 더 쉽고 빠른 의사결정을 위해 선택의 틀을 짜는 방향으로 진화해왔다.
- 심리학적 해결책을 각자의 상황에 따라 적용하면 선택지를 제한하지 않고도 의사결정을 도울 수 있다.

11 | 대세를 따르세요

심리학적 원리: 디폴트

우리를 인간답게 만드는 가장 명백한 특징 중 하나는 뇌가 크다는 점이다. 다른 영장류와 비교하면 인간의 뇌와 신체 비율은 인간과 가장 가까운 사촌들보다 약 세 배 더 크다. 인간의 뇌는 너무 커서 두개골 안에서 표면적을 최대화하기 위해 주름지도록 진화했다. 하지만 일반적으로 인간의 뇌가 크다는 점은 인정되지만 뇌가 그렇게 커진 이유는 여전히 인간의 진화에서 큰 의문으로 남아 있다.

이에 대한 합의는 거의 이루어지지 않았지만, 인간의 뇌가 인류 역사에서 극적으로 빨리 성장한 이유를 설명하는 몇 가지 이론이 있다. 하나의 가설은 환경 변화로 인해 적도에서 다른 곳으로 이주한

탓에 뇌가 급속하게 성장했다고 본다.[1] 이주하느라 식량 자원을 찾고, 사냥하고, 기억하기가 어려워진 결과 생존 자원을 찾기 위해 뇌가 더 커져야 했다. 또 다른 이론은 사회적 협력과 경쟁의 필요성이 증가하면서 다른 사람들의 행동을 예상할 수 있을 만큼 뇌가 큰 사람들이 생존에 유리해졌다는 것이다.[2] 세 번째 이론은 지식의 축적이 재생산에 유리하다는 것이다. 요약하자면, 다른 사람을 가르치거나 정보를 배울 가능성이 큰 사람들이 재생산에 성공할 가능성이 더 컸다.[3] 오늘날 우리는 이 큰 뇌를 이용해 놀라운 일을 성취할 수 있다. 우리는 뇌를 사용해 시를 쓰고, 암호를 만들고, 수학 문제를 풀고, 음악을 작곡한다. 하지만 뇌의 성장에는 대가가 따른다. 진화의 역사에서 비교적 최근에 확장된 뇌 때문에 우리는 엄청난 대가를 치른다. 뇌의 무게는 체중의 2퍼센트에 지나지 않지만 포도당에서 얻는 에너지의 약 20퍼센트를 소비한다.[4] 뇌는 믿기 힘들 정도로 탐욕스러운 기관이다.

아니나 다를까(인간의 큰 뇌가 에너지를 마구 축내는 성향을 갖고 있다는 사실을 아니까), 인지학 및 심리학 연구 결과의 가장 일관된 요점 중 하나는 뇌의 여러 영역이 좀 더 최근에 진화되었고(시스템 2), 천성적으로 게으르다는 점이다.[5] 대부분의 경우 시스템 2는 시스템 1(진화상으로 더 오래된 뇌)이 제공한 의사결정과 권고를 따르길 좋아한다. 계속 관여하려면 너무 많은 비용이 들기 때문이다. 그래서 저관여 모드(의식적으로 관여할 필요 없이 관성적인 행동이나 원하는 행동을 권장하는 것)에 기반한 해결책들이 결국 의사결정을 좌우할 가능성이 더 크다. 디폴트default 선택지(사전에 선택되거나 설정된 선택지)를 제시하는 것과 같은 단순한 조치가 최종적인 의사결정과 행동에 중대한 영향을 끼칠 수 있다.

디폴트가 있는 결정

응용행동과학에서 디폴트의 사용은 이제까지 평가된 것 중 가장 탄탄하고 일관된 해결책 중 하나다. 2019년 58개 연구(참가자 7만 명 이상)에 대한 메타분석은 디폴트가 우리의 의사결정에 일관되게 영향을 끼친다고 밝혔다. [6]*

예를 들어 월트 디즈니는 2006년 10월부터 자사 레스토랑의 어린이 메뉴에서 디폴트로 제공되는 사이드 메뉴를 바꾸었다. 그전에는 어린이 식사에 기본 사이드 메뉴로 감자튀김과 음료를 제공했지만 바뀐 뒤로는 과일이나 작은 당근과 함께 저지방 우유나 물 또는 주스가 제공되었다. 총 145개의 레스토랑을 분석한 결과, 고객의 48퍼센트가 건강한 기본 사이드 메뉴를, 66퍼센트가 건강한 음료를 각가 받아들였고, 어린이 식사의 사이드 메뉴와 음료의 열량 21퍼센트, 지방 44퍼센트, 나트륨 43퍼센트가 줄었다. 메뉴를 조금 변경함으로써 놀라운 결과를 가져온 것이다. [7] 디폴트는 장기 기증율 제

---

* 평균적으로, 디폴트로 인해 의사결정이 0.63~0.68표준편차만큼 달라졌다.

〈사진 20〉 사전 결정: (위) 샤워기에 38℃만 표시함으로써 디폴트 온도를 설정한다(추가 의사결정을 고정하는 효과도 있다). (아래) LG는 리모컨에서 넷플릭스와 아마존을 우선 지원함으로써 다른 서비스 제공자보다 이들을 디폴트로 지정한다.

고에서 퇴직금 저축률 개선 문제에 이르기까지 다양한 행동 변화 과제에서 상당한 성과를 올리는 것으로 계속 보고되고 있다.[8]

　디폴트가 효과적이라고 여기는 한 가지 이유는 디폴트가 현재 상태를 권장하여 인지적 투자 부담을 줄이도록 도와주므로 인간의 게으른(그리고 비용이 많이 드는) 뇌가 좋아하기 때문이다. 또한 사람들은 디폴트가 또 다른 더 미묘한 심리학적 요인들, 이를테면 암묵적 승인이나 사회적 증거 같은 의사결정자가 마땅히 해야 할 일에 대한 기대감을 전달함으로써 이득을 얻는다고 주장한다.[9] 예컨대 샤워기 물 온도를 38℃로만 선택하도록 표시하는 식으로(〈사진 20〉처럼) 디폴트를 제공하여 우리의 의사결정을 고정하고 행동을 유도한다("뭐라고? 40℃를 원한다고? 미쳤군!"). 마찬가지로 오늘날 소비자들은 버튼을 몇 번 누르면 매우 다양한 유료 채널을 이용할 수 있지만, LG는 넷플릭스와 아마존을 암묵적 디폴트로 리모컨에 삽입하여 먼저 선택하도록 유도한다.

모든 선택지를 고려하면서도 우선순위나 디폴트 선택지를 제시함으로써 실제로 선택지를 제한하지 않고도 의사결정을 지원할 수 있다.

의사결정 지원하기: 혁신 체크리스트

1. 어떻게 하면 유익한 결과를 선택할 수 있도록 디폴트를 제시할 수 있을까?*
2. 원하거나 기대하는 응답이 어떤 건지 신호를 주려면 어떻게 해야 할까?

* 우리는 특히 비윤리적 선택 설계 또는 '슬러지(sludges)'의 이용(개인에게 끼치는 영향에 따라 다르다)에 주의할 필요가 있다. 디폴트는 행동 변화를 유도하는 데 효과적인 것으로 입증되었지만 중요한 한계는 의사결정자가 행동을 기피하는 것이다. 기피/디폴트에 대한 대안적 전략은 사람들에게 적극적으로 선택하도록 요구하는 것이다.

3. 원하는 행동이 나올 수 있으려면 의사결정 과정을 어떻게 설계해
   야 할까?

바꾸려고 하지 마세요

다양한 열대우림이 포함된 남미 대서양 연안 우림지역은 지구상에
서 가장 풍부한 생태계 중 하나다. 오래전 이곳의 면적은 130만 제
곱킬로미터였고 남미 대륙의 약 10분의 1에 달했다. 하지만 오늘날
에는 12퍼센트만 남아 있으며, 대부분 작고 황폐한 지역과 보호구
역 형태로 존속하고 있다.

비영리재단 SOS 마타 아틀란티카SOS Mata Atlantica는 이 열대우
림의 지속적인 감소를 방지하기 위해 이 지역에 영향을 주는 환경오
염, 산림 벌채, 과도한 자원 소비에 대한 인식 개선 운동을 벌였다.
2009년 그들은 에프/나스카 사치 앤드 사치F/Nazca Saatchi & Saatchi와
협력 관계를 맺고 가장 효과적인 캠페인을 시작했다. 이 팀은 사람
들에게 더 많은 것을 하게 하는 것이 아니라 덜 기대하게 해야 하는
것이 성공적인 해결책임을 깨달았다.

카피라이터 에두아르도 리마Eduardo Lima가 나에게 말했다. "우
리의 과제는 짜증 나는 또 다른 생태계 캠페인을 만드는 것이 아닙
니다. 우리는 복잡한 아이디어를 원하지 않았습니다. 사람들에게
일거리를 얹어주고 싶지 않았습니다." 크리에이티브 팀은 담수의

과도한 소비를 조사하여 한 가구가 하루에 한 번만 변기 물을 덜 내리면 1년에 최대 4,380리터의 물을 절약할 수 있다는 사실을 알아냈다. "샤워할 때 소변을 보는 것이 비위생적이지 않다는 것을 발견했습니다……. 빙고!" 그래서 이 캠페인은 사람들이 기존의 행동(대부분의 사람들이 가끔 샤워 중에 소변을 본다는 사실을 암시하는 증거가 있다)을 중단하거나 적극적인 참여가 필요한 물 보호 활동을 권장하는 대신 놀라운 물 절약 방법을 홍보했다. "샤워할 때 소변을 보세요." 캠페인 홍보 영상에 샤워 커튼 뒤에서 행복하게 소변을 보는 실루엣 장면을 포함시켰다. 이 캠페인은 포르투갈어로 진행됐지만 이 운동이 세계적인 주목을 받은 점은 이 아이디어의 보편성을 잘 보여주었다. 이 캠페인은 대중매체에 돈을 지불하지 않고도 2,000만 달러 이상의 대중매체 홍보 효과를 올렸고, 이를 주도한 크리에이티브 팀은 브라질에서 한 해 동안에만 185억 리터의 물이 절약된 것으로 추정했다.[10] 캠페인은 현재 상태를 바꾸고 점진적인 활동을 찾는 것이 아니라 "샤워할 때 소변을 보세요"라고 기존 행동을 계속하도록 응원함으로써 사람들은 말 그대로 흐름을 따르도록 권유받았다.

아이러니하게도 감염은 병원에서 가장 흔하게 일어나는 부작용 중 하나다. 미국에서는 2011년에만 70만 명 이상이 입원 중에 질병에 감염되었다. 이것은 심각한 유병률 및 사망률로 이어지는 동시에 전 세계 의료체계에 상당한 재정적 부담을 주는 충격적인 통계다.[11] 의료위생 기업 알티튜드 메디컬Altitude Medical은 감염 사례를 줄이기 위해 바쁜 의료진들이 진료 시간 틈틈이 손을 위생적으로 소독하도록 도와줌으로써 깨끗한 순간을 일상으로 '만드는' 영리한 기술적·심리적 혁신을 개발했다. 풀클린PullClean이라는 혁신은 살균제를 분사하는 장치를 감염이 일어나는 주요 지점인 문손잡이에 장착함으로써 손 위생을 디폴트로 만든다. 이 기업의 최고경영자 존 호발리Jon Horbaly가 나에게 말했다. "이 방식을 쓰면 문을 열 때마다 손잡이 안의 분사기를 만지게 됩니다. 이용자가 소독을 하지 않기로 선택할 수도 있지만, 그렇게 하려면 의식적으로 결정해야 합니다." 적어도 《미국 감염병 통제 저널American Journal of Infection Control》에 발표된 실험에 따르면 이 방식은 효과가 있는 것으로 보인다.[12] 이 연구에서 존스홉킨스대학교 연구자들은 볼티모어의 한 병동에서 풀클린을 시험한 결과, 손 위생 준수율이 25퍼센트에서 77퍼센트로 증가했다고 밝혔다. 풀클린은 사람들이 특별한 노력을 할 것이라고 기대하지 않고, 위생 관리가 사전에 설정된 좀 더 자동화된 행동이 되도록 설계하여 문을 열 때마다 손이 소독된다는 디폴트를 만들었다.

부적절한 손 소독은 병원뿐만 아니라 다른 장소에서도 분명히 해결해야 할 과제다. 코로나19 팬데믹 이전에도 불충분한 손 씻기는 전 세계적으로, 특히 대부분의 사람이 손으로 음식을 먹는 지역에서 질병과 감염 관련 사망자 증가에 중대한 영향을 끼쳤다. 비극적이게도 형편없는 손 위생으로 말미암아 인도에서만 하루에 1,000명이 넘는 어린이가 사망한다.[13] 2017년 학교에서 인도 아동들의 손 위생을 더 철저히 하기 위해 인도 최고의 비누 브랜드 사블론 인

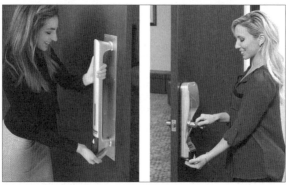

<사진 21> 바꾸려고 하지 마라: (위) SOS 마타 아틀란티카는 브라질 사람들에게 "샤워할 때 소변을 보세요"라고 권장하여 물을 절약했다. (가운데) 퓨클린은 손 위생 관리를 위해 문손 잡이에 손 소독제를 설치하여 디폴트로 만들었다. (아래) 인도 학생들은 사블론 분필을 사용 함으로써 비누 이용이 디폴트가 되었다.

디아Savlon India가 오길비 뭄바이와 손을 잡았다. 인도 농촌 학교의 대부분은 아직도 필기할 때 분필과 칠판을 사용한다는 것을 알고 그들은 '건강한 분필Healthy Hands Chalk Sticks'을 개발했다. 이것은 기존 분필에 비누 가루를 섞어 제조하여 쉽게 비누로 손을 씻도록 만든 혁신 제품이었다. 아이들이 칠판에 글씨를 쓸 때 손에 묻는 분필 가루가 물과 접촉하면 세척 비누로 바뀌었다. 연구팀은 아이들의 기존 행동을 거의 바꾸지 않고도 비누 사용이 디폴트가 되도록 도와주었다.*

이 장에서 살펴보았듯이 디폴트의 사용은 의사결정을 유도하고, 궁극적으로 행동을 바꾸는 가장 강력하고 일관성 있는 진화적 해결책 중 하나다. 특정 선택지를 넣거나 빼는 방식은 이러한 심리학적 원리를 이용하는 한 가지 방법이다. 하지만 우리는 인간의 우유부단함과 현재 상태를 유지하려는 성향을 활용하기 위해 수렴적으로 진화한 많은 다른 아이디어에서도 배울 수 있다. 세계에서 가장 소중한 생태계의 황폐화를 되돌리기 위해 기존 행동을 권장하는 것(샤워할 때 소변 보는 것처럼 간단할 수 있다)에서 기존 시설에 손 소독 장치를 설치하는 것(보스턴의 병원이나 인도의 학교 운동장에도 설치할 수 있다)까지, 디폴트의 힘을 이해하면 우리는 한 명 한 명 의사결정을 유도하여 행동을 바꿀 수 있다.

---

* 물론 우리는 이 특별한 혁신이 선택권을 축소한다는 사실을 알아야 한다. 아동이 '건강한 분필'을 이용해 필기하면 그 결과는 거의 정해져 있기 때문이다.

의사결정 지원하기: 혁신 체크리스트

1. 어떻게 하면 우리가 원하는 결과를 기존의 의사결정과 결합할 수 있을까?

2. 우리가 원하는 의사결정을 통합할 수 있는 선택 빈도가 높은 선택지로 무엇이 있을까?

3. 어떻게 하면 원하는 결과를 기존의 행동과 통합할 수 있을까?

12 | 이보다 쉬울 순 없다

심리학적 원리: 현저성, 구체성, 프롬프트

1938년 3월 12일 오전 8시, 아돌프 히틀러의 독일군은 아무런 저지도 받지 않고 오스트리아 국경을 넘었다. 한 달도 안 되어 오스트리아와의 합병이 단 한 차례의 국민투표로 소급하여 승인되었다. 국민투표는 오스트리아 국민에게 이렇게 물었다. "당신은 1938년 3월 13일에 발효된 오스트리아와 독일의 재통합에 동의합니까? 또한 당신은 우리의 지도자 아돌프 히틀러의 비전에 찬성하십니까?" 투표 결과 독일 제3제국은 거의 만장일치의 찬성으로 오스트리아를 집어삼켰다. 보도에 따르면 오스트리아 투표자의 99.75퍼센트가 독일과의 합병을 지지했다.[1]

하지만 여기에는 함정이 있었다.

클수록 좋다

생물학에서 꽃의 색깔, 색의 대비, 크기는 벌이나 새와 같은 꽃가루 매개자들을 끌어들이는 의사소통 전략이다. 벌은 눈에 덜 띄는 꽃보다 색이 강렬하고 대비가 뚜렷한 꽃을 더 쉽게 발견하고 자주 방문한다고 알려졌다.[2] 한 연구팀은 호박벌이 새로운 꿀 채집 장소에 도착할 때 속도와 정확성 간의 상충관계를 조사했다. 연구 결과 벌들은 꽃이 커서 쉽게 발견할 수 있는 경우 보상이 큰 꽃들(꽃가루가 풍부한 꽃들)을 애써 고르지 않고 꽃들 사이를 빠르게 날아다녔다(빠른 채집이 느리고 정확한 채집보다 더 나은 선택임을 암시한다).[3, 4]

벌들처럼 우리도 의사결정을 할 때 주의를 끄는 것과 가장 직관적이거나 접근이 쉬운 선택지에 크게 영향을 받는다. 그래서 크기, 색의 대비, 밝기는 모두 우리의 주의를 끌어 의사결정을 유도하는 데 도움을 준다. 벌과 마찬가지로 인간도 신호가 선명할수록 인지적 부담이 적기 때문에 더 쉽게, 더 빨리 결정한다.

그렇다면 오스트리아에서는 어떤 일이 벌어진 걸까?

이 정도면 오스트리아에 주권 상실을 향한 진심 어린 열망이 있었다고 해야겠지만, 국민투표를 시행할 때 유권자를 강압한 몇몇 요소(비밀투표용 간막이나 봉두도 없이 선거운동원의 감시하에 투표가 이루어졌다고 한다) 중에서도 가장 두드러졌던 특징 하나는 투표 용지에 히틀러를 지지하라는 신호가 명확히 드러났다는 점이다. 구체적으로 말하면, '찬성'을 표시하는 원이 '반대'를 표시하는 원보다 약 세 배 더 컸다. 사람들에게 투표를 강제하지는 않았다고 주장할 수 있을지 모르지만 (디폴트를 제시하지 않았더라도) 선택지의 크기가 무엇이 기대되는 또는 '올바른' 선택지인지 판단하도록 '유도'했다.

히틀러가 오스트리아를 합병한 지 80년 후, 상황이 매우 다른 유럽에서 부주의하거나 의도적으로 비슷한 투표 문제가 영국 신문의 1면 머리기사를 장식했다. 《메트로 유케이Metro UK》의 2019년 3월 13일 월요일 머리기사는 "브렉시트당의 로고가 '잠재적으로 유권자들을 조종해 브렉시트당을 지지하게 만들었다'"였다.[5] 이 시기의 쟁점은 무엇이었을까?

반브렉시트 잔류파들이 또 다른 투표 조작으로 의심되는 행위를 언급했다. 그들은 투표용지에 인쇄된 브렉시트당 로고가 유권자들에게 투표에 영향을 끼치는 메시지를 은연중에 전달하는 역할을 했다고 주장했다.[6] 오른쪽을 가리키는 큰 화살표 모양의 브렉시트당 로고가 사람들을 X 표시를 해야 할 곳으로 유도하여 "브렉시트당에 불공정한 이점"을 제공했다는 것이다. 셰필드대학교 임상심리학 교수 리처드 벤톨Richard Bentall은 《메트로 유케이》에 기고한 글에서 이렇게 말했다. "30년 연구경력을 가진 심리학자에게 이것이 브렉시트당에 투표하라는 명확한 신호라고 말하길 요구해서는 안

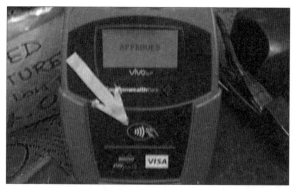

〈사진 ??〉 눈에 잘 띄는 신호가 의사결정을 유도한다: (위) 오스트리아 합병을 묻는 국민투표 용지는 사람들이 찬성에 투표하도록 '유도했다', (가운데) 브렉시트당 로고와 투표용지, (아래) 결제 시 눈에 잘 띄는 결제 수단 팁은 우리의 주의와 의사결정을 '유도한다'.

된다. 차라리 브렉시트당 선택지 주위에 밝고 붉은 원을 그려넣는 것이 더 나았을 것이다."(이런 전례가 역사적으로 없지 않을 것이다.)

선택지에 우선순위를 매기거나 주의를 끌게 하면 그대로 따라갈 가능성이 크다. 하지만 이런 미묘한 신호가 투표에 어떤 의도로 어떤 영향을 끼쳤는지에 대한 판단은 이루어지지 않았고, 브렉시트당은 유럽의회에서 최대 단일국가 정당이 되었다.

우리의 주의를 끌기 위해 다양한 형태와 크기를 종종 이용하지만, 사람들이 이런 메시지 또는 '요청'을 항상 잘 이해하는 것은 아니다. 이를 위해 정보처리 유창성processing fluency에 영향을 주는 추가 요인을 더 잘 이해할 필요가 있다.

의사결정 지원하기: 혁신 체크리스트

1. 색깔, 대비, 크기를 이용해 사람들의 주의를 끌려면 어떻게 해야 할까?
2. '기대하는' 의사결정을 강화하려면 눈에 잘 띄는 어떤 신호를 추가할 수 있을까?
3. 우리가 바라는 결과에 주목하도록 유도하려면 어떻게 해야 할까?

천 마디 말보다 강력한

1940년 9월 8일 일요일, 마르셀 라비다트Marcel Ravidat라는 젊은 견습 정비사가 프랑스 남서부 도르도뉴 교외 지역에서 호보라는 개를 데리고 산책하러 나갔다.

몬티냐크 성 위로 솟은 언덕을 오른 호보가 재빨리 여우를 쫓아갔다. 뒤쫓아 달려간 그는 다행히도 호보가 매우 깊은 구멍처럼 보이는 곳으로 뛰어들기 전에 붙잡았다. 구멍을 보고 놀란 그는 호보가 몬티냐크 성으로 이어지는 전설 속의 굴을 발견했다고 생각했다. 로프도 랜턴도 없었던 라비다트는 집으로 돌아가 굴을 조사할 준비를 했다.

4일 뒤 라비다트는 다른 10대 세 명과 함께 그 언덕으로 갔다. 소년들은 굴의 깊이를 가늠하려고 돌을 구멍으로 던진 뒤 입구를 깨끗이 치웠다. 라비다트는 희미한 빛에 의지해 가장 먼저 어두운 굴 속으로 들어갔다. 그는 숨겨진 보물을 기대했지만, 뜻밖에도 곧바로 알아볼 수 있는 세계를 발견했다.

직관적으로 우리는 시각이 강력하다는 것을 안다. 어디에 투표할지 우리의 시선을 미묘하게 유도하는 투표용지든, 벌을 끌어들이는 꽃의 색깔·크기·대비든 눈에 잘 띄는 신호는 우리의 주의를 사로잡고 의사결정에 도움을 준다. 우리는 시각 자극을 빛의 속도로 처리하며, 이미지는 정보를 효율적으로 이해할 수 있도록 도와준다. 진부한 표현이지만 사진이 천 마디의 말보나 너 낫다는 말이 있다.

인간이 선천적으로 이미지 및 시각적 신호와 친밀한 이유를 진화 과정을 통해 설명할 수 있다.

시각적 환경의 다양한 측면을 이해하고 기억하는 능력은 틀림없이 생존에 유리했을 것이다. 실제로 이미지 처리는 매우 중요하기 때문에 인류 역사 내내 우리의 시각체계는 여러 이미지를 동시에 처리하도록 진화되었다. 반면 텍스트(문자에 대한 이해력은 인류 역사에서 비교적 최근에 발전했다)는 한 번에 한 글자씩 읽을 수밖에 없다.

간단히 말해 초기 조상들은 동굴에 둘러앉아 시를 쓰지 않고 그림을 그렸다.

라비다트의 눈이 어둠에 익숙해지자 고대의 이야기가 모습을 드러냈다. 석회암 동굴 속 벌집 모양의 벽면 곳곳에 그림이 그려져 있었고, 황소·말·수사슴을 곧바로 알아볼 수 있었다. 스톤헨지와 기자의 피라미드보다 훨씬 오래전에 만들어진 고대 유물들이었다. 소년들은 라스코 동굴을 발견한 것이다. 구석기시대 거주민들이 그린 동굴벽화를 라비다트가 바로 이해했다는 것은 이미지의 탁월한 힘을 잘 보여준다. 이미지는 우리가 정보를 처리하고 의사결정을 할 수 있도록 도와준다. 이미지는 사물을 구체화한다. 미끼 선택지가 상대적인 선택지들을 더 쉽게 비교할 수 있도록 도와주듯이, 이용할 수 있는 선택지의 구체성을 높임으로써 (특히 추상적인 문제에 직면할 경우) 우리는 정보처리 능력을 높이고, 더 쉽게 이해해서 의사결정을 내리도록 도울 수 있다.

구체성은 정보처리 능력을 높이고,
의사결정을 더 빠르고 쉽게 할 수 있게 한다.

시각적이고 구체적인 정보가 더 쉽고 빠르게 처리된다는 것은 이중부호화 이론dual-coding theory으로 설명된다.[7] 루브르박물관을 방문하여 경이로운 작품인 〈모나리자〉를 관람한다고 상상해보자. 그림을 코드화하기 위해 시각정보와 음성정보가 모두 이용되기 때문에 우리는 미소 짓는 여자가 우리를 바라보고 있다(시각적 부호화)는 것을 인식할 뿐만 아니라 그것을 〈모나리자〉(음성적 부호화)라고 이해한다. 이와 같은 동시적 정보처리의 이점은 구체적인 단어를 사용할 때 발생한다. 예컨대 구체적인 단어(예를 들어 의자)는 추상적인 단어(예를 들어 평등)보다 이미지 기반 부호를 더 크게 활성화하여 정보처리에 유리하다.[8] 구체성은 수천 년 동안 이야기를 이해하는 데 도움을 주었고, 아울러 곧 알겠지만 외국인들은 구체성 덕분에 오사카에서 생선초밥을 안전하게 선택할 수 있게 되었다. 구체성은 오늘날 안전 표지판의 의사소통 효과를 높이고, 재활용센터에서 적절한 의사결정을 안내할 때도 도움을 줄 수 있다. 의사결정 지원에 관한 한 구체적일수록 좋다.

2차 세계대전이 끝나고 라스코 동굴이 발견된 지 5년 후, 미군 수천 명이 일본에 주둔했다. 처음 도착한 미군들은 현지 언어와 음식에 익숙하지 않아 무엇을 먹을지 결정하는 것이 위험한 도박과 같았다. 다행히도 그들은 이해할 수 없는 일본어로 적은 복잡한 메뉴판이 아니라 강력한 의사결정 지원 도구를 만났다. 그들이 해야 할 일은 손가락으로 가리키는 것뿐이었다.

일본 레스토랑에는 흔히 삼푸루(sample의 일본식 발음)라는 음식 모형이 전시되어 있었다. 왁스나 플라스틱을 이용해 손으로 매우 세밀하고 아름답게 제작한 이 모형을 보고 사람들은 주문하려는 음식을 미리 볼 수 있었다. 음식을 사진으로만 보여주면 되지 않느냐고 질문할지도 모르겠다. 놀랍게도 삼푸루는 본래 외국인인 미국인들을 도와주기 위한 것이 아니었다. 그것은 컬러 사진이 일반화되지 않은 약 100년 전에 시작된 혁신이었다. 오늘날 라멘 위에 올려진 토핑이든, 아이스크림 위에 뿌려진 화려한 색깔의 스프링클이든, 실물과 똑같을 정도로 매우 섬세하게 표현된 삼푸루를 보면 고객은 주문한 상품을 정확히 그대로 알 수 있다. 견본은 구체적이다.

안전 관련 분야에서 신속하게 정보를 전달하여 안전한 의사결정에 영향을 끼치기를 기대할 때 이미지 사용이 자주 권장된다. 다시 말하지만 의사소통할 때는 명확한 이미지를 이용하여 구체성을 제공하는 것이 효과적이다. 한 걸음 더 나아가 바나나콘Banana Cone은 자연의 구체성을 어떻게 적용했는지를 보여주는 좋은 (그리고 재미있는) 예다. 미끄러운 바나나 껍질 모양을 형상화한 이 안전표지판은 구체성과 강한 연상을 통해 더 복잡한 정보를 전달할 필요성을 줄여준다. 널리 인정되듯이 '미끄러운 바나나 껍질'에는 문화적 편향이 있다(뉴욕에 바나나가 처음 수입된 것은 1800년대다). 하지만 그럼에도 바나나콘 브랜드가 2015년에 수행한 연구에 따르면 효과가 있는 것으로 보인다.

246명이 참여한 연구를 통해 가장 일반적인 주의표지판과 바나나콘의 효과를 비교한 결과, 바나나콘이 다른 연구 대상 제품들보다 상당히 탁월한 효과(주의와 이해 측면에서)를 보였다.[9] 일부 지표에서는 표준 A자형 안전표지판보다 22배 더 효과적인 것으로 나타났다. 이들의 혁신적인 설계는 더 많은 주의를 끌고, 사람들에게 미끄러운 상태를 직관적이고 즉각적으로 인지시켰다. 바나나콘은 눈에 잘 띄면서도 구체적이었다.

라스코 동굴 벽이 (그려진 이미지가 아니라) 고대 그리스 문자로 장식되었다면 라비다트가 이해하기는 어려웠을 것이고, 삼푸루가 없었다면 미군들은 허기진 채 일본 거리를 헤맸을 것이다. 오늘날 공항은 언어 제약 조건에서 의사소통이 어떻게 발전해왔는지 살펴볼 수 있는 소중한 장소다. 공항에서는 많은 사람이 어느 한 가지 언어에 익숙할 것이라는 보장이 없기 때문에 직관적이고 구체적인 의사소통이 유익할 뿐만 아니라 필수적이다. 예컨대 싱가포르의 창이공항은 쓰레기통에 신문, 캔, 병(이들은 구체적인 단어다)과 같은 글자 표시를 부착할 뿐만 아니라 쓰레기통을 주요 새활용품의 모양

〈사진 23〉 구체성과 정보처리 능력: (위) 일본 레스토랑 진열장에 전시된 플라스틱 음식 모형. (가운데) 바나나콘의 활용. (아래) 싱가포르 창이공항의 재활용품 모양을 닮은 쓰레기통.

으로 만들었다. 창이공항은 라스코 동굴에서 황소를 보는 것처럼 익숙하고 쉽게 이해할 수 있는 시각적 언어를 사용함으로써 사람들이 잘못 이해할 가능성을 사실상 차단한다.

호박벌에서 투표용지까지, 무의식적으로 진화했든 의도적으로 설계했든, 더 크고 명확하고 구체적인 것이 의사소통에 유리하다는 것을 살펴보았다. 우리의 주의와 정보처리 능력을 고려해 가장 직관적인 반응을 설계함으로써 특정 환경 안에서 잠재적인 선택을 유도할 수 있다.

이용할 수 있는 선택지를 제한하지 않고도 의사결정을 지원할 수 있다.

의사결정 지원하기: 혁신 체크리스트

1. 구체적인 단어, 이미지, 또는 다른 지원 도구를 이용해 선택지를 단순하게 만들 수 있을까?
2. 사람들이 의사결정의 결과를 분명하게 볼 수 있도록 도와주려면 어떻게 해야 할까(삼푸루를 생각해보라)?
3. 추상적인 개념을 이해할 수 있도록 도와주는 구체적인 관련 개념으로 무엇이 있을까?

어떻게 말씀을 드려야 할지…

슬프게도 최근에 친한 친구의 어머니가 돌아가셔서 근조 화환을 보내야 했다. 이런 상황에 대처하기가 꽤 어려운 것은 분명 나만이 아닐 것이다. 화환에 넣을 메시지가 억지스러운 인상을 줄 수 있다는 염려 때문에 망설이다가 부끄럽게도 하마터면 꽃을 보내지 못할 뻔했다. 하지만 다행히도 나는 해결책을 찾았다.

> "그래요, 내가 이 말을 쓰지는 않았지만 그들이 무엇을 썼든 간에 나도 같은 생각입니다."
>
> _제리 사인펠드Jerry Seinfeld

2018년 영국의 연하카드 시장 규모는 15.7억 파운드로 추정되었다.[10] 사랑이 넘쳤다. 호황을 누리는 이 산업의 바탕에는 신뢰를 강화하는 값비싼 신호 보내기를 포함해 여러 가지 진화심리학이 깔려 있다.*

또 다른 차원에서 보자면, 카드는 의사소통을 더 쉽게 하도록 도와주는 제품이다. 진정성을 보여야 한다는 압박 때문에 우리는 내

---

* 흥미롭게도 남성이 구매한 카드는 전체 카드 판매량의 15~20퍼센트에 불과했다. 그런데 발렌타인데이에는 이 수치가 45퍼센트까지 증가한다. 이 기간에 카드 생산자들은 더 높은 가격에 판매되는 더 큰 카드를 만든다고 알려졌다. 남성들은 카드를 받는 사람이 어떤 종류의 카드를 기대하는지를 염려하기 때문에 더 비싸 보이는 카드에 끌리기 때문이다.

면을 깊이 들여다봐야 한다고 생각하지만, 실제로는 다른 사람들의 도움을 기대한다. 연구에 따르면 많은 사람이 글을 통해 자신을 표현하기를 어려워하기 때문에 적절한 말을 찾을 수 있도록 도와주는 카드에 의존한다.[11] "다른 사람들은 감정을 어떻게 표현할까?" 또는 "과거에는 어떤 말이 효과가 있었을까?" 이런 구체적인 도움을 제공하는 카드의 가치를 알아본 홀마크Hallmark는 2007년 완전히 새로운 유형의 카드를 출시했다. 이 카드는 사람들이 이전에는 어쩔 줄 몰라 회피했던 상황에서 소통할 수 있도록 도와주었다. 어떤 사람이 다른 사람이 암에 걸렸거나 우울증을 겪고 있다는 사실을 알았다면 "쾌유를 빕니다"라는 말은 기대만큼 좋은 표현이 아니다. 이 카드 브랜드의 제품 담당 부책임자 테레사 스테픈스Theresa Steffens는 NBC 뉴스에서 홀마크의 연구를 이렇게 요약했다. "사람들은 말합니다. '어려운 시기에 뭐라 말씀을 드려야 할지 몰라서 아무 말도 못합니다.'" (익숙한 이야기 아닌가?)[12]

나의 상황을 설명하자면, 일단 인터넷에서 보내고 싶은 꽃을 선택한 뒤 감정적 지지를 위한 말이 필요하다고 생각하고 있을 때 화면에 갑자기 팝업창이 열렸다. 팝업창은 "무슨 말을 해야 할지 모르겠나요?"라고 물었다. 확실히 그랬다. 한 번의 클릭으로 세 가지 다른 홀마크 카드가 마법처럼 내 앞에 나타나고, 나는 미리 작성된 메시지 중에서 하나를 선택하여 활용할 수 있었다. 이 서비스는 프로세스를 시작하고 몇 가지 응답 내용을 미리 준비해주어 나도 같이 작성할 수 있게 해줌으로써 내가 편안하게 느끼는 내용을 새빨리 신택할 수 있도록 도와주었다. 나의 조의문은 발송되었다.

'무슨 말을 해야 할지 모르겠나요?'라는 상품은 프롬프트 prompts(컴퓨터 운영체제가 사용자에게 보내는 메시지-옮긴이)와 사전에 작성된 예문을 제공함으로써 내가 어려워하는 사회적·정서적 의사결정을 도와주었다. 엄밀히 말해 이와 비슷한 전략은 정서적 우유부단함뿐만 아니라 상황이 복잡하거나 불편한 경우에도 적용된다. 힘든 일 중 일부를 미리 수행하면 인지적 부담을 줄이고 더 쉽게 의사결정을 내리고 일을 마칠 수 있다.

얼마 전 내가 어린 딸과 함께 놀다가 이런 전략이 아이들이 퍼즐을 완성할 때 의사결정을 지원하는 전략과 같다는 걸 알게 되었다. 트랙터든 기린이든, 적절한 그림 이미지를 보드에 그려두면 딸은 퍼즐 조각을 어디에 놔야 할지 아주 쉽게 판단했다. 극단적인 예이긴 하지만 이것은 프롬프트가 아주 어린 나이 때부터 의사결정을 안내하는 데 유용하다는 것을 보여주는 강력한 예다.

예측 기술의 급격한 발전으로 주변에는 더 복잡한 의사결정 도구도 흔하다. 단어 예측 기술은 사람들이 문자를 더 빠르고 정확하게 입력하도록 도와주며, 이런 기술이 '타이핑 횟수'를 최대 45퍼센트까지 줄여준다는 연구 결과도 있다.[13] 스마트폰은 자동완성 텍스트를 제공하며, 페이스북·링크드인 같은 소셜 플랫폼들은 추천 응답을 제공하고, 지메일 같은 전자우편 시스템은 우리 대신 문장을 끝낼 수 있다. 애플은 심지어 당신이 누구에게 말하든지 상관없이 다음에 당신이 무슨 말을 할 가능성이 있는지 예측할 수 있다.[14]

Please select a message	>

Message	Select Message
Dear <insert recipient name>, We offer our deepest condolences to you during this sad time.	Select
Dear <insert recipient name>, We are so sorry for your loss, please know that we are thinking of you.	Select
Dear <insert recipient name>, Our thoughts and prayers are with you during this sad time.	Select

〈사진 24〉 의사결정 지원 프롬프트: (위) 꽃집 웹사이트가 제공하는 '무슨 말을 해야 할지 모르겠나요?' 프롬프트, (가운데) 퍼즐 프롬프트를 이용하면 퍼즐 조각을 더 쉽게 선택할 수 있다. (아래) 페이스북의 추천 응답은 빠르고 적절한 응답을 결정할 수 있도록 도와준다.

《1984》와 비슷하지 않나?

적절한 말을 찾기가 어려워서 사회적 약속(예를 들어 발렌타인 데이 챙기기)을 지키기 힘들다면, 성실한 조세 납부도 쉽지 않을 것이다. 어떤 사람도 세금 납부를 좋아하지 않고(지나친 말은 아니지 않나?), 대부분 마음이 편하지 않을 것이다. 여기에도 미리 작성된 응답이 효과를 발휘하는 것 같다. 2009년 매킨지는 13개 국가의 국세청을 대상으로 벤치마킹 연구를 수행했다. 그 결과 "가장 높은 성과를 보이는 기관은 개인 세금신고 양식의 모든 항목을 미리 채워놓는 경향이 있다"라고 밝혔다.[15] 미리 작성된 조의문을 제공하는 것과 비슷하게 복잡한 세금 정보를 미리 입력해두면 서류 제출과 관련된 정신적인 수고를 상당 부분 줄여준다.

미국에서 대학 학자금 지원 신청서를 작성하는 것도 똑같이 힘들다. 개인들은 100가지 이상의 자세한 질문이 적힌 긴 신청서를 채워야 한다. 신청서 작성이 몹시 복잡하고 불편해서 많은 사람이 서류 완성을 미루는 바람에 고소득층 학생과 저소득층 학생 간의 등록률 격차가 더 커진다. 다시 말하지만, 이런 시나리오의 경우 사전 채우기를 통해 인지적 부담의 일부를 없애는 등의 간단한 지원을 제공하면 상당한 변화를 일으킬 수 있다. 일부 대학에서 질문의 약 3분의 2에 대해 응답을 지원하는 소프트웨어를 도입하고, 10분 인터뷰와 서류 제출 지원 서비스를 추가한 결과, 그다음 해 신청자들의 대학 진학률이 8퍼센트포인트 증가했다고 한다.[16]

조의문을 보내거나 퍼즐을 맞추거나 은행 계좌를 만들 때 프롬프트를 제공하거나 예상 답변을 미리 채워주어 프로세스에서 한 단계를 줄여주면, 인지적 부담을 줄이면서 의사결정을 유도하고 응답을 촉진할 수 있다. (대부분의 경우) 우리는 직접 참여해 의사소통할 권한이 있지만, 가장 쉬운 결정은 프롬프트가 주어지거나 우리 대신 내려주는 결정인 것 같다.

의사결정 지원하기: 혁신 체크리스트

1. 어떻게 하면 잠재적인 응답을 미리 파악해서 완성할 수 있을까?
2. 답변이나 의사결정의 요소를 미리 완성하려면 어떻게 해야 할까?
3. 선택지를 어떻게 추천하면 사람들이 더 쉽게 선택할 수 있을까?

13 | 한 번에 하나씩

심리학적 원리: 청킹

생각해보면 우편엽서가 면적 5억 1천만 제곱킬로미터에 이르는 지구 표면을 무사히 누비다가 당신의 우편함에 정확하게 도착하는 것은 물류의 놀라운 능력이다. 하지만 거의 외과 수술 같은 정확성으로 지구 전역으로 우편엽서를 보내는 것은 물류의 뛰어난 성과로만 볼 수는 없다. 우리 또한 엽서를 어디로 보낼지 기억하고 결정해야 한다.

2016년 영국 왕립 우편 조사에 따르면, 놀랍게도 열 명 중 아홉 명은 자신의 결혼기념일, 신용카드 핀 번호, 심지어 아들의 생일 날짜보다 우편번호를 더 쉽게 기억한다![1] 이것은 우연의 일치가 아니라 신중하게 설계된 우편번호 체계 덕분이다. 이 우편번호 체계의 핵심 내용은 진화심리학에 대한 깊은 이해에서 비롯되었다.

1950년대 영국은 우편 업무의 기계화를 지원하기 위해 국토를 작은 지역으로 구분했다. 또한 컴퓨터가 읽을 수 있고 우체부가 이해할 수 있을 뿐만 아니라 최대한 많은 순열이 가능한 우편번호 체계가 필요했다. 아주 쉬운 일이었다.

우정국은 우편번호 체계 개발을 돕기 위해 케임브리지대학교 심리학자 루번 콘래드Reuben Conrad와 앨런 배들리Alan Baddeley에게 조언을 구했다. 그들은 두 가지 결정적인 성과를 달성했다. 첫째, 두 사람은 우리의 단기기억 용량이 다섯 개에서 일곱 개 정보 조각이라는 연구 결과를 활용했다.[2] 이것이 장거리 전화번호를 더 작은 단위 또는 청크(덩어리)로 쪼개는 이유이며(07-446-469-411), 이렇게 하면 덩어리로 구분하지 않은 긴 숫자(07446469411)보다 정보처리와 기억을 더 쉽게 할 수 있다. 둘째, 그들은 숫자로만 된 코드는 기억하기 어려울 뿐만 아니라 순열도 더 적게 만들어낸다는 것을 알았다(숫자는 숫자 한 개당 열 개의 순열을 만드는 반면 문자는 문자 한 개당 26개의 순열을 만든다). 그래서 그들은 숫자와 문자를 조합하면 기억에 도움을 주면서 훨씬 더 많은 순열을 만들 수도 있다고 판단했다.

2010년 인터뷰에서 배들리는 이렇게 회상했다. "콘래드는 당신에게 항목 목록이 있는데 그중에 유형이 다른 항목이 있는 경우, 그것을 가운데 배치하면 업무 성과가 개신된다고 제인했습니다."[3]

순열에서 숫자는 문자보다 기억하기가 더 쉽기 때문에 숫자를 우편 번호 중간에 넣고, 기억하기 힘든 자음들은 양쪽 끝에 배치했다. 예상한 대로 이 방식은 성공적이었다. 배틀리는 웃으며 덧붙였다. "캐나다인들은 문자와 숫자를 교대로 사용하는 방식을 선택했습니다. 우리가 보기에 그것은 최악의 해결책이었습니다. 오류를 극대화하고 싶다면 캐나다인이 지금도 사용하는 방식을 이용하기 바랍니다."

오늘날 영국의 우편번호는 보통 문자와 숫자 6~7개의 조합으로 이루어지며, 빈 공간을 이용해 순열을 분리하거나 덩어리 짓는다 (예를 들어 NW6 6AG). 이렇게 영국 우편번호 체계에 지속적으로 영향을 끼친 정보의 분할은 우리가 복잡한 정보를 처리하고 의사결정을 하도록 돕기 위해 수세기 동안 직관적으로, 그리고 의도적으로 활용해온 진화적 해결책이다.

심리학 연구 문헌에서 청킹(의미 있는 체계를 묶는 조직화 과정)은 일반적으로 개별적인 정보 조각을 받아들여 그것을 덩어리로 묶거나, 더 크거나 작은 단위로 표현하는 과정을 말한다(영국 우편번호 체계 개발에서 자세히 살펴보았듯이 작업 기억에 저장할 수 있는 정보량의 임계치를 더 높일 수 있다). 다섯 개 국가의 이름을 포함하는 파일명을 만들 때 EnglandAustraliaFranceJamaicaFiji.txt 대신에 Countries.txt와 같은 파일명을 사용할 수 있다. 이것이 바로 청크업chunk-up, 곧 덩어리지어 상위개념으로 묶는 것이다.

청킹 개념은 인간의 의사결정이나 심리학 분야에서만 사용되지

〈사진 25〉 초대형 잔: 2020년 오길비 오스트레일리아 법인은 대형 잔(표준적인 오스트레일리아 맥주잔 크기) 네 개를 한 번에 나르는 오래된 문제를 해결하려고 초대형 잔을 개발했다. 그들은 각 잔을 합쳐 네 개의 잔이 아니라 잔 한 개의 효과를 냈다.

않는다. 어린 금화조는 다 자란 금화조의 노래를 흉내낼 때 그 노래의 음절 청크를 뽑아내고, 또 다른 성체들의 노래에서 들은 음절 청크를 합치고 연결하여 자신의 멜로디로 노래한다.[4]

청킹은 알츠슐러의 트리즈 방법론 중 발명원리 1번 '분할'의 특징이기도 하다. 트리즈에서 청킹과 분할은 대상을 독립적인 부분으로 나누거나(예를 들어 소방수는 집을 최대한 덜 손상시키려고 분할된 물인 분무를 이용해 화재를 진압한다), 대상을 '분할'(긴 소파를 모듈식 가구로 바꾸거나 커튼을 베니션 블라인드로 바꾸기)함으로써 기술적 해결책의 가치를 변화시킨다.

심리학적 해결책 영역에서 청킹을 활용하면 정보를 체계화하여 복잡한 데이터를 더 쉽게 처리할 수 있고, 그 결과 신속한 의사결정을 지원할 수 있다. 정보를 덩어리로 묶는 방법을 활용하면 이용할 수 있는 선택지를 제한하지 않고도 복잡한 의사결정을 좀 더 쉽게 할 수 있고, 때로 너무 쉬워서 현혹당할 수 있는 의사결정도 좀 더 신중하게 내릴 수 있다!

청크다운: 코끼리 먹는 법

당신이 가장 좋아하는 레스토랑의 메뉴를 생각해보자.

하나의 메뉴판에 알파벳 순서로 모든 메뉴를 나열할 수 있다. 어느 정도 논리적인 해결책이다. 하지만 이런 메뉴판을 이용하면 우리가 의미 있는 방식으로 메뉴를 살펴볼 수 없다. 그래서 레스토랑은 의사결정을 돕기 위해 보통 메뉴를 더 유의미한 그룹으로 묶는다. 에피타이저, 메인 요리, 디저트 식으로 말이다. 운이 따른다면 메뉴를 더 세분하여 채소류, 해산물류, 닭고기 또는 소고기 요리로 나눌 수도 있다.

이와 비슷하게 이케아IKEA에서 물건을 구입한 적이 있다면, 당신은 조립식 선반 유닛이 배송될 때 단 하나의 지침(1단계: 피엘보 선반을 조립하시오)만 오지 않는다는 것을 알 것이다. 이케아는 설명서를 더 작은 단계로 세분하여 각각의 의사결정을 명료하게 하고 전체 작업을 더 쉽게 수행하도록 도와준다.

색깔, 숫자, 단계, 공간을 이용해 정보를 덩어리로 묶으면 과제를 더 작고 다루기 쉽게 만들 수 있어 크고 복잡한 선택을 할 때보다 부담이 훨씬 줄어든다. 영국의 우편번호 체계의 성공과 더불어 레스토랑에서 온라인 소매점에 이르기까지 우리는 산업 전반에 걸쳐 청크를 만들도록 적용했고, 사람들이 정보를 더 쉽게 계산하고 처리하고 기억하게 만들었다. 우리는 사람들이 코끼리도 먹을 수 있도록 돕는다. 한 번에 다리 하나씩.

어려운 의사결정을 더 쉽게 하기 위해 정보를 작은 덩어리로 묶고 여러 단계로 나누는 전략은 복잡한 의사결정을 너무 쉬운 것으로 오해하는 위험을 보완하는 데도 활용할 수 있다. 우리는 의사결정에서 의도적으로 마찰저항을 증가시킬 수 있다. 이 책의 서두에서 살펴보았듯이 사람들은 규모의 일치를 추구하는 경향이 있다. 어떤 물체를 구성하는 단위가 많으면 물체가 더 크다는 것을 암시한다(보통 집이 클수록 방이 많으므로 사람들은 집의 크기를 판단하는 경험칙으로 방 개수를 이용한다). 두 범주 간 의사결정에서 완전한 차이를 깊이 이해하지 못하는 초보자들은 처음에는 단순하거나 작아 보이는 의사결정의 배후에 놓인 복잡성이나 심각성을 이해하려고 할 때 청킹을 활용할 수 있다. 청킹은 초보자들이 실제로는 코끼리인데 생쥐를 먹는다고 생각할 때 소중한 전략이 될 수 있다.

예를 들어 가장 중요한 의사결정 중 하나는 한 사람이 무죄인지 유죄인지를 결정하는 것이다. 어떤 경우에는 이런 결정의 결과로 범죄 기록이 영구적으로 남을 수 있고, 어떤 경우는 말 그대로 생사를 가를 수도 있다. 이런 의사결정의 심각성과 복잡성 때문에 재판에서 배심원은 합리적 의심의 여지 없음이라는 개념과, 유죄 선고에 필요한 다양한 입증책임을 반드시 이해해야 한다. 범죄 사실에 대해 합리적 의심이 든다면 배심원은 '무죄'를 평결해야 한다.

배심원들의 의사결정을 지원하기 위해 많은 법률회사가 〈사진 26〉과 비슷한 입증책임 차트를 고안했다. 이 차트는 합리적 의심을 다양한 단계로 제시함으로써 의사결정의 이진법적 속성(유죄 대 무죄)에 현혹될 가능성을 막아준다. 예를 들어 무죄의 경우는 다음과 같다. 확실히 유죄가 아님, 유죄가 아닐 가능성이 높음, 유죄일 가능성이 아주 낮음, 아마도 유죄가 아닐 것임, 유죄일 가능성 낮음, 어쩌면 유죄일 수도 있음, 유죄가 의심스러움, 유죄일 가능성 있음, 유죄일 가능성 높음. 마지막으로 유죄로 평결해야 하는 것은 범죄 사실에 대한 합리적 의심의 여지가 없는 경우다. 숙고를 의무화하는 방식으로 결정을 단계별로 묶어서 구분하면 의사결정에 도움이 되고, 바라건대 유무죄를 더 철저하게 평가할 수 있다. 정문의 이중 잠금장치나 비행기 조종실의 크로스체킹(체크리스트가 있다)과 유사하게, 청킹을 활용하면 의사결정 과정에서 의도적으로 마찰저항을 만들 수 있다.

추측이긴 하지만 혈압 검사 결과가 고혈압으로 나왔을 때 단순히 정상이라고 표시하는 것보다 '낮은 정상'과 '높은 정상'으로 구분하면 혈압이 정상 수준이지만 상대적으로 높은 사람들이 현재 상태에 안주하거나 자기도 모르게 위험한 상태로 빠지지 않도록 도울

PROBABLY GUILTY

POSSIBLY GUILTY

SUSPECTED

NOT GUILTY

PERHAPS

MAY NOT BE

POSSIBLY NOT

UNLIKELY

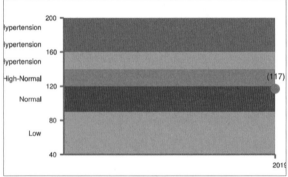

〈사진 26〉 숙고 강화를 위한 청크다운(세분화): (위) 인증책임의 청크다운. (가운데) 고혈압 차트의 청크다운. (아래) 런던 지하철의 '틈을 조심하십시오' 표시. 플랫폼을 안전 구역과 비안전 구역으로 나눈다.

수 있다. '틈을 조심하십시오Mind the Gap'라는 런던 지하철 표시가 하나의 플랫폼을 여러 안전구역으로 구분하듯이, 청크를 만들고 적용해서 의사결정을 체계화하도록 도울 수 있다. 청크는 선택지에 대한 맥락을 제공해서 선택의 폭을 제한하지 않고 선택할 수 있게 도와준다.

의사결정 지원하기: 혁신 체크리스트

1. 의사결정을 지원하려면 큰 과제를 어떻게 세분화해야 할까?
2. 색깔 구분이나 숫자를 이용한 단계를 어떻게 활용하여 선택을 더 쉽게 할 수 있을까?
3. 추가 단계를 어떻게 만들면 숙고 과정을 강화하고 단순하거나 사소하다고 오인해서 속기 쉬운 의사결정을 늦출 수 있을까?

청크업: 올인원

계피, 회향씨, 팔각향, 쓰촨 후추, 정향의 공통점은 무얼까?

꼭 알 필요는 없지만 중국의 오향Five Spice 재료다. 이것들을 모두 개별적으로 구입해 이용할 수 있지만, 각각의 선택을 모아 오향이라는 하나의 선택지를 만들면 조금 더 편하게 사용할 수 있다. 전체를 몇 개의 덩어리로 나누는 것(청크다운)의 반대는 각각의 것을 합쳐서 하나로 만드는 것(청크업)이다.

대상을 세분화하면(크고 복잡한 과제를 작은 과제로 나눈다) 복잡한 의사결정을 더 쉽게 다룰 수 있지만, 반대로 정보를 합치면 의사결정의 효율성을 높일 수 있다. 예컨대 우리는 맥도날드에서 흔히 개별 메뉴를 여러 개 선택하지 않고 세트 메뉴 하나를 주문한다. 곧 세 번이 아니라 한 번 결정한다. 이와 비슷하게 여름휴가 때 여행 일정 계획을 짜는 대신, 결정의 복잡성을 줄이려고 패키지 여행을 예약하는 사람이 많다. 이탈리아 여행을 계획하느라 몇 주를 보낼 수 없다는 말도, 9일간의 토스카나 미식여행 패키지를 반드시 선택해야 한다는 얘기도 아니지만, 이런 결정을 하나로 합치면 좀 더 편하다.

사람들에게 열 번이 아니라 한 번만 결정하도록 하면 의사결정 프로세스를 도울 수 있고, 선택의 유연성을 유지하면서도 더 매력적인 대안을 제공할 수 있다.

디폴트 적용부터 현저성, 프롬프트, 구체성, 청킹에 이르기까지 우리는 심리학적 원리의 성과를 이용해 선택지를 줄이지 않고도 사람들의 의사결정을 도울 수 있다. 이런 진화적 해결책들은 선택을 체계화하고, 의사결정의 인지적 부담을 없애주고, 선택을 안내하는 데 도움이 된다.

이제 우리가 해야 할 일은 행동이다.

의사결정 지원하기: 혁신 체크리스트

1. 의사결정을 쉽게 하려면 몇 가지 단계를 어떻게 합쳐야 할까?
2. 한 번 선택하게 하려면 여러 번의 의사결정을 어떻게 묶어야 힐

까?

3. 어떻게 하면 미래의 의사결정들을 예상하고 이것들을 하나의 큰
   의사결정으로 묶을 수 있을까?

모순 3

응답을 강요하지 않고
행동 이끌어내기

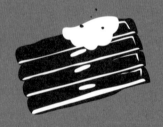

14 | 행동을 일으키는 보이지 않는 끈

36일 동안 여러 차례 비극적인 사건을 겪은 의사 토비아스 노턴 Tobias Norton은 두 차례의 심각한 뇌졸중으로 오른쪽과 왼쪽 시각피 질이 손상되었다.* 회복된 뒤 시각검사를 해보니 더 이상 움직임, 색 깔, 빛을 볼 수 없다는 진단이 나왔다. 그는 어쩔 수 없이 흰 지팡이 를 짚고 세상을 헤쳐나가야 했다.

토비아스는 임상적으로 실명 상태였다.

하지만 얼마 지나지 않아 의식적으로는 시각 세계에 접근할 수 없지만 토비아스의 뇌가 여전히 시각 자극에 반응한다는 사실이 밝 혀졌다. 이를테면 화난 얼굴이나 행복한 얼굴의 감정 표현 차이를

---

* 이 책에서는 이름을 바꾸었다. 문헌에서는 토비아스를 TN으로 표시했다.

찾아보라고 했더니 그는 우연보다 높은 확률로 정확하게 반응했다.

인지능력의 경계를 더 깊이 조사하기 위해 2008년 심리학자로 구성된 팀이 토비아스를 대상으로 몹시 힘든 다양한 시험을 했다.[1] 연구자들은 긴 복도에 장애물 코스를 만들었다. 그들은 빈 공간을 박스와 의자로 채우고 그에게 지팡이 없이 다른 쪽 끝까지 걸어가게 했다. 토비아스는 아무것도 보이지 않는다고 말했지만, 복도를 완벽하게 지나감으로써 심리학자들을 놀라게 했다. 그는 의식적으로는 주변 세계를 보지 못했지만 직감적으로 길을 헤쳐나가는 기이한 능력이 있는 것 같았다. 마치 보이지 않는 줄에 매달린 꼭두각시 인형처럼 그는 자신도 모르게 반응했다.

토비아스는 맹시blindsight(시각장애인이 빛이나 시각적 자극을 정확히 감지하는 능력-옮긴이)를 갖고 있었다.

생각하는 '감정' 기계

맹시 현상은 우리의 의식 표면 아래에서 얼마나 많은 일이 일어나는지를 보여주는 놀라운 예다. 드물긴 하지만 맹시는 모든 건강한 시각 시스템에서 진화해온 덜 우세한 지각 경로의 존재를 보여준다. 비록 우리가 그것을 의식하진 못하지만 말이다.

예컨대 우리는 무표정한 얼굴보다 화난 얼굴같이 위협적인 자극에 더 쉽게 주목한다.[2] 신경 촬영법은 이와 같은 이미지들이 핀도

체(두뇌에서 감정을 처리하는 역할을 한다고 알려진 영역)를 자극하여 우리가 미처 위협의 존재를 깨닫기도 전에 공포 반응을 유발한다는 것을 보여준다.

우리의 지각 체계는 밝기의 변화, 새로운 물체의 등장, 갑작스러운 움직임을 포함해 긴급한 행동이 필요한 자극을 신속하게 인지하고 반응하도록 프로그래밍되어 있다.[3] 우리는 움직이지 않는 물체(예를 들어 머그잔)와 비교해 동물(예를 들어 코끼리)이 있는 현장의 변화를 훨씬 더 빨리 감지한다.[4] 자기보존을 위해 변화하는 환경, 특히 포식자 및 먹이와 관련된 상황을 계속 감시하는 것은 진화 과정에서 매우 중요했다.

이런 무의식적 정보처리가 지닌 영향력에 놀라는 사람이 많을 것이다. 그 이유 중 하나는 우리가 흔히 사고thinking의 영향을 과대평가하기 때문이다. 우리는 인지능력 중 사고 부분을 의식적으로 접근할 수 있기 때문에 사고능력을 과대평가하는 경향이 있다. 인간을 무엇보다도 행동의 비용과 이익을 저울질하면서 세상을 헤쳐나가는 '생각하는 존재'라고 믿고 싶겠지만 사실은 그렇지 않다. 세계 최고의 신경과학자 안토니오 다마지오Antonio Damasio는 인간은 "생각하는 감정 기계"라고 말한다.[5]

우리의 의식적인 사고, 신념, 의도가 우리의 행동과 어긋나는 경우는 많다(이것을 의도-행동 격차intention-action gap라고 한다). 우리는 대부분 기후변화와 해양 플라스틱의 위험에 관해 알고 있지만(그리고 깊은 관심을 갖지만), 항상 이런 생각을 반영해서 행동하지는 않는다. 이와 유사하게 많은 사람이 손 씻기가 중요하다는 데에 진정으로 동의하지만 중요한 순간에 손 씻기를 소홀히 한다. 아무리 의도가 좋더라도 행동을 끌어내지 못한다면 실패할 것이다.

라스트 마일 문제

구글 글래스가 처음 출시되었을 때, 제작자들은 놀라운 기술과 강력한 미래 비전의 흥미로운 통합을 제시했지만 결국에는 사람들에게 외면받았다.

구글 글래스에는 이른바 '라스트 마일 문제'가 있었다.

대부분의 사람들이 인정하듯이 구글 글래스의 문제는 전례가 없거나 최근의 비교 대상이 없다는 것이 아니었다. 이러한 문제는 유일한 사례도, 이례적인 사례도 아니었다. 소프트웨어와 기술을 업그레이드하는 데 보통 수백만 달러가 소요되는 전 지구적 디지털 전환 프로그램에서, 새로운 프로세스나 기술이 시장에서 채택되지 않으면 기업의 이익은커녕 투자금이 날아갈 수 있다. 리더들은 흔히 자신의 비전과 실행 전략을 제시하고 인식 제고 프로그램을 펼치면 자신의 일을 다 했다고 생각한다. 딜립 소먼Dilip Soman은 《라스트 마일The Last Mile》에서 라스트 마일 문제(최종 소비자에게 도달하기 위해 마지막으로 남은 짧은 지리적 또는 심리적 거리를 주파하는 데 필요한 검토사항–옮긴이)는 기술이나 제품, 프로그램 설계의 문제가 아니라

"인간의 심리를 이해하는 문제"라고 주장한다.[6]

재활용이나 최신 마이크로소프트 업그레이드를 권유할 때처럼 행동을 일으키고 라스트 마일 문제에 집중할 때면 우리의 기존 정신 모델이 다시 한번 우리를 제한하는 것 같다. 우리가 혁신은 고독한 천재들의 업적이라고 가정하면서 성장했듯이, 행동을 일으킬 때에도 특정한 정신 모델에 부합하는 해결책을 찾는 것 같다. 소먼은 우리가 가치 창출 프로세스의 초기 단계인 전략을 만들고 제품을 개발하는 일에 우선순위를 두고 많은 시간을 쏟아붓지만, 정작 사람들의 선택과 행동을 끌어내는 일에는 시간을 덜 투자한다고 주장한다. 라스트 마일 문제는 말하자면 배달된 봉투를 여는 단계다. 도구를 이용해 판매를 성사시키는 것, 곧 행동을 이끌어내는 것이다. 예컨대 구글 글래스는 초기 출시에 실패한 이후 기계와 생산 분야에서 채택되어 훨씬 더 큰 성공을 거두었다. 구글은 글래스 기술의 포지셔닝을 단순히 일상생활을 위한 흥미로운 기술이 아니라 전문 도구로 살짝 바꾸었다. 때로 이런 전략들은 새로운 기업 비전이나 홍보 캠페인보다 덜 매력적일지 모르지만 이것들이 없다면 그간의 노력이 모두 헛수고일 뿐이다.

하지만 행동을 이끌어내는 것은 기존 제품이나 기술에 대한 투자가 아니라 작은 행동이 엄청난 누적 효과를 만드는 데 어떤 역할을 수행했는지를 제대로 인식하는 데서 출발한다. 예컨대 모든 사람이 종이, 플라스틱, 유리, 알루미늄을 간단히 분류하여 재활용한다면 쓰레기를 75퍼센트 줄일 수 있다.[7] 비행기를 탈 때 짐을 4킬로그램 더 가볍게 싸면 해마다 연료 13억 리터를 절약할 수 있다(보잉 747 여객기가 10년 동안 논스톱으로 비행할 수 있는 연료량이다).[8] 전등을 끄지 않거나 에너지 공급회사를 바꾸지 않고서는 절대 탄소 배출량을 줄이지 못할 것이다.

실제로 행동을 끌어내지 못하면 우리는 절대 영향을 끼치지 못한다.

응답을 강요하지 않고도 행동을 끌어내는 데 도움을 주는 진화 심리학적 해결책이 많다. 지금부터는 다양한 산업과 분야에서 적용한 진화적 해결책 사례를 포함하여 몇 가지 해결책을 더 자세히 살펴보자.

요약

- 수많은 프로세스가 의식적인 지각 이면에서 일어나며, 이런 무의식적 요인들의 힘은 많은 이를 놀라게 한다. 우리는 흔히 의식적이고 의도적인 사고를 과대평가하기 때문이다.

- 의식적인 의도는 흔히 우리의 최종적인 행동과 일치하지 않는다 (이것을 의도-행동 격차라고 한다).

- 행동을 일으키는 진화적 해결책을 이해하면 영향력을 발휘할 중요한 기회를 포착하는 동시에 더 높은 단계의 투자를 실현할 수 있다.

15 | 정말 찰떡같이 들어맞네

심리학적 원리: 패턴 일탈과 완전성

1952년 엘리자베스 2세 여왕이 즉위한 뒤 캐나다 중앙은행은 여왕의 이미지를 넣은 여러 지폐를 제작하려고 준비했다. 하지만 여왕을 초대해 사진 촬영을 하는 대신, 캐나다의 유명한 초상 사진작가 유섭 카시Yousuf Karsh가 1년 전에 찍은 여왕 사진 중에서 이미지를 선택했다.

뛰어난 초상 사진이었지만 공주 시절 쓴 티아라가 돋보여서 그 사진을 사용하려면 티아라를 제거해야 했다. 선택된 이미지는 편리한 포토샵을 사용하지 않고 토론토 현지에 있는 그래픽과 판화를 제작하는 기업에 맡겨졌다. 이 기업의 숙련된 예술가들은 심혈을 기울여 이미지를 수정하여 티아라를 제거하고 가려졌던 여왕의 머리카락을 되살려냈다. 1954년부터 지폐가 대량 생산되기 시작했다.

2년 뒤 지폐는 다시 주목받았다.

토스트와 찻잎이 말해주는 것

"내가 토스트 샌드위치를 한 입 베어 먹었는데 성모 마리아가 나를 바라보고 있더군요."

_ 다이앤 듀이서Diane Duyser

구름 속을 떠다니는 코끼리, 수프 안에 있는 얼굴, 또는 세탁기 버튼이 당신의 모든 동작을 간절히 바라보는 모습을 한 번이라도 본 적이 있다면 당신은 일명 '파레이돌리아pareidolia'를 경험한 것이다. 아무 관련 없는 사물에서 인식 가능한 특징을 보는 현상 말이다.

문득 자동차가 우리를 향해 미소 짓는 것처럼 보여서 한 번 더 바라보게 될 때가 있다. 그런가 하면 문짝 뒤에서 '술 취한 문어'가 싸우려는 듯이 위협하는 모습도 볼 수 있다. 플로리다에 거주하는 다이앤 듀이서는 이러한 놀라운 인간의 지각능력 덕분에 엄청난 행운아가 되었다. 그녀의 10년 된 치즈 토스트 샌드위치(여기에 성모 마리아 모습이 있다고 한다)가 이베이에서 무려 28,000달러에 판매되었기 때문이다.

〈사진 27〉 파레이돌리아: (위) 1954년 제작된 캐나디 지폐에 그려진 여왕의 머리카락에 나타
난 악명 높은 악마의 얼굴. 악마의 얼굴이 보이는가? (가운데) 다이앤 듀이서는 토스트 한 장
을 28,000달러에 판매했다. (아래) 싸우려고 하는 '술 취한 문어' 조심.

모두 인정하듯이 이상한 경험이긴 하지만 두려워할 필요는 없다. 파레이돌리아는 인지나 지각의 결함이 아니라 오랜 세월의 필요에서 비롯된 현상이다. 우리의 뇌는 패턴 인식 기계로 진화했다. 확보할 수 있는 정보에서 끊임없이 의미를 만들고, 본질적으로 우리가 보는 점들을 연결하려고 노력한다. 다른 사람의 도움을 구하든, 악의를 감지하든 타인의 얼굴을 더 잘 식별하고 더 빨리 대응하는 선조들은 분명히 생존에 유리했을 것이다. 그들이 때로 어두운 곳(또는 앞의 예처럼 토스트 한 조각)에 숨겨진 얼굴을 잘못 식별했더라도, 그 결과는 어떤 것을 발견하는 데 실패한 경우보다 덜 심각했을 것이다. 그저 바람이 불었을 뿐인데 포식자가 수풀 속에서 바스락거리는 소리를 낸다고 두려워하는 것은 우리에게 큰 문제가 되지 않는다. 하지만 검치호(윗 송곳니가 휜 칼처럼 생긴 신생대의 맹수-옮긴이)가 있는데도 그저 바람일 뿐이라고 추정하는 것은 유전자 풀에서 제거되는 지름길이다. 우리는 어떤 것이 있다고 믿는 것이 없다고 가정하는 것보다 부담이 덜 될 때 보통 이런 패턴화patternicity, 곧 어떤 결론을 도출하려는 성향을 선호한다. 시간이 흐르면서 자동차가 실제로 우리를 보고 웃는다고 가정하는 것이 더 유리하게 되었다.

1956년 3월 27일, 《토론토 데일리 스타Toronto Daily Star》 신문은 이렇게 성급하게 결론을 내리는 경향으로 인해 새로 제작한 캐나다 지폐에 그려진 여왕의 머리카락에 악마의 얼굴이 있다고 독자에게 알렸다. 이 발표로 지폐 생산이 중단되었다(악마의 얼굴 화폐 시리즈는 이후 캐나다 통화 중 수집 가치가 가장 높은 지폐가 되었다). 중요한 점은 이것이 토론토 판화 기업의 잘못이 아니라는 것이다. 그들은 일부러 여왕의 머리카락에 무시무시하게 보이는 얼굴을 그려넣지 않았다. 악마의 얼굴이 보인 것은 우리의 진화심리학적(그리고 대체로 유익한) 요인 탓이었다. 이처럼 패턴을 식별하고 연결하고 반응하는 능력 덕분에 오늘날 우리는 여전히 생존하고 있다. 인간 뇌의 패턴 인식의 중요성을 이해하면 진화심리적 해결책이 어떻게 우리 주변에서 패턴을 만들고 부수며 우리를 참여와 행동으로 이끄는지를 이해할 수 있다.

왼쪽으로 조금만 더

이 세상에서 우리는 패턴을 추구하고 질서를 만들려고 한다. 따라서 반복과 대칭을 이상할 정도로 흡족하게 여기는 것은 충분히 이해할 만하다. 애리조나대학교 시각연구소 책임자 메리 피터슨Mary Peterson은 "뇌는 우연한 것을 좋아하지 않는다"라고 말한다.[1] 움직이는 댄서, 완벽하게 기계화된 생산라인, 나비의 대칭적인 날개. 우리 뇌는 대칭을 좋아한다.

여러 실험에 따르면 대칭적 자극은 비대칭적 자극보다 한결같이 더 빠르게 감지되고 더 정확하게 식별되며 더 자주 기억된다.[2] 우리는 대칭적인 그림과 조각을 선호하며 잠재적 배우자의 얼굴이 대칭을 이루기를 바란다.[3] 균형 잡히고 대칭적인 대상들은 우리 뇌가 가장 쉽게 파악하여 인식하도록 프로그래밍된 규칙을 따르는 것처럼 보인다. 이것들은 질서를 나타내며 경제적이다.

"기울어진 그림을 보면 우리는 그것을 다시 똑바르게 하려고 한다."

_루브 브롬스Loove Broms, 의사소통 설계자

그렇다면 대상이 어색할 때, 반복된 패턴이 무너지거나 대칭 감각이 흔들릴 때 불편하게 느끼는 경향이 있다는 것은 이해가 간다. 이런 경우 우리 안의 그림 보정기는 당장 개입하여 그림을 보정하길 원한다. 예컨대 많은 이가 〈사진 28〉의 피자 이미지가 이상하게도 불편하게 느껴질 것이다. 살짝이기는 해도 피부에 소름이 돋는 느낌이다. 심리학 연구에 따르면, 많은 사람이 예상한 디자인에서 벗어나거나 깨진 패턴을 보고 반감을 느낀다. 이것을 패턴 일탈pattern deviancy이라고 한다.[4] 어색한 이미지를 보면 우리의 내적 강박이 소리를 지르기 시작한다.

스웨덴의 의사소통 설계자 루브 브롬스는 가정의 전기에너지 사용 절감 대책을 연구할 때 우연히 패턴 일탈에 대한 반감을 활용한 놀라운 해결책을 찾았다. 브롬스는 나에게 이렇게 말했다. "의사소통 설계자로서 우리는 의도적으로든 우연히든 사람들에게 영향을 끼칠 수 있습니다. 설계는 항상 우리를 형성합니다. 연구를 위해 가정을 방문할 때 우리는 전기에 관해서만 이야기를 나누지 않습니

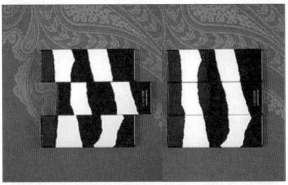

〈사진 28〉 패턴 일탈과 완전성: (위) 피자의 패턴 '일탈'은 어색한 느낌이 들게 한다. (가운데) 루브 브롬스와 카린 에른베르거가 설계한 퍼즐 스위치는 전등을 끄도록 유도한다. (아래) 제품 가격을 반올림하여 깔끔하고 단순하게 만들면 제대로 되었다는 느낌을 준다.

다. 많은 것에 대해 대화를 나누죠. 그들이 집에서 소중하게 여기는 것이 무엇인지, 어떤 것을 아름답다고 생각하는지 말입니다."

한 현장을 방문했을 때 브롬스와 그의 동료 카린 에른베르거Karin Ehrnberger의 머리에 에너지 사용과 패턴을 추구하는 인간의 뇌 사이의 관련성이 떠올랐다. 말 그대로 전구에 불이 들어오는 순간이었다. 한 주민이 전등 끄기의 상징적인 힘은 마무리와 완결성의 느낌을 주는 것이라고 말했다. "전등 끄기는 뒷정리를 하는 것과 같습니다." 이 단순한 통찰은 천재적인 행동설계 사례인 어웨어 퍼즐 스위치Aware Puzzle Switch에 영감을 주었다. 퍼즐 스위치는 전등을 끄면 깔끔한 얼룩말 무늬 패턴을 이룬다. 전등이 다시 켜지면 그 패턴이 깨진다. 이 패턴을 통해 우리는 잘못 자른 피자를 볼 때와 똑같은 불편함을 느낀다. 마치 칠판을 못으로 긁는 것과 같다. 우리는 브롬스의 퍼즐 스위치에서 패턴 일탈을 이용해 행동을 유도하는 구체적인 설계 사례를 볼 수 있다. 우리에게는 사물을 똑바로 두려는 욕구가 있다.

이런 유형의 어색함 해소가 갖는 함의는 제품 가격을 포함한 소비자 선호 영역에서도 나타난다. 연구에 따르면 제품 가격을 반올림하여 깔끔하고 단순하게 만들면(200달러 대 198.76달러) 제대로 되었다고 느낀다. 더 정서적이고 덜 인지적인 제품을 구매할 때 특히 그렇다.[5] 우리 뇌가 패턴을 인지하도록 진화되었다는 것, 다시 말해 생존하기 위해 가상의 점들을 잇도록 도와주는(때로 아침식사 접시에 종교적 상징을 보여주기도 한다) 심리적 적응의 한 측면을 이해하면 이런 패턴화 성향을 우리에게 유리한 방향으로 활용할 수 있다.

응답을 강요하지 않고도 행동을 끌어낼 수 있다.

행동 끌어내기: 혁신 체크리스트

1. 어떻게 하면 우리가 바라는 행동을 익숙하고 대칭적이며 질서정연하게 느끼게 만들까?
2. 우리의 해결책을 통해 바람직한 패턴을 완성하려면 어떻게 해야 할까?
3. 사람들의 반응을 유도하려면 어떤 패턴을 깨야 할까?

16 | 피드백이 필요해

심리학적 원리: 두드러진 피드백

날씨가 차갑다. 사실은 얼음이 얼 정도로 춥다. 자신도 모르게 당신의 몸은 주요 장기의 온도를 유지하기 혈액을 상체로 보내기 시작한다. 당신의 팔을 보라. 소름이 돋는다. 혈관이 수축하면서 서서히 모세혈관이 차단되고 피부로 가는 열 흐름이 줄어든다. 당신의 치아가 부딪히고 온몸이 떨리기 시작한다.

이 모든 것이 에너지 낭비처럼 보이지만 실제로는 적응적 반응을 통해 열을 만들려고 점점 더 많은 영양소를 분해해 당신 몸속의 오븐에 연료를 공급하는 중이다. 당신이 이런 사실을 깨닫지도, 통제하지도 못하는 사이 낭신의 몸은 적응적 피드백 루프를 이용해 체온을 조정하고 있다.

피드백 루프는 인간의 생존에 매우 중요하다. 피드백 루프는 체온 유지나 혈액 응고와 같은 주요한 생물학적 기능을 지원할 뿐만 아니라 우리 뇌가 학습하는 일차적인 방법이다. 새로운 언어를 습득하든, 사회적 기술을 개선하든, 속도 제한을 준수하든 우리는 계속 피드백에 의지해 우리의 행동과 외부세계를 연결한다. 피드백을 받을 때 우리는 약간의 스릴을 느끼기도 한다.

하지만 피드백을 받지 못하거나 받을 수 없으면 학습을 시작하거나 행동으로 옮기기 어려울 수 있다. 완벽한 세계라면 새로운 다이어트나 운동을 시작하는 순간 우리는 곧바로 기분이 좋아질 것이다. 아쉽게도 실제로는 그렇지 않다. 거대하고 텅 빈 고속도로를 운전하든 아니면 좁은 골목이나 나무가 늘어선 시골길을 운전하든 빠르게 스쳐 지나가는 주변 환경으로부터 상대적 피드백을 받지 못하면 우리가 제한속도에 맞추어 달리는지, 아니면 너무 느리게 달리는지 알기 어렵다.

이런 문제를 해결하기 위해 많은 분야가 사람들이 경험·제품·서비스를 구체적으로 느끼고 민감하게 반응하도록, 아울러 다른 방식으로는 받을 수 없을 피드백을 제공하도록 진화했다. 진화적 해결책은 이런 지각 루프를 마무리함으로써 우리의 행동을 끌어낸다.

눈에 보이는 피드백 만들기

충격적이게도 미국에 사는 여성 네 명 중 한 명이 평생 한 번 이상 강간을 당하는 것으로 추정된다.[1] 강간 사건의 거의 75퍼센트가 '데이트 강간' 또는 '지인 강간'이다.[2] 끔찍한 통계다.

많은 사례에서 가해자들은 피해자를 유인하기 위해 데이트 강간 약물을 사용하며, 그중 가장 악명 높은 약물은 로힙놀Rohypnol이다. 가해자는 무색, 무취, 무미한 로힙놀을 아무런 의심도 하지 않는 피해자의 음료에 넣는다. 음료에 무엇을 섞었는지 알려주는 어떤 단서나 시각적 피드백이 없는 탓에 피해자가 감지하기란 거의 불가능하다. 다시 말해 너무 늦게 알게 된다.

로힙놀 같은 약물이 일으키는 숨겨진 문제를 해결하기 위해 2014년 8월, 노스캐롤라이나주 출신의 이공계 대학생 네 명이 언더커버 컬러스Undercover Colors라는 창의적인 매니큐어를 출시했다. 일종의 분위기 전환 매니큐어라 할 법한 이 혁신적인 제품은 로힙놀 같은 약물과 접촉하면 매니큐어의 핑크색이 검은색으로 바뀐다. 이 기발한 제품 덕분에 잠재적인 강간 피해자들은 손가락으로 음료를 젓는 것만으로도 시각적으로 확인할 수 없는 위험을 감지할 수 있다. 이로써 여성들은 음료에 약물을 넣었다는 사실을 알아차리고 대처할 수 있게 되었다.

눈에 띄는 피드백이 무엇을 마시지 말아야 할지를 알려주는 것처럼, 피드백에 대한 감각을 기우면 사람들에게 훨씬 더 많이 마시도록 권유할 때도 효과가 있다.

《미국의학협회저널 소아과학JAMA Pediatrics》가 발표한 2019년 연구에 따르면, 미국 아동의 무려 20퍼센트가 하루 동안 물을 한 방울도 마시지 않는다.[3] 어떤 아이는 물맛을 좋아하지 않고(고칼로리 주스와 가당 음료를 선택한다), 어떤 아이는 신체에 물이 얼마나 많이 필요한지 모른다.

아이들을 대상으로 탄산음료처럼 단맛의 해로움이나 즉각적인 기분 개선에 효과가 없는 밍밍한 물 한 잔의 이로움을 설득하는 것은 매우 힘든 싸움이다. 오길비는 미디어몽크스MediaMonks와 파트너십을 맺고 네슬레의 유나이티드 포 핼시어 키즈United for Healthier Kids 운동을 펼치면서, 중동과 북아프리카의 아이들이 더 많은 물을 마시도록(그리고 탄산음료 섭취를 줄이도록!) 지원할 때 피드백과 보상이 부족하다는 사실을 깨달았다. 그들의 창의적인 해결책은 무엇이었을까? 아이들의 배 속에 물고기를 기르는 것이었다.

오길비 전 광고 담당 이사 윌 러스트Will Rust는 이렇게 말한다. "배 속에 물고기가 있기 때문에 물을 마셔야 한다고 아이들을 설득할 수 있다면 어떨까?" 해결책은 터미피시Tummyfish였다.

터미피시는 다마고치와 비슷한 모바일앱으로, 아이들의 배 속에 사는 가상의 물고기를 통해 아이들이 물이나 탄산음료를 마시면 그 영향을 직접 볼 수 있도록 도와준다. 스마트폰을 아이들의 배 위에 놓으면 활성화되는 터미피시는 아이들에게 배 속으로 들어갈 수 있는 문을 제공하여 터미피시가 이리저리 헤엄치는 모습을 보여준다. 아이들이 물을 많이 마시면 터미피시가 자라고 더 행복해하고 활동적으로 바뀐다. 매번 탄산음료만 마시면 터미피시는 슬퍼하고 느려지고 물이 탁해진다.

러스트는 "우리는 아이들이 물을 더 많이 마시기 시작했다는 것을 거의 즉각적으로 알았다"라고 말한다. 터미피시는 행동과 그에 따른 결과를 잇는 고리 역할을 한다. 이 혁신적인 제품은 의심하지 않은 피해자들에게 무언가를 첨가한 음료에 대해 경고하는 대신, 아이들이 물 섭취의 즉각적인 이로움을 직접 보고 평가하도록 도와준다(아울러 탄산음료 과잉 섭취의 불분명한 영향도 일부 알려준다). 터미피시는 눈에 보이는 피드백 루프를 만들어 아이들이 행동하도록 만들었다.

데이트 강간 예방이나 아동 비만 감소보다 사회적인 의미는 작지만, 유사한 피드백 문제에 직면한 많은 산업에서 비슷한 혁신들이 일어났다. 예컨대 페인트 회사 둘룩스Dulux의 영리한 사람들은 시각적 피드백의 부재가 하얀 천장을 흰 페인트로 칠하려다 지친 사람들에게 엄청난 재난이었다는 것을 인정했다(어디까지 페인트를 칠했는지 알기가 거의 불가능하니까!).

이 문제를 해결하기 위해 둘룩스는 (하얀 천장과 다른 시각적 피드백을 제공하는) 분홍빛을 띠지만 마르면 흰색으로 바뀌는 천장 페인트인 네버미스NeverMiss를 개발해 페인트 작업자들이 균일하게 마감 칠을 하도록 도와주었다. 마찬가지로 '부주의한 운전자들'이 제한 속도를 살짝 넘어가는 것을 예방하기 위해 레이너가 장착된 속

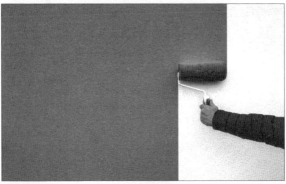

〈사진 29〉 눈에 잘 띄는 피드백: (위) 터미피시는 시각적 피드백을 제공하여 물 소비를 권장한다. (가운데) 둘룩스의 네버미스는 분홍빛을 띠다가 마르면 흰색으로 바뀌기 때문에 하얀 천장을 쉽게 칠할 수 있다. (아래) 레이더가 장착된 속도 디스플레이는 운행속도를 최대 10퍼센트까지 낮춘다.

도 디스플레이를 설치해 실시간 피드백을 제공하면 주행 속도가 최대 10퍼센트까지 줄어든다.[4] 더러워지면 신호를 제공하는 기저귀, 마지막 한 장이 가까워지면 색깔이 바뀌는 곽티슈, 교체할 시기가 되면 녹색으로 바뀌는 면도날, 심지어 위험할 정도로 닳으면 '타이어를 교체하시오'라는 메시지를 보여주는 타이어도 있다.

달리 피드백이 없었던 곳에 눈에 띄는 피드백을 만들면 지각 루프를 마무리지어 원하는 반응을 하도록 신호를 주고 학습을 강화할 수 있다. 이런 피드백의 필요성을 이해하고 피드백을 만드는 심리학적 해결책의 패턴을 찾으면 응답을 강요하지 않고도 행동을 끌어낼 수 있다.

행동 유발하기: 혁신 체크리스트

1. 행동이 필요할 때 어떻게 확실한 유도 수단을 만들 수 있을까?
2. 행동의 보이지 않는 이로움을 구체적으로 경험하게 하는 방법으로 무엇이 있을까?
3. 어떻게 하면 사람들이 보이지 않는 문제를 미리 깨닫도록 도울 수 있을까?

17 | 완강한 마음

심리학적 원리: 반발심

캘리포니아 해안선은 1만 8,000년 넘게 바다에 의해 침식되고 있다. 해수면 상승으로 침식이 심화되고 주요 인프라 시설이 파괴되면서 이런 현상의 특성을 이해하는 일이 캘리포니아주 사람들에게 매우 중요해졌다. 시민들의 자연보호 활동을 지원하기 위해 2002년 캘리포니아 해안 기록 프로젝트가 시작되었다. 이 프로젝트는 연구자들이 쉽게 이용할 수 있는 침식 해안 지역의 항공 이미지를 무료로 제공한다. 그런데 제공된 12,000장이 넘는 이미지 중 한 장(3850번 사진) 때문에 5,000만 달러짜리 소송이 시작되었다.

소송 원고는 바브라 스트라이샌드Barbra Streisand였다.

2003년 가수 바브라 스트라이샌드가 말리부에 있는 자신의 맨션을 찍은 항공사진을 유포했다는 혐의로 사진작가이자 이 프로젝트의 창설자인 케네스 아델만Kenneth Adelman을 고소했다. 그녀는 고소장에서 그 사진에 개인 주거지가 찍혔기 때문에 사생활 침해라고 주장했다. 캘리포니아 법원에 제출된 서류에 따르면, 스트라이샌드가 법적 조치를 시작하기 전에 그녀의 주거지가 찍힌 사진은 (그녀의 변호사가 내려받은 두 번을 포함하여) 총 여섯 번 다운로드되었다.[1]

그녀가 소송을 제기한 이후 대중의 관심이 폭발했다.

전 세계의 뉴스매체가 스트라이샌드의 분노와 사진 이용을 금지하려는 노력에 대해 보도하자 이 사진은 온라인에서 100만 회 이상 조회되었고, 스트라이샌드 효과라는 신조어가 탄생했다. 이런 대

〈시긴 30〉 바브라 스트라이샌드이 말리부 저택이 찍휘 3850번 사진으로 인해 5,000만 달러짜리 소송이 제기되었다.

중적인 반응은 심리적 반발reactance이라는 심리학적 원리의 가장 좋은 사례. 심리적 반발은 사람들이 자신의 독립성이 제한되거나 억압당한다고 느낄 때 나타나는 현상을 말한다.[2] 간단히 말해 정보 이용을 금지하면 결과적으로 정보가 더 널리 확산할 수 있다는 것이다.

선택을 제한하거나 자유를 억압하면 우리는 자연스럽게 그것에 저항한다. 달리 어쩔 도리가 없다. 백곰을 생각하지 않으려고 시도해보라.[3] 쉽지 않다. 그렇지 않은가?

하지 말라고 해봐 어디

통제감은 인간의 근본적인 욕구다. 통제감은 우리의 심리적 행복과 궁극적으로는 우리가 생존하는 데 결정적 역할을 한다. 하지만 그로 인해 다른 사람들이, 특히 우리 자신과 다르다고 여기는 사람들이 우리에게 무엇을 하라고 요구하면 통제권을 빼앗겼다고 느끼기 쉽다. 그러면 우리는 반발한다.

2012년 미국에서 비극적인 학교 총격 사건이 벌어진 이후 총기 판매가 급감했으리라고 추정하는 것이 합리적일 것이다. 슬프게도 이런 가정은 틀렸다. 총기 규제를 강화하라는 요구 이후 총기 판매량이 증가했다.[4] 마약과의 전쟁은 사회에서 자주 언급되는 심리적 반발의 또 다른 예다. 당국이 마약의 유통을 차단하고 처벌을 강화하자 마약 이용이 줄기는커녕 증가했다.[5] 캐나다인들은 (순전히 개인적인 재미로) 수년 동안 5달러 지폐 중 특정 에디션을 변형해서 7대 총리(윌프리드 로리에 경Sir Wilfrid Laurier)의 얼굴을 〈스타트렉 Stark Trek〉의 스팍Spock처럼 보이게 만들기(일명 '스파킹Spocking')를 즐겼는데, 캐나다 중앙은행에서 자제를 촉구했으나 유행은 오히려 더욱 불타올랐다. 제품을 구매해달라는 강한 설득에 직면하든, 풀밭 위로 걷지 말라는 꾸중을 듣든, 레스토랑에서 스마트폰 이용을 엄격히 금지당하든 우리 주변의 이런 자극들은 심리적 반발을 불러일으킬 수 있다.

이런 현상의 분명한 부정적인 측면으로 규정을 준수하지 않을 위험이 있지만, 그 반대도 마찬가지다. 오늘 저녁 완두콩과 당근으로 건강식을 만들어 두 살 난 딸에게 먹이려고 할 때 효과가 있을 것 같은 유일한 전략은 딸에게 그것을 먹지 말라고 지시하는 것이다. "싫은데요, 아빠." 딸은 반항적으로 완두콩과 당근을 먹어치웠다. 때로 우리는 심리적 반발을 우리의 목적에 맞게 활용할 수 있다.

부모들이 아이의 저녁식사 습관을 바꾸기 위해 타고난 통제 욕구를 활용하듯이 마케터, 커뮤니케이터, 제품 디자이너들도 원하는 반응을 이끌어내기 위해 심리적 반발을 활용한다. 브랜드나 제품이 잠재적 소비자에게 맞지 않다('몬조Monzo의 고객이 되어서는 안 되는 이유'처럼)고 말하든, 《가디언The Guardian》이 2019년에 그랬듯이 '우리 광고를 보지 마시오'라고 도발하든 심리적 반발에 기반한 광고는 주변에 널려 있다.

우리가 권위를 내세운 제한에 반발하는 방식과 유사하게, 정보를 의도적으로 감추면 자연스럽게 호기심이 늘고 정보의 매력도가 높아진다. 이것을 흔히 정보격차 이론information-gap theory이라고 한다.[6] 이런 지식 격차는 고통스럽기 때문에 우리는 비슷한 해결책을 찾는다. 예컨대 프링글스의 뛰어난 제품명인 WTFWhat's the Flavour(무슨 맛일까?)는 제품과 맛에 관한 결정적인 정보를 제공하지 않음으로써 사람들의 불만과 호기심을 자극해 구매할 수밖에 없도록 만들었다("대체 뭘까!?"). 2020년 이와 비슷하게, 마텔Matel은 색깔이 나중에 나타나는 컬러 리빌Colour Reveal 바비 인형을 출시했다. "각 인형의 모습은 개봉하기 전까지 미스터리다."[7] 바비 인형이 극저온 냉동고처럼 생긴 미래세계의 튜브 안에 담겨서 도착할 때는 풍선껌 같은 핑크색이지만, 물이 채워진 튜브에 다시 담그면 인형의 피부색·화장·옷 색깔이 다르게 나타난다. 제한, 지식 격차, 자유에 대한 위협에 반발하는 우리의 타고난 성향을 잘 이해하면 원하는 반응을 끌어내는 해결책을 찾을 수 있다.

행동 유발하기: 혁신 체크리스트

1. 어떤 제한을 가하면 바라는 대로 사람들의 반응을 끌어낼까?
2. 어떤 정보를 제공하지 않으면 흥미를 끌 수 있을까?
3. 사람들에게 (그들이 하고 싶어한다는 것을 알면서) 하지 말라고 요청할 수 있는 것으로 무엇이 있을까?

〈사진 31〉심리적 반발과 정보격차: (위) 스파킹된 윌프리드 로리에 경. (아래) 심리석 반발을 일으키는《가디언》광고 "이 포스터를 읽지 마시오".

하지만 선택은 당신 마음이에요

당신이 거리를 걷고 있는데 어떤 사람이 다가와 청원서에 서명해달라고 요청한다. 이런 경우 많은 사람이 불편하게 생각한다. 이런 반갑지 않은 개입은 개인의 자유를 위협하고, 다시 말하지만 심리적 반발이라는 가려움증을 일으킨다. 하지만 꼭 이렇게 개입할 필요는 없다.

심리적 반발을 일으키는 시나리오에 대한 인간의 반응을 더 잘 이해하기 위해 2000년 봄, 사회심리학 연구팀이 프랑스 도시 쇼핑몰에서 대단히 흥미로운 연구를 수행했다.[8] 흔히 볼 수 있는 청바지, 스니커즈 운동화, 티셔츠로 이루어진 유니폼을 착용한 연구자들은 무작위로 선정된 개인에게 다가가 이렇게 물었다. "부인, 미안합니다만 버스를 타려고 하는데 혹시 동전 좀 주실 수 있으세요?"(누구나 불편함을 느낄 상황이다.)

연구자들은 질문을 받은 사람 중 절반에게 간단한 말을 덧붙였다. "하지만 동전을 주시든 안 주시든 그건 부인 마음이에요." 놀랍게도 이 간단한 말을 덧붙이자 눈에 띌 정도로 많은 행인이 부탁을 들어주었다. 실제로 이 말을 들은 사람들은 그렇지 않은 사람들보다 두 배 더 많은 동전을 주었다. 몇몇 연구에 따르면, '하지만 당신은 선택할 자유가 있습니다'라는 널리 알려진 이 효과는 그 이후 대부분의 상황에서 수락 확률을 높이는 효과적인 수단이 되었다.[9] 개인의 지유를 강조하고 사람들에게 결성권을 부여하면 그들에게서 행동을 이끌어낼 수 있다.

예컨대 코로나19 팬데믹 기간에 대중교통 이용 시 사회적 거리 두기를 권장하려고 할 때, 사람들이 앉지 말아야 할 장소를 나타내는 안내문('이 자리에는 앉지 마세요') 대신 많은 정부가 더 긍정적이고 선택권을 강조하는 안내문인 '이 자리에 앉으세요'를 이용했다. 이와 유사하게 오스트레일리아 현지 슈퍼마켓은 고객에게 '계산대 마감'이라고 말하지 않고, "다른 계산대에서 처리해드리겠습니다"라고 안내함으로써 선택권을 제공한다.

사람들에게 경쟁자의 매장에서 쇼핑하라고 권고하는 일은 브랜드를 죽이는 행동 같지만, '하지만 당신은 선택할 자유가 있습니다'라는 안내에 대한 긍정적인 반응을 이해한다면 이런 유형의 활동을 받아들이기가 더 쉬울 것이다. 많은 브랜드가 이미 이런 기회를 알아차리고 있다.

2020년 영국 관광산업을 위협한 2차 국가 봉쇄 발표 이후, 버거킹은 홍보라고는 전혀 상상할 수 없는 뜻밖의 광고를 했다. "맥도날드에서 주문하세요."[10] 이것은 (자신감과 적합성을 분명히 보여주는) 브랜드(7장 참고)를 표현하는 대담한 광고인 동시에 직화 소고기 햄버거의 원조 매장에 방문하지 않을 자유를 강조함으로써 효과를 보았다. "버거킹의 와퍼는 항상 최고이지만 빅맥을 주문하는 것도 그리 나쁘지 않습니다." 이와 비슷하게, 오스트레일리아 생수 브랜드 쿨 리지Cool Ridge는 다른 생수 브랜드를 적극 홍보하는 획기적인 결정을 내렸다. 이 기업은 사람들을 설득하는 데 매달리는 대신

"재사용 병을 이용할 수 없는 경우"에 자사 브랜드를 이용해달라고 대안을 제시했다.

진화 과정에서 통제 욕구를 발달시킨 인간에게 선택을 거부할 기회를 허용하면 수용력을 높일 수 있다. 계약을 체결하거나, 요청을 하거나, 행동을 이끌어낼 때 사람들에게 꼭 그렇게 할 필요는 없다는 점을 상기시키는 것만으로도 큰 변화를 이룰 수 있다. 당신은 ○○해야 한다' '당신은 ○○해야 할 의무가 있다' '당신은 ○○할 필요가 있다'와 같은 말을 하는 것은 우리의 자유를 위협할 리스크가 있지만, 사람들에게 숙고할 자유가 있다거나 자신의 해결책을 사용할 수 있다는 점을 말해주면 그런 리스크를 감수하지 않고도 비슷한 결과를 얻을 수 있다.

반면 일회성 행동도 소중하지만 비즈니스의 많은 도전과제와 사회적 영향력의 발휘에 정말 중요한 것은 행동의 빈도다. 우리의 일은 한 차례의 행동을 이끌어내거나 일회성 판촉으로 끝나지 않는다. 영양가 있는 제품의 소비 빈도를 늘리거나, 장기 구독 프로그램을 확대하거나, 동네 카페에서 바닐라 라테를 계속 구입하게 하려면 핵심 관건은 충성도다. 여기서 패턴 일탈, 완전성, 눈에 띄는 피드백, 심리적 반발과 같은 심리학적 원리들이 처음 행동을 끌어내는 데 도움이 되듯이 충성도 강화(이를테면 청혼이라든지)를 위해 우리가 배울 수 있는 진화적 해결책들이 있다.

〈사진 37〉 심리적 반발 회피: (위) 심리적 반발을 피하는 계산대. (아래) 쿨 리지는 '하지만 당신은 자유롭게 선택할 수 있습니다'라며 적절한 대안을 제시하는 방식으로 효과를 보았다.

행동 유발하기: 혁신 체크리스트

1. 특히 행동이 임박했을 때 개인의 통제력을 강화할 방법으로 무엇이 있을까?
2. 예상치 못한 경쟁 행동을 허용하면서 우리가 바라는 행동을 강화하는 방법으로 어떤 것이 있을까?
3. 선택은 각자의 몫이라는 것을 어떻게 보여줄 수 있을까?

모순 4

보상을 늘리지 않고도 충성도 높이기

18 | 함께하는 데는 이유가 있다

일반적으로 일부일처제는 지구상의 거의 모든 동물이 실패한 전략이다. 이런 낭만적이고 장기적인 관계가 사람에게는 신성한 것일지 모르지만 동물의 왕국에서는 난혼이 일반적이다. 지구상의 포유동물 중 추정컨대 3~5퍼센트만이 암수 한 쌍의 장기적인 결합 관계를 유지한다.* (우리 인간은 그런 관계에 소질이 별로 없다. 궁금하면 제리 스프링어Jerry Springer에게 물어보기 바란다).

유전자를 후대에 전달한다는 유기체의 목표를 고려할 때, 거의 보편적으로 일부일처제를 거부하는 현상은 진화적 관점에서 상당히 타당하다. 유전적 변이가 생존에 매우 유리한데도 평생 하나의

---

* 이 예외적인 목록에는 비버, 수달, 늑대, 몇몇 원숭이와 새가 포함된다.

파트너와 지내는 것은 부담이 아주 큰 재생산 전략이다(모든 달걀을 한 바구니에 담는 셈이다).

일부일처제 거부에 대한 유전적 근거는 매우 강력하기 때문에 이 예외적인 동물들의 적응 과정을 이해하는 것은 오래전부터 진화 행동 생태학자의 관심사였다. 가장 일반적인 견해 중 하나는 양쪽 부모가 양육에 참여함으로써 후손이 더 나은 생존 기회를 가질 수 있을 때 일부일처제가 발전했다는 것이다.[1] 예를 들어 황제펭귄은 부모 중 한쪽이 새끼들을 포식자로부터 보호하는 동안 다른 쪽이 바다에 가서 먹이를 구해온다.

또 다른 관점은 홀로 있는 암컷들을 보호하거나 찾기 어렵고, 특히 암컷이 흩어져 있는 탓에 수컷의 성적 충실성이 유지되어 일부일처제가 발전했다는 것이다.[2] 수인성 장내 기생충인 만손주혈흡충 *Schistosoma mansoni*의 경우 상대적으로 크기와 규모가 큰 인간 소화기관은 운이 좋아 짝을 만난다면 바로 장기간 정착하는 데 더할 나위 없이 좋은 환경이 된다!

예상하건대 인간의 충실성(낭만적 관계 외의 결합 형태에서도)을 더 깊이 이해하려고 노력한다면 동물의 왕국에서도 그와 비슷한 유형을 발견할 수 있을 것이다. 오늘날 인간 주변에 선택지가 많고 유혹이 엄청나다는 점을 고려할 때, 대부분의 인간들이 고립된 기생충보다 좀 더 난잡한 경향을 보인다는 것은 놀라운 일이 아니다.

소비자 행동의 충성도를 연구하는 마케팅 전문가들은 세계 유명 브랜드에서도 여전히(일회성 유행이 수없이 지나가는 가운데)

다수의 단골 구매자가 존재한다는 사실을 입증했다. 예컨대 코카콜라 연간 매출액의 약 4분의 1이 코카콜라 구매자의 약 4퍼센트에 의해 이루어진다.[3] 예상하겠지만 비즈니스 세계에서 이렇게 충성도를 높이고, 청혼 반지를 끼워주고, '황제펭귄처럼' 될 기회를 제공하는 것은 매우 중요하다.

적극적 관심을 유지하기

소비자의 충성도를 높이는 가장 일반적인 방법은 보상이나 인센티브를 제공하는 것이다. 컨설팅 기업 액센추어Accenture에 따르면 미국 기업의 90퍼센트 이상이 상용 로열티 프로그램을 운영하고 있으며, 그 결과 33억 명 이상의 충성회원을 보유하고 있다(가구당 무려 29개 기업에 해당한다!).[4]

이런 프로그램의 다수는 효과가 적어 투자수익률이 좋지 않다. 사우스오스트레일리아 에렌버그바스 연구소Ehrenberg-Bass Institute의 바이런 샤프Byron Sharp 교수는 일부 비용이 많이 드는 로열티 프로그램이 실제로는 부정적 영향을 끼칠 수 있다고 주장한다. 새로운 소비자를 끌어들이기보다 기존 소비자들에게 무상으로 무언가를 제공하면서 호소하는 경향이 있기 때문이다.[5] 소비자의 행동을 거의 바꾸지 못한 채 보상과 인센티브를 거저 제공하는 셈이다.

다행스럽게도 몇 가지 진화심리학적 원리를 적용하면 정반대

현상도 일어날 수 있다. 한 가지 예로 매몰비용sunk cost 편향이 있는 경우, 소비자의 충성이나 헌신에 대가를 지불하는 대신 소비자가 대가를 얻기 위해 시간·돈·에너지를 투자하게 하면 실제로 충성도가 높아진다.

인간의 파국적인 실패들(막대한 손해를 입은 콩코드 여객기 투자부터 미군의 베트남전 철수 거부까지)로 인해 악명이 높긴 했지만, 이 매몰비용 편향은 적어도 일부 차원에서는 유익하게 활용될 수 있다. 화려한 둥지 짓기처럼 교미 이전에 수컷 새들에게 요구되는 고통스러운 사랑의 수고는 매몰비용을 영리하게 활용한 것으로 설명할 수 있다.[6] 수컷이 짝짓기 전 집을 짓는 수고를 많이 할수록 이후에 둥지를 포기하고 싶은 마음이 줄어들 수 있다. 일종의 진화적 혼전 합의서라고 생각할 수 있다.

수중 연구에 따르면, 일부 암컷 물고기(예를 들어 집에서 관상어로 기르는 시클리드)는 인위적으로 새끼 수를 줄이면 겁을 먹고 새끼를 더 쉽게 포기하며, 다른 새끼들을 데려다 넣어서 치어 숫자가 증가하면 정반대 현상이 일어난다.[7] 잃을 것이 많을수록 암컷 물고기는 치어에게 더 많이 헌신한다.*

이후의 장에서는 매몰비용에 집착하는 우리의 성향에 기초하여 헌신·지속성·충성도를 향상하는 데 효과가 있고, 비용 부담이 큰

---

* 암컷 나나니벌도 이와 비슷하게 행동한다. 같은 굴에 함께 둥지를 튼 나나니벌들은 굴의 '진정한 가치'(공유한 굴의 총개수)가 아니라 그의 수고(나나니벌이 직접 잡은 메뚜기의 수)에 비례해서 일정 기간 굴을 지킨다.

합리적 인센티브 외의 방식으로 혁신하도록 도와주는 진화심리학적 해결책들을 추가로 살펴볼 것이다. 또한 상업 프로그램을 능가하는 적응적 계획들을 탐구하고, 심리학과 행동과학이 어떻게 유혹이 많은 상황에서 우리 자신과 다른 사람들에게 충실하도록 도울 수 있는지에 대해 좀 더 전체적인 시각을 제시한다. 또한 다이어트와 운동 방식을 고수하고, 백신 접종을 완료하고, 환경을 깨끗하게 유지하고, 고객들이 계속 방문하게 만드는 혁신들이 어떻게 발전했는지 보여줄 것이다.

일부일처제가 생존과 재생산에 유리한 특정 환경에서 발전했듯이, 산업계를 비롯한 여러 분야에 나타나는 충성도 높은 행동을 이해하고 싶다면 심리학적 해결책과 적응적 아이디어의 진화적 패턴을 살펴보면 된다. 이를 통해 충성도의 조건을 더 잘 이해할 수 있다.

다행히 돈을 쓰지 않고도 충성도를 얻는 방법이 다수 존재한다.

요약

- 주변의 많은 유혹 탓에 소비자의 충성도를 유지하는 일은 극히 어렵다(달걀을 한 바구니에 모두 담는 것은 위험한 전략이다).
- 소비자의 충성에 인센티브나 돈을 지급하는 것이 하나의 전략이긴 하지만 증거에 따르면 많은 '고전적인' 또는 '합리적인' 로열티 프로그램의 효과는 미미하다.
- 다행히도 보상을 늘리지 않고 헌신, 지속성, 충성도를 개선하는 데 도움이 되는 진화심리학적 원리가 많다.

19 | 나는 곧 내 말이다

심리학적 원리: 헌신

2015년 남편이 팔라우제도에서 일하게 되었다고 말하자 로라 클라크Laura Clarke는 짓궂은 농담이라고 생각했다. 클라크가 내게 말했다. "구글 검색을 해보니 그곳은 일부러 잘 꾸며놓은 휴양지 같았어요. 어찌나 아름다운지 비현실적으로 보였죠!" 시드니에서 마케팅 및 홍보 담당 이사로 일하면서 심한 압박감에 시달려 녹초가 된 클라크는 천국 같은 태평양의 섬에서 지낼 수 있는 엄청난 기회를 곧장 받아들였다.

　팔라우는 세계에서 일곱 번째로 GDP가 작지만 자연보호를 위해 엄청나게 노력한나. 1979년 세계 최초로 비핵화를 담은 헌법을 제정해 핵무기 실험을 금지했고, 2009년 자국의 영해를 세계 최초의 상어 보호구역으로 지정했다. 클라크가 도착한 2015년 10월, 팔라우의 지도자들은 가장 역사적인 정책 중 하나인 국가 해양보호구역법을 제정했다.

이 법은 석유 시추와 저인망 어선의 어로행위를 금지하고 국토 중 50만 제곱킬로미터를 철저한 해양 보호구역으로 바꾸었다. 팔라우의 자연을 보호하기 위해 기념비적인 진척이 이루어지는 동안, 안타깝게도 팔라우의 자연보호 문화를 잘 모르는 방문객들이 대거 몰려들었다.

클라크는 "팔라우는 최고의 다이빙 방문지이고, 2015년 대규모 패키지여행 관광객들이 전세기를 타고 들어오기 시작했습니다"라고 회상한다. 환경 의식이 없는 방문객들이 팔라우의 오염되지 않은 암초와 지역문화에 충격을 주었다. 이 관광객들은 점차 팔라우의 골칫거리가 되었고, 그대로 방치한다면 이곳의 환경과 문화가 심각하게 파괴될 수 있었다. "패키지여행 방문자들은 환경보호 의식이 거의 없었습니다. 그들은 모든 것을 누리기를 원하지만 지역문화를 거의 존중하지 않았습니다. 이해하려거나 알려고 하지도 않았죠."

팔라우의 섬들은 곤경에 처했다.

"우리에게는 온 나라가 있지만 돈은 없습니다. 하지만 자연 그대로의 환경을 보존하고 선례를 남겨야 합니다."

_ **로라 클라크**, 팔라우 서약Palau Pledge 공동설립자

"그때 우린 어떻게 해야 할지 몰랐어요!" 클라크는 외교관 파티에서 팔라우의 영부인과 우연히 대화를 나눈 경험을 이렇게 회상한다. 팔라우는 지구에서 가장 엄격한 환경법을 제정했지만 섬 전체에 환경법을 집행할 자원이 부족해서 소중한 생태계의 파괴를 막을 힘이 없었다.

클라크는 마케팅적 사고방식이 이 문제를 해결하는 데 도움이 될 수 있다고 믿고 비슷한 생각을 가진 팔라우 시민들과 다른 국가의 여성을 모아서 팔라우 유산 프로젝트Palau Legacy Project라는 단체를 설립했다. 그리고 그들은 연락처를 총동원해 도움을 요청했다. 이 단체는 시드니에 있는 광고 에이전시 호스트 하바스Host/Havas의 지원 아래 팔라우 세관과 협력하여 섬 방문객들이 행동을 바꾸도록 홍보 활동을 시작했다.

호스트 하바스의 홍보 책임자 셰이머스 히긴스Seamus Higgins는

〈사진 33〉 방문객들에게 팔라우의 아름다운 섬들을 보존하겠다는 서약을 요구하는 팔라우 서약은 헌신을 약속하는 매우 귀중한 수단이 되었다.

이렇게 회상한다. "이 서약의 가장 중요한 내용은 관광객들이 오는 것을 막으려는 것이 아니라 그들이 팔라우의 환경에 집단적으로 어떤 영향을 끼칠 수 있는지 교육할 필요가 있다는 것이었습니다."[1] 이 단체는 방문객들에게 팔라우 전통문화의 중심인 환경에 대한 책임의식을 심어주기 위해 47가지 아이디어를 개발했다. 이 중 가장 훌륭한 세 가지를 팔라우 대통령에게 제안했고, 최종적으로 선택된 아이디어는 '서약'이었다.

전혀 부담이 없는 단순한 개입 수단인 팔라우 서약은 여권 스탬프 역할을 하지만 한 가지 차이점이 있다. 이 스탬프는 국가 문장이나 부서의 로고가 아니라 59개의 단어와 빈칸으로 이루어져 있다. 이 단어들은 여행객들에게 이 땅의 상속인인 아이들을 위해 팔라우를 보존하고 보호하기 위해 노력하도록 요청하는 것이다. 빈칸은 여행객들이 서명하는 공간이다.

이전에 아무 생각 없이 수행하던 보안 절차가 팔라우에서는 강력한 헌신을 끌어내는 수단이 되었다.

나는 서약합니다

대통령 취임식이든 법정의 목격자 증언이든, 서약할 때 보통 오른손을 위로 들고 왼손은 서약문에 놓는다. 이런 자세의 기원과 의미는 그 자체로 매우 흥미로우며, 헌신과 일관성을 이끌어내기 위한 아이디어들이 어떻게 발전했는지에 관해 많은 것을 말해준다.

오른손을 위로 드는 관습은 17세기 런던 중앙형사법원에서 시작된 것으로 알려져 있다.[2] 당시 판사들은 다양하고 창의적인 처벌을 내리는 것에 커다란 즐거움을 느꼈지만 범죄 기록을 장기적으로 관리할 능력이 없었다. 판사들은 판결 기록을 추적하기 위해 때로 범죄자들의 오른손에 문자를 기록하는 벌을 내렸다(예를 들어 절도의 경우 T). 피의자가 법정에 등장하면 먼저 과거에 어떤 범죄를 저질렀는지, 그리고 선처를 받았는지 확인하기 위해 오른손을 들게 했다. 범죄 기록 방식(그리고 처벌 방식도)이 크게 바뀌었음에도 이런 상징적인 서약 방식은 지금까지 유지되고 있다.

역사적으로 성경에 왼손을 올리고 서약하는 것은 맹세하는 사람과 신 사이의 구두 계약이다. 오늘날 앨버타 법정에서는 캐나다 토착 공동체의 전통적인 신념을 존중하기 위해 서약할 때 축성을 받은 독수리 깃털을 사용한다. 실제로 《이상한 나라의 앨리스》나 《숲 속 괴물 그루팔로The Gruffalo》도 법적으로 허용된다. 중요한 것은 이런 책들이 우리의 개인적인 가치를 반영하느냐는 점이다. 2014년 미국 대사 수지 레빈Suzi LeVine은 전자책 리더기에 손을 얹고 취임 선서를 했다. 레빈이 말했다. "서약할 때 18세기 헌법 책을 쓰는 것도 멋졌겠지만, 나는 기술을 향한 나의 열정과 미래에 대한 나의 희망을 반영하는 21세기 헌법 책을 사용하고자 했습니다."[3]

심리학자들은 개인적 헌신의 가장 중요한 요소가 자아정체성 또는 자아 개념과의 일치 여부라는 견해를 지지한다. 증거에 따르면, 우리는 내적인 가치를 따를 때 기분이 좋아지는 반면 자신이 밝힌 신념과 반대로 행동할 때 고통스러운 후회와 불편을 느낀다. 시험을 보기 전에 대학 명예 규범에 서명하는 것처럼(팔라우 서약과 크게 다르지 않다) 기존의 기준에 주의를 환기시키는 것만으로도 부정행위를 억제하는 데 효과적이다.[4] 이런 종류의 서약에 직접 서명하면서 동시에 마음속에 헌신을 새기는 것이다. 친필 서명은 그것에 쓴 잉크보다 더 가치가 있는 것 같다.

2009년 6월, 작은 기술적인 문제로 맨체스터 공연이 제대로 이루어지지 않자 세계적인 밴드 오아시스Oasis는 이를 만회하기 위해 상징적인 서명의 힘을 이용했다. 밴드는 공연의 문제점을 인정하고 그에 대한 배상으로 상상을 초월하는 금액인 총 100만 파운드 상당의 수표를 사람들에게 보냈다. 오아시스 밴드가 사람들에게 배상금을 지급한 뒤 밴드 대변인은 〈맨체스터 이브닝 뉴스〉에 출연해서 이렇게 말했다.[5] "팬들은 당연히 수표를 현금으로 바꿀 수 있습니다." 그들은 천재였을까? 오아시스 밴드의 리더 리엄과 노엘 갤러거Liam and Noel Gallagher 형제는 팬들이 수표를 가지고 은행으로 가지 않을 것이라 기대하면서 모든 수표에 자필로 직접 서명했다. 이 밴드는 펜과 잉크만으로 돈을 아꼈다.

버지니아대학교 부교수 아일린 초우Eileen Chou는 서명은 자신을 상징적으로 확장하는 행위라고 설명한다.[6] 서명은 자신의 영웅들과 더 긴밀히 연결되길 원하는 팬들에게 소중할 뿐만 아니라(오아시스 밴드처럼), 우리의 충성도·헌신·순법의식을 강화하는 데도 도움이 된다. 우리는 신의를 다짐하기 위해 결혼증명서에 서명하고, 지급을 약속하려고 신용카드 영수증에 서명한다. 다음 방문 약속을 위해 직접 서명한 환자들은 환자 대신 접수원이 서명한 경우보다 약속을 어길 가능성이 적다.[7]

자아의 표현으로서 헌신은 우리의 정체성과 일치하거나 가까울수록 더 강력해진다. 직접 사인한 야구공이 공장에서 대량 생산된 야구공보다 가치가 훨씬 더 크다. 연구에 따르면 이름을 직접 손으로 쓸 때보다 타이핑할 경우(우리의 자아와는 거리가 먼 행위) 부정행위가 발생할 가능성이 더 크다.[8] 정체성의 구체적인 확장인 개인 서명의 상징적 가치를 과소평가하면 안 된다.

팔라우제도를 그곳의 아이들을 위해 자연 상태 그대로 유지하자는 서약이든, 배우자나 은행에 대한 약속이든 우리의 헌신과 충성

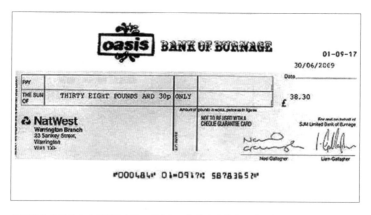

〈사진 34〉 오아시스가 서명한 수표: 리엄과 노엘 갤러거 형제는 팬들이 수표를 현금으로 절대 바꾸지 않을 거라고 예상하면서 기술적 문제에 대한 배상금으로 총 100만 파운드 싱딩의 수표에 모두 직접 서명했다.

을 강화하는 진화적 해결책의 패턴은 주변에 널려 있다. 보상을 약속하지 않고도 간단한 서명이나 서약서를 활용함으로써 정직성을 높이고 우리의 가치관과 일치하는 행동을 북돋울 수 있다. 우리는 사람들이 자신과 다른 사람들에게 계속 충실하도록 도울 수 있다.

충성도 높이기: 혁신 체크리스트

1. 서명과 같은 개인적 상호작용을 통해 결과에 대한 헌신을 높이려면 어떻게 해야 할까?
2. 사람들이 미래의 의사를 드러내거나 알리도록 장려하려면 어떻게 해야 할까?
3. 어떻게 하면 충성도에 대한 요구를 기존의 개인적 가치와 일치시킬 수 있을까?

위젤의 계약: 자발적 헌신

아버지가 폐암으로 비극적으로 돌아가신 뒤 이브라힘 위젤Ibrahim Yücel은 무언가 변화가 필요하다는 것을 깨달았다.

2013년 몇 차례 시도했지만 실패한 뒤 튀르키예 퀴타히아 출신의 담배 골초인 42세 위젤은 26년간의 흡연 습관을 없앨 근본적인 해결책을 만들었다. 그 방법은 니코틴 대용품이나 패치를 사용하지 않고 길이가 약 40미터나 되는 구리선의 도움을 받는 것이었다.

오토바이 운전자들이 쓰는 헬멧에서 영감을 얻은 위젤의 혁신적인 해결책은 머리에 쓸 케이지를 만들어 담배를 입에 물지 못하게 만드는 것이었다("그럼 그렇지!"). 세 자녀의 아버지인 위젤은 매일 아침 머리를 케이지에 넣고 잠근 뒤 열쇠를 아내와 아이들에게 맡기고 일하러 나갔다. 이런 극단적인 해결책은 담배를 피우고 싶은 갈망까지 막지는 못했지만 일터에서 갈망에 따라 행동하는 것은 막아주었다.

위젤의 접근법은 과격하긴 했지만 헌신과 비슷하거나 유사한 점이 없지 않았다. 위젤이 자신과 가족에게 한 약속을 흔히 율리시스의 계약Ulysses contract이라고 한다. 호머의 《오디세이》에서 영웅 율리시스(오디세우스의 로마식 표기)는 치명적인 사이렌 근처를 지나갈 때 부하들과 약속한다. 사이렌은 거부할 수 없는 노래를 불러 선원들을 유혹해 죽음에 이르게 하는 존재였다. 율리시스는 부하들에게 밀랍으로 귀를 막고 자신을 배의 돛대에 묶으라고 명령한다. 그 결과 율리시스는 아름다운 소리를 듣고도 바다에 뛰어들지 않고 살아서 그 이야기를 전할 수 있었다.

위젤의 해결책과 신화 속에 나오는 율리시스의 아이디어는 냉정한 상태에서 예방조치(머리를 케이지 안에 넣고 잠그는 것)를 가능하게 하는 심리학적 해결책이다. 이와 같은 의식적인 결정은 미래의 선택지를 제한하여 유혹을 받거나 안이한 상태일 때, 가령 다른 사람이 흡연하는 것을 볼 때에도 의도에 충실하도록 도와준다.

위젤의 행동은 극단적인 것 같지만 심리학적 관점에서 보면 수

많은 유혹에 둘러싸일 때 우리가 선택하는 진화적 해결책과 비슷하다. 우리는 흔히 과도한 지출을 막기 위해 신용카드를 잘라버리고, 다시는 전화하고 싶다는 유혹에 빠지지 않도록 헤어진 애인의 전화번호를 지운다. 연구에 따르면, 소비를 줄이기 위해 구매를 제한하는 경향이 있다. 예를 들어 습관적인 흡연자는 담배를 한 보루 살 여유가 있는데도 한 갑씩 구매한다(물론 케이지와 정확히 같지는 않지만 비슷하다).[9, 10] 이와 같은 심리학적 해결책 패턴은 우리가 자신의 의도에 충실힐 수 있도록 진화해왔다.

스스로 좋아서 자발적으로 하는 헌신은 다양한 환경에서 성공적인 것으로 입증되었다. 몇몇 상업 브랜드 역시 자발적 헌신을 핵심 제안으로 홍보하여 성공을 거두었다. 의약품 안타부스Antabuse는 주로 급성 과민반응을 일으켜 알코올의존증을 치료하는 데 사용된다. 이 약을 복용하고 술을 마시면 거의 즉각적으로 숙취가 발생한다. 이와 비슷하게 손톱을 물어뜯는 습관을 없애길 원하는 사람들에게는 사용자가 스스로 바르는 무색무취의 매니큐어 스톱 앤 그로 Stop'n Grow('병 속에 든 의지력'이라고 광고한다)가 있다. 감이 잡히는가? 이 매니큐어의 맛은 끔찍하다.

의식적이든 아니든, 우리는 자발적 헌신과 같은 진화심리학적 해결책을 통해 스스로 자신의 의도에 구속된다. 이러면 주변의 조건이 바뀌어도 스스로에게 충실하기가 더 쉽다. 이런 해결책은 우리를 돛대에 묶어둔다.

충성도 높이기: 혁신 체크리스트

1. 사람들이 '냉정한' 상태일 때 우리가 원하는 행동을 약속하게 하려면 어떻게 해야 할까?

2. 어떻게 해야 사람들이 미래의 다른 (바람직하지 않은) 선택지를 '지금' 제한할 수 있을까?

3. 어떻게 하면 사람들이 스스로에게 달갑지 않은 최후통첩을 내릴 수 있을까?

절반은 지금, 절반은 나중에

2019년 5세 이하의 아동 약 520만 명이 대부분 예방과 치료가 가능한 원인 때문에 사망했다.[11] 이런 비극을 예방하는 비용 대비 가장 효과적인 방법은 백신 접종이다.

2017년 유니세프는 인도 아동의 백신 접종 격차를 줄이기 위해 인도 정부와 파트너십을 맺고 창의적인 해결책을 개발했다. 인도 광고회사 JWT의 전 광고제작 담당 이사 삼빗 모한티Sambit Mohanty는 이렇게 말했다. "우리는 특별한 장난감을 만들어 사람들이 계속 다시 오게 했습니다." 하지만 이것은 이 이야기의 절반일 뿐이다.

서구 국가의 시민들은 백신 접종의 위험성에 관해 논쟁을 벌이지만, 불완전하고 부정확한 접종은 공공보건 문제로서 여전히 지구 곳곳에서 위험을 야기한다. 인도 백신 접종 프로그램은 세계 최대 프로그램 중 하나이지만 2016년 인도 아동의 38퍼센트는 출생 첫해 모든 기본 접종을 받지 못했다.[12] 모한티의 말이다. "부모들은 한 번은 접종을 위해 아이들을 데리고 가지만, 1회 접종만으로는 충분하지 않고 접종을 모두 마쳐야 한다는 것을 이해하지 못합니다." 1회 접종만으로도 도움이 될 거라고 생각할지 모르지만, 코로나19 팬데믹을 통해 잘 알게 되었듯이 1회 접종은 '접종 완료'와는 거리가 멀다.

그들은 '미봉책'이라는 문제에 직면해 있었다.

JWT 팀은 완결되지 않은 접종 문제를 해결하기 위해 작은 나무 코끼리, 참새, 흔들목마를 포함하여 참신한 선물을 제작했다. 그러고는 아이들에게 한 번 접종하면 선물의 절반만 주는 기발한 아이디어를 실행에 옮겼다. 그야말로 반쪽짜리 선물이었다.

모한티의 말이다. "반쪽짜리 장난감은 불완전한 접종을 상징했죠. 따라서 나머지 반쪽은 다시 캠프로 와서 접종을 모두 마쳐야 할 동기가 되었습니다." 이런 인센티브 모델은 성공적인 참여를 끌어냈다. 특히 교육, 사회경제적 상황, 문해력과 종교적 편견이 접종 완료를 가로막는 지역에서 효과적이었다. 모한티는 이렇게 설명했다. "다양성이 높은 국가일 경우 이것은 경계를 뛰어넘는 해결책입니다."

'절반은 지금, 절반은 나중에'라는 기발한 참여 유도 방법은 유니세프나 의약품 투약 문제에만 사용할 수 있는 해결책이 아니다. 시드니에 있을 때 나는 직장 앞에서 모닝커피를 기다리는 동안 이와

〈사진 35〉 절반은 지금, 절반은 나중에: (위) 유니세프의 반쪽짜리 장난감(인도 JWT). (아래) 시드니 QVB에서는 오래 기다리는 고객들의 충성을 유지하기 위해 커피컵 뚜껑을 나누어 준다.

비슷한 방법으로 충성도를 끌어내는 것을 경험했다. 바쁜 아침 출근 시간에 대기줄이 길면 고객들이 다른 곳으로 갈 위험이 있다. 이때 직원들은 대기하는 고객들에게 가서 주문을 받은 다음 테이크아웃 용 커피컵 뚜껑을 각 고객에게 주었다.

주문이 실제로 먼저 들어간 기억은 없지만(늘 카운터 앞에 가면 다시 주문하는 것 같았다!) 커피컵 뚜껑을 손에 쥐고 있다는 사실만 으로도 거기서 커피를 산다는 생각이 확실해졌다.

그들은 고객에게 적은 비용을 들여 제품의 실질적이지만 별것 아닌 요소를 미리 제공함으로써 거래를 확정하고 고객의 충성도를 유지했다.

충성도 높이기: 혁신 체크리스트

1. 무엇을 제공하면 사람들의 행동을 북돋울 수 있을까?
2. 뭔가를 완료했을 때 완전히 실현되는 '부분 인센티브'는 어떻게 만들 수 있을까?
3. 사람들의 미래 행동을 확정하기 위해 무엇을 제공할 수 있을까?

20 | 다 왔어, 냄새가 나!

심리학적 원리: 목표경사 가설과 사전진행 효과

친구와 게임을 한다고 생각해보자. 규칙은 간단하다. 두 사람이 동전을 던져서 앞면이든 뒷면이든 똑같이 나오면 1,000달러의 상금을 받는다. 같은 면이 나오지 않으면 두 사람 모두 상금을 받지 못한다. 당신이 먼저 동전을 던진다. 결과는 앞면이다. 이제 친구가 던질 차례다. 두 사람에게 필요한 것은 앞면이 나와서 상금을 받는 것이다. 친구가 동전을 던진다. 동전이 공중으로 높이 올라간다. 두 사람은 숨을 죽인다……. 결과는 뒷면이다.

누구 책임일까?

각각의 동전 던지기는 독립적임에도, 연구에 따르면 비슷한 실험 조건의 시나리오에서 사람들은 처음 동전을 던진 사람(당신)보다 마지막에 동전을 던진 사람(당신의 친구)에게 더 많은 책임을 돌리고 비난하는 경향이 있다.[1]

여기서 우리의 상상력이 중요한 역할을 한다. 'ㅇㅇ하면 어쩌지?'라는 생각은 책임, 공정, 비난의 적절성에 대한 우리의 인식을 뒤흔든다. 그 결과 사건의 순서가 다른 대안들에 대한 우리의 인식에 영향을 끼쳐 이전 사건이 나중 사건보다 영향을 끼치기가 더 어렵다고 보는 경향이 있다. 설령 두 기여자가 결과에 똑같은 영향을 끼쳤더라도 말이다.

예컨대 올림픽 400미터 계주 경기에서 우사인 볼트Usain Bolt를 자메이카 팀의 마지막 주자가 아니라 경주 결과에 미미하게 영향을 끼치는 두 번째 주자로 배치한다면 이상하게 보일 것이다. 대부분의 사람들이 보기에는 심리적으로 나중 사건이 더 중요하므로 지구상에서 가장 빠른 사람이 가장 큰 책임을 맡는 것이 직관적으로 타당하다. 계주 경기가 마지막 커브를 향해 달려갈수록 우리는 잃을 것이 더 많다고 느낀다.

아주 조금만 더 가면 돼

미국 심리학자 클라크 헐Clark Hull은 이제는 고전이 된 1930년대 실험에서 쥐들이 우리가 농전 던지기 게임에서 경험한 것과 비슷한 패턴의 반응을 보인다는 것을 처음 발견했다. 쥐들은 미로 실험의 나중 단계에서 더 열심히 움직였다.[2] 헐은 초기 관찰 내용을 조사하기 위해 전기 탐침을 부착한 각각의 생쥐들이 1.8미터 길이의 구간을 통과하는 시간을 정확히 측정했다. 그의 분석에 따르면, 생쥐들은 보상에 더 가까워질수록 더 빨리 달렸다.

행동과학에서 목표경사 가설goal gradient hypothesis이라고 하는 것과 비슷한 행동 패턴이 인간에게도 나타난다. 여기서는 침습적 전기 탐침이 아니라 물건을 여러 개 구입할 때 각각의 물건을 구입하는 시간 간격이나 구매량 증가를 통해 인간의 동기부여 정도를 측정한다. 이것은 우리가 끝까지 목표를 추구하도록(충성을 유지하도록) 격려하는 진화적 해결책이다.

한 연구에서 위황 정YuhuangZheng, 란 키베츠Ran Kivetz, 올레크 우르민스키Oleg Uriminsky는 '열 잔 구입하면 한 잔을 무료'로 제공하는 고전적인 커피 보상 프로그램의 회원들이 무료 커피를 마실 수 있는 시기가 다가오면 더 자주 구매하는 현상을 발견했다. 커피 구매 간격이 전체 구매 기간보다 평균 약 20퍼센트 감소했다.[3] 여행할 때 목적지에 점점 가까워지면 여행을 계속할 동기가 높아진다. 가까울수록 동기는 강해지고 끝까지 해내기 위해 더 많은 노력을 기울인다.

여기에 흥미로운 부분이 있다. 목표에 가까울수록 각 단계의 진전이 더 소중하다고 논리적으로 주장할 수 있지만, 사람들에게 인위적으로 진전을 먼저 만들어주면 사람들이 목표를 달성하기 위해 더 큰 끈기를 보인다는 사실이 밝혀졌다. 요약하면, 우리는 보상에 더 가까워졌다고 느끼면 실제로는 아무것도 바뀌지 않았더라도 계속하려는 동기가 높아진다.

2006년에 수행된 혁신적인 마케팅 연구는 '부여된 진행'의 동기부여 효과를 잘 보여주었다.[4] 연구팀은 지역 세차장과의 협업을 통해 회원카드 300장을 세차장 고객들에게 제공했다. 그중 절반의 고객에게는 한 번 무료 세차를 위해 여덟 번의 세차를 요구하고, 다른 절반에게는 열 번의 세차를 요구했다. 두 그룹 간의 결정적인 차이는 열 번 세차를 요구한 카드에는 스탬프 두 개가 미리 찍혀 있었다는 점이었다. 다시 말해 이들에게는 20퍼센트의 진행도를 미리 제공했다.

실험 결과 보상을 받기 위해서는 두 그룹 모두 여덟 번의 세차가 필요했음에도(동일한 투자 수준) 스탬프 두 개가 미리 찍힌 사람들의 무료 세차 사용률은 34퍼센트로 스탬프가 찍히지 않은 그룹의 19퍼센트보다 훨씬 더 높았다. 실험은 진행도에 대한 착각을 유도함으로써 끝까지 완수해야겠다는 동기를 높일 수 있다는 것을 분명히 보여주었다. 연구자들은 이 발견을 부여된 진행 효과endowed progress effect라고 불렀다.

우리의 충성(또는 끈기!)에 의존하는 많은 기업은 자연적 적응과 의도된 공학기술을 결합함으로써 부여된 진행을 실행해왔다. 내가 사는 런던의 동네 카페 가일GAIL은 이러한 원리를 충분히 이해했다. 가일의 모든 회원카드에는 첫 구매 스탬프가 미리 찍혀 있어 보상을 받기 위해 계속 노력하도록 인위적으로 부추긴다(생쥐를 미로

중간에 놓아주는 것의 카페 버전이다).

사소한 디자인 신호들도 진행의 느낌을 불러일으켜 계속 실행할 동기를 높인다. 히드로 공항의 길찾기 표지판은 공항에 도착하는 승객들에게 진행의 느낌을 재치 있게 강조한다. 우리의 바람과 달리 승객들은 실제로 비행기가 착륙할 때 아무런 역할을 하지 않는다. 하지만 도착이라는 목표를 이미 달성한 것처럼 보여주면 우리는 입국장을 지나 공항에서 빠져나갈 시간이 더 가까워졌다고 느낀다(바라건대 자포자기하는 심정으로 두 손 들 일도 줄어든다).

이런 생각을 확장하면, 공항에서 아직 여행의 마지막 단계들이 남았는데도 여행이 끝날 시간을 알려주어 미래를 쉽게 상상하게 할 수 있다. "싱가포르에서 런던으로 가는 BA011 여객기입니다. 17시간 42분 동안 비행했습니다. 착륙까지 18분 남았습니다." 이런 신호를 훨씬 더 섬세한 방식으로 사용할 수 있다. 캐나다 우체국을 통해 보낸 소포를 추적하는 사람들은 '절반 이상 진행'이라는 최소한의 배송 상황 업데이트만으로도 배송이 진행 중임(특정 날짜나 시간에 상관없이)을 확인할 수 있다. 그러면 고객들은 믿음과 충성도를 유지하게 된다.

여정의 다음 단계들을 미리 달성해주면 계속 진행하려는 동기를 높일 수 있다. 여기에다 어느 정도의 가변성을 추가하면 우리 뇌에 불을 붙일 수 있다.

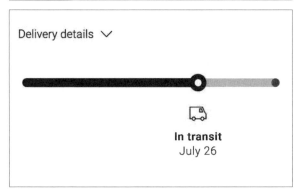

〈사진 36〉 목표경사 가설과 부여된 진행: (위) 내가 사는 런던의 동네 카페 가일은 회원카드에 미리 도장을 찍어주어 부여된 진행의 느낌을 갖게 한다. 이와 비슷하게 히드로 공항(가운데) 과 캐나다 우체국(아래)은 재치 있는 디자인 신호로 진행 상황을 보여준다.

충성도 높이기: 혁신 체크리스트

1. 어떻게 하면 사람들이 진행 과정을 볼 수 있도록 도울 수 있을까?

2. 이미 달성된 보이지 않은 단계들을 어떻게 사람들에게 더 분명하게 보여줄 수 있을까?

3. 사람들이 후속 행동을 하도록 장려하려면 어떤 인위적인 부양책을 제공할 수 있을까?

21 | 잘 될 때도 있고
안 될 때도 있는 거지

심리학적 원리: 가변적 강화

1949년 하버드대학교 작은 실험실.

두 살 난 굶주린 흰색 비둘기가 B. F. 스키너B. F. Skinner의 실험상자에 들어간다. 실험상자는 소풍용 아이스박스로 만든 작은 공간이다. 외부의 간섭을 막기 위해 백색 소음이 흐르고, 측면에 설치된 송풍기가 깃털과 먼지를 모은다. 비둘기는 바닥의 철망 위에 인내심 있게 서 있다. 실험상자 끝에 달린 전구가 켜지면 비둘기는 곧바로 2.5센티미터 크기의 구멍을 쫀다.

이런 반응에 대한 보상으로 아래에 놓인 납작한 접시에 낱알이 제공되고 동시에 펜이 모든 동작을 추적하여 생체기록기에 기록한다. 비둘기가 빨리 쫄수록 그래프의 선이 가팔라진다. 이것은 스키너의 조건형성conditioning 실험을 위한 장치였다. 그는 7만 시간 이상을 기록하고 약 2.5억 번의 반응을 측정했다.[1] 시간이 흐르자 스키너의 실험 대상은 신호(빛)와 행동(쪼기), 보상(낱알) 간의 인과관계를 배웠다.

그 후 스키너는 뜻밖에도 새로운 사실을 발견했다.

어느 날 일련의 실험을 수행하는데(전하는 바로는 쥐를 대상으로) 먹이가 부족했다.[2] 연구를 중단하고 싶지 않았던 스키너는 쥐가 반응할 때마다 먹이를 주는 표준 방식을 포기하고 대신 1분에 한 번씩만 먹이를 주었다. 놀랍게도 쥐들은 계속 반응했을 뿐만 아니라 보상에 변화를 주면 심지어 보상이 완전히 중단된 뒤에도 종종 더 많은 반응행동을 보였다. 이 기념비적 발견으로 보상, 학습, 충성에 대한 우리의 이해는 완전히 뒤바뀌었다.

가변성이 왜 그렇게 강력한 보상 효과를 일으키는지 이해하려면 또 다른 간단한 사고 실험을 해야 한다. 당신은 막판에 결정해서 먼 곳으로 떠나는 여행과 판에 박힌 듯해도 한 달 전에 미리 예약하는 휴가 중 어느 쪽을 선호하는가?

사람들은 대부분 후자를 선택할 것 같다. 일과 육아를 적절하게 조정할 수 있을 뿐만 아니라 우리의 뇌가 기대감anticipation을 즐기는 것 같기 때문이다.[3] 2008년 위험 감수에서 기대의 역할을 더 길 이해하기 위해 스탠퍼드대학교 브라이언 넛슨Brian Knutson 교수와 동료들은 도박하는 사람의 뇌를 조사하는 연구를 수행했다.[4] 연구팀은 보상을 처리하는 핵심 뇌 영역인 중격핵nucleus accumbent의 활동은 보상이 주어졌을 때가 아니라 승리를 기대할 때 증가한다는 것을 발견했다.

우리의 뇌는 문제를 해결한 후 만족하며 느긋하게 앉아 있기보다는 다음 보상을 끊임없이 찾고, 암호를 해독하고, 패턴을 이해하도록 프로그래밍된 것 같다. 우리는 행복을 추구하도록 진화되었으며, 사실상 신비하고 불확실한 가변성만큼 이 여정을 부채질하는 것도 없다. 틴더Tinder나 범블Bumble 같은 데이트앱에서 슬롯머신에 이르기까지 주변의 제품과 서비스에서 발전해온 가변적 강화variable reinforcement의 힘(때로 그만큼의 위험)을 볼 수 있다. 하지만 가변적 강화는 게임 분야를 넘어 널리 적용되는 심리학적 원리다. 이 원리는 제품에 적용할 수도 있고 혁신적인 조직 정책을 통해 실현될 수도 있다. 물론 이 경우에도 때로 성공하고 때로는 실패한다.

가변성을 한 스푼 더하면

"죽는 줄 알았어요." 감자튀김 한 조각을 먹은 소녀가 말했다.[5]

심각한 알레르기가 있는 경우가 아니라면 도리토스Doritos 한 봉지를 다 먹어도 보통 그다지 위험하지 않다. 펩시코PepsiCo가 도리토스 룰렛을 출시한 2014년 6일 이후 도리토스 룰렛은 겁 없는 친구들에게 완전히 다른 콘칩을 경험할 기회를 주었다. 이 회사의 웹사이트에는 이렇게 설명되어 있었다. "너무 매워 눈물이 날 수 있습니다."

다른 점은 무엇이었을까?

도리토스 룰렛 한 봉지에는 일반적인 콘칩과 함께 겉모습은 똑같지만 아주 매운 칩이 섞여 있었다. 도리토스 콘칩은 과거에 여러 매운 닭요리 레스토랑에서 환상적인 인기를 얻은 레시피를 사용해 약간의 기대와 불확실성을 더했을 뿐인데도 곧장 온라인에서 선풍적인 인기를 끌었다. 수백 명이 도리토스 룰렛을 하는 모습을 촬영했으며, 그 영상들은 버즈피드Buzzfeed에서 〈굿모닝 아메리카Good Morning America〉에 이르기까지 수많은 매체에 대대적으로 소개되었다. 도리토스는 모든 칩이 매운 칩일 가능성이 있는 탓에 칩을 하나씩 먹을 때마다 기대감을 엄청나게 높였다. 도리토스는 콘칩을 먹는 경험에 가변성을 불어넣었고, 사람들은 싫증날 틈이 없었다.

제품에 가변성을 추가하는 새로운 해결책을 적용한 것은 도리토스만이 아니다. 성공을 거둔 브랜드들은 모두 제품 소비 경험에 기내와 불확실성을 포함히는 수렴저 진화 과정을 거쳤다. 아이들에게 장난감이 든 초콜릿 달걀을 주는 이탈리아 부활절 전통에서 영감을 받아 1968년 미셸 페레로Michele Ferrero는 매일 비슷한 깜짝 선물을 제공하는 제품을 대량 생산하겠다는 포부를 품었다. 킨더 서프라이즈Kinder Surprise는 모든 초콜릿 달걀 속의 장난감에 가변성을 추가하여 연중 내내 가장 인기 있는 제품이 되었고, 1974년 이후 300억 개 이상의 초콜릿 달걀을 판매했다.[6]

솔직히 말해 이런 결과를 낳은 것은 초콜릿이 아니며 그렇다고 장난감도 아니다. 깜짝 선물의 불확실성과 가변성이 만들어낸 기대감이다.

제과 분야에 대해 좀 더 이야기하자면, 제조할 때 100퍼센트 노예노동을 사용하지 않은 초콜릿으로 유명한 토니스Tony's는 자사의 초콜론리Chocolonely 제품에 불확실성을 가미하는 대신 제품의 형태를 변경함으로써 소비자들에게 다양한 경험을 제공했다. 캐드버리Cadbury의 조각은 맨해튼 시가지 구역처럼 일정한 모양이지만 초콜론리의 조각은 무작위적으로 작거나 아주 크게 쪼개진다(베니스의 도로 지도와 비슷하다). 그래서 TV를 보면서 파트너와 토니스 초콜론리 조각을 나누어 먹을 때, 운이 좋으면 제법 큰 초콜릿 조각을, 때로는 진짜 큰 조각을 차지할 수도 있다.

충성도 높이기: 혁신 체크리스트

1. 소비자가 이용하는 제품에 가변적인 요소를 포함시킬 수 있을까?
2. 제품에 어떤 새로운 요소를 '가미하면' 소비자가 항상 새롭다고 느낄까?
3. 어쩌다 나오는 부정적인 결과(도리토스 룰렛을 생각해보라)를 가지고 어떻게 실험해볼 수 있을까?

〈사진 37〉 추가된 가변성: (위) 도리토스 룰렛은 칩 여섯 개 중 한 개를 아주 맵게 만들어 가변성과 기대감을 높였다. (가운데) 킨더 서프라이즈는 모든 초콜릿 달걀에 기대감을 심어준다. (아래) 토니스는 초콜릿 제품을 무질서한 모양과 다양한 크기로 쪼개지도록 만들어 가변성을 부여한다.

계획된 뜻밖의 즐거움

예측 가능성은 전 세계 패스트푸드 레스토랑의 필수 전략이다. 맥도날드와 같은 대기업들은 뉴욕이든 나가사키든 어느 매장을 방문해도 제품에서 서비스에 이르기까지 거의 똑같은 경험을 제공하는 능력 덕분에 큰 성공을 거두었다. 소비자는 제품의 일관성 덕분에 안심할 수 있다. 하지만 이와 같은 신속 서비스 분야에서조차도 때로 비예측성이 장점이 될 수 있다.

국제적인 커피 및 샌드위치 프랜차이즈 프레타 망제Pret a Manger 의 경영진은 특별히 고객 충성과 관련하여 색다른 지침을 제시한다. 그들은 스타벅스나 코스타처럼 '열 개 구입하면 한 개 무료' 방식의 예상 가능한 소비자 충성도 제고 프로그램을 사용하지 말고, 매주 고객이 선택한 뜨거운 음료를 일정량 무료로 제공하길 권장한다.

프레타망제의 영국 요크웨이 지점 바리스타인 마이클은《가디언》과의 인터뷰에서 이렇게 말했다. "규칙이 아닙니다. 그렇게 하면 좋다는 권장 사항이죠."[7] 이런 재량권 덕분에 고객의 약 28퍼센트가 어느 시점에 무료로 음료나 음식을 제공받았다.[8] 고객 데이터 유실과 더불어 차별 가능성(이상하게도 매력적인 고객에게 더 많은 양의 커피가 제공된 것 같다)에 대한 비판도 있었지만, 이 지침은 기업 차원에서 가변성을 구현한 설득력 있는 사례다. 알고리즘이 아니라 직원의 재량권 강화를 통해 예측할 수 없는 충성도 인센티브를 창출한 것이다.

직원에게 재량에 따라 고객에게 보상할 수 있는 권한을 부여함으로써 프레타망제에게 가변성이란 규칙이 아니라 결과가 되었다. 이는 더 이상 미래의 무료 커피 한 잔을 위해 일정량의 커피를 사는 것이 아니라 언제든 뜻밖의 기회를 잡기 위해 매일 방문하게 된다는 얘기다. 뜻하지 않은 순간에 보상과 가변성을 제공하면 헌신을 강화하는 데 도움이 되지만(우리의 예상 기계가 점화되어 패턴을 찾으려고 시도한다), 이런 진화적 해결책은 우리의 기억 속에 즐거운 경험을 각인시키는 데도 효과적이다.

지금까지 우리는 헌신, 목표경사, 부여된 진행, 가변적 강화의 힘이 어떻게 충성도를 높이는 데 도움이 되는지 살펴보았다. 다음 장에서 보듯이 경험이 모두 기억되지는 않는다. 하지만 도리토스 룰렛처럼 어떤 경험은 확실히 기억된다.

충성도 높이기: 혁신 체크리스트

1. 제품 설계를 통해 가변적 시스템을 만들 방법이 있을까?
2. 직원에게 어떤 방식으로 재량권을 부여하면 고객에게 뜻밖의 경험을 선사할 수 있을까?
3. 불필요한 일관성 또는 예측 가능성의 요소를 제거하려면 어떻게 해야 할까?

모순 5

지속 시간을 바꾸지 않고도
경험의 질 높이기

22 | 뇌가 경험하는 시간

"악! 구석으로 갔잖아!"

검은 집파리가 당신의 몸을 핥은 후 당신 손을 가까스로 피해 방을 가로질러 날아간다. 파리는 적절한 순간에 이동하는 기이한 능력이 있는 것 같다.

그러다가 갑자기 식탁 의자를 가로질러 씩씩하게 기어간다. 찰싹! 당신이 파리를 공격한다. 파리는 적절한 순간에 공격을 피하고 다시 과일 바구니를 노린다. 파리는 시간이 아주 많은 것처럼 평행 우주를 항해하듯이 움직인다. 마치 영화 〈매트릭스Matrix〉 속에 있는 파리 같다.

놀랍게도 여기에는 진실이 숨어 있다.

2013년 트리니티칼리지와 세인트앤드루스대학교가 공동 수행한 연구에 따르면, 생물의 시간 인지는 생물의 크기와 관련이 있다.[1] 연구자들은 닭과 장수거북을 포함한 30종 이상의 생물에게 빠르게 점멸하는 다양한 빛을 보여주면서 신경 활동을 측정했다. 빛을 아주 빨리 점멸하면 우리가 TV를 볼 때처럼 하나의 흐름으로 인식된다. 하지만 동물의 생체기관이 더 높은 주파수에서 빛의 깜빡임을 감지한다면 이는 더 높은 해상도로 시간을 볼 능력이 있다는 의미다(TV 화면이 깜박여 보이는 것과 같다). 주어진 시간에 처리하는 정보 단위가 많을수록 시간이 더 느리게 느껴진다.

째깍거리는 시계의 초침을 보고 있다고 상상해보자. 인간은 초침이 특정한 속도로 움직이는 것을 볼 수 있지만 거북에게는 두 배 더 빠르게 보일 것이다(시간 단위당 정보처리량이 더 적다). 파리에게는 초침의 움직임이 네 배 더 느리게 느껴질 것이다. 시계시간은 일정하지만, 시간에 대한 지각은 절대 똑같지 않다.

시간 지각의 차이는 오랜 진화의 또 다른 결과로 여겨진다. 고속 지각능력은 매처럼 신속한 추적이 필요한 생물들에게 도움이 된다. 아울러 외부 정보를 신체가 반응하는 속도보다 더 빨리 처리해 뇌로 보내는 눈은 생존에 도움이 되지 않는다. 예를 들어 고래가 파리보다 더 빠르게 세계를 본다면 소중한 에너지를 낭비하는 것이다.

이 이야기에서 중요한 점은 경험의 지속 시간 역시 사람마다 다를 수 있다는 것이다. 이를테면 시계시간과 뇌시간, 실제 흘러가는 시간과 그것을 느끼는 시간의 차이에 대한 우리의 경험은 서로 매우 다르다.

뇌시계

시간에 대한 경험은 우리의 생존에 매우 필수적이며 아마 가장 정교하게 조율된 기능 중 하나일 것이다.

시간이 뇌의 어떤 영역에서 어떻게 처리되는지에 대해서는 절대적으로 합의된 바가 없지만, 이론적으로는 내부 시계가 주관적인 시간 단위를 만드는 것으로 추정한다. 고도의 각성이나 스트레스 상태에서 주의를 집중하면 맥박수가 증가한다. 이럴 때 우리가 느끼는 시간의 지속 시간이 확장된다. 그와 반대로 모든 것이 예상대로 존재하거나 안전하고 익숙한 환경에서 조용히 집중하면 시간은 줄어든다.

실험을 통해 얼마나 다양한 요인이 우리가 사건을 경험하는 지속 시간을 바꾸는지 더 잘 이해할 수 있다. 이를테면 깜빡이는 이미지 사이에 무작위 이미지 하나를 끼워넣으면(예를 들어 반복되는 사과 이미지들 중간에 예상치 못한 젖소 이미지), 각 이미지가 정확히 똑같은 시간 동안 보임에도 불구하고 사람들은 예상치 못한 이미지가 더 오래 보인다고 일관되게 보고한다.[2]

오드볼 효과Oddball effect라는 이 현상은 새로운 자극이 지각된 지속 시간을 어떻게 증가시키는지 잘 설명해준다. 우리의 뇌가 반복적인 이미지에 싫증이 난 상태에서 새로운 자극이 갑자기 주어지면 주의가 그곳으로 쏠리는 것과 같다. 감정이 담긴 이미지에도 비슷한 효과가 있다. 우리는 무표정한 얼굴보다 화가 난 얼굴을, 나비보다는 거미를 더 오래 지속되는 것처럼 인지한다.[3] 우리에게 다가오는 물체처럼 위협적인 신호 역시 지속 시간이 더 길게 느껴진다.[4] 이런 연구들은 우리가 새로운 것을 탐색하거나 위험을 감수하거나 위협에 직면할 때 시간이 더 길게 느껴진다는 우리의 경험을 확인해준다. 이런 순간에 뇌는 과잉작동에 돌입하면서 경험의 세부 내용을 빠짐없이 기록함으로써 경험을 확장한다.

한편으로 세상에 익숙해질수록 우리 뇌는 더 적은 정보를 등록하면 되기 때문에 세상이 더 빨리 지나가는 것처럼 느껴진다. 나이가 들수록 시간이 더 빨리 지나가는 것처럼 느끼는 것은 타당하다(받아들이는 정보가 적기 때문에 시간이 빨리 간다). 인생 대부분의 세부적인 순간이 이렇게 처리된다. 예컨대 양치질하고 쓰레기통을 비우거나 출퇴근하는 수천 번의 순간은 대부분 뇌로 들어왔다가 그냥 사라진다.

하지만 알다시피 삶은 단순히 무로 채워져 있지 않다. 영원히 사라지는 순간과 달리, 우리에게 영향을 끼치고 지속되는 순간들은 무엇에 의해 결정될까? 지속 시간의 변화 없이 우리의 경험을 개선하는 방법을 제대로 이해하려면 우리 퍼즐의 마지막 조각인 기억의 역할을 이해해야 한다.

기억과 관련해서 중요한 것은 시간이 아니라 이야기인 것 같다.

그 뒤로도 쭉 행복하게 살았습니다

이런 비유를 생각해보자.

어떤 음악 애호가가 긴 교향곡에 귀를 기울이고 있는데 레코드 끝부분에 스크래치가 있어 끔찍한 소리가 난다. 우리는 이런 안타까운 순간에 대해 일반적으로 "음악 감상을 완전히 망쳤다"라고 말한다. 하지만 중요한 차이점이 있다. 사실 음악 감상은 대부분 좋았고, 다만 그에 대한 기억이 나빴을 뿐이다. 수십 분 동안 즐긴 아름다운 오케스트라 연주는 우리에게 남은 나쁜 기억 탓에 그 의미가 퇴색해버렸다. 심리학자 대니얼 카너먼은 우리가 계속 간직하는 것은 기억뿐이라고 주장한다.

카너먼의 음악 비유는 경험에 대한 이해에서 기억 중심memory-based 접근법과 순간 중심moment-based 접근법의 중요한 차이를 보여준다.[5] 그는 이것을 현재를 깨닫는 경험자아experiencing self와 기억에 의지해 이야기를 만들어내는 기억자아remembering self 간의 차이라고 설명한다. 전체 경험의 크기는 이 두 가지의 합이라고 생각할지 모르지만 실제 연구 결과는 그렇지 않다.[6]

카너먼의 주장에 따르면 삶의 이야기를 관리하는 것은 기억자아다. 이것은 우리가 다시 한번 참여하도록 부추기는 자아다. 경험의 지속 시간을 바꾸지 않고 경험을 개선하는 방법을 이해하려면 우리의 기억자아를 숙고하는 것이 매우 중요하다. 다시 말하지만 이야기에서 중요한 것은 절대적인 지속 시간, 곧 시계시간이 아니다('그 뒤로 행복하게 살았습니다'가 얼마나 오래갈지 누가 알겠는가?). 이야기를 규정하는 것은 절대적인 지속 시간이 아니라 변화, 중요한 순간, 그리고 더 중요하게는 이야기의 결말이다.

뇌시간보다 시계시간, 다시 말해 남아 있는 기억보다 순간의 경험을 우선시하다 보면 중요한 것을 놓치게 되는 것 같다. 우리에게 필요한 것은 시계시간이 아니라 정서적 지표emotional metrics다.

정서적 지표에 주목하기

로리 서덜랜드는 2009년 '광고인이 주는 삶의 교훈'이라는 주제의 테드 강연에서 런던과 파리를 운행하는 유로스타의 속도를 개선하는 공학적 난제로 서두를 열었다.[7] 서덜랜드의 회상에 따르면, 합리적인 공학적 해결책은 약 60억 파운드를 투자해 런던에서 해안까지 새로운 선로를 건설해 통행시간을 약 40분 줄이는 방안이었다. 서덜랜드가 말했다. "단순히 열차여행 시간을 단축하는 것은 상상력이 약간 부족한 방식입니다." 그 대안으로 그는 열차 속도를 수치상으로 더 빠르게 만드는 혁신 대신 최고의 슈퍼모델들을 투입하여 열차 통로를 오가며 무료로 샴페인을 제공하는 창의적인 지각적 해결책을 제안했다. 그는 도발적인 말을 던졌다. "이렇게 하면 약 30억 파운드를 절약하고, 사람들은 열차 속도를 늦추라고 요구할 것입니다."

서덜랜드의 유로스타 비유는 오늘날 비즈니스에서 훨씬 더 큰 도전과제를 보여준다. 시간에 대한 우리의 지각과 경험이 유연하다는 탄탄한 증거가 늘고 있음에도, 우리는 계속해서 경험을 최적화할 때 매우 합리적인 사고방식을 사용한다. 똑같은 명칭들을 사용하지만 물리학자가 측정한 정확한 시간 지표와 거리 지표는 정서적 차원에 따라, 그리고 상황에 따라 매우 다양하게 바뀔 수 있다. 예컨대 교통정책 입안자들은 통근자들이 버스 대기시간 1분을 버스 통행시간 1분보다 두 배 또는 세 배 더 큰 비용으로 인식한다는 사실을 발견했다.[8] 이와 비슷하게 카페에서 계산서를 기다리는 시간을 커피를 받기까지의 소요시간보다 훨씬 더 길게 느낄 수 있다. 지각하는 대기시간이 실제 대기시간보다 더 정확한 고객만족 예측 지표라는 연구 결과를 고려하면 위 두 가지 사례는 특히 우려스럽다.[9]

우리는 계속해서 잘못된 목표를 따라가고 있는 것 같다. 서덜랜드가 주장하듯 우리는 정서적 지표를 놓치고 있다.

오늘날 비즈니스를 한다는 것은 곧 경험을 제공하는 비즈니스에 종사하는 것이다. 관광·교통·금융이든 치과의원이든, 우리가 제품이나 서비스를 개발하고 제공하는 방식은 순간순간의 경험, 더 중요하게는 그 경험에 대한 오래도록 지속되는 기억에 크게 영향을 끼친다.

다음 장에서 우리는 정량적 또는 객관적 지표(속도, 소요시간,

서비스 제공 시간)를 다루는 해결책에서 사건에 대한 기억(주의, 각성, 정서, 체감 시간)에 영향을 끼치는 해결책으로 그 범위를 확장함으로써 지속 시간을 바꾸지 않고도 즐거움을 개선할 수 있음을 살펴볼 것이다. 고통스러운 불확실성, 빈둥거림, 지루함을 줄이면 뇌시간이 시계시간과 달라진다.

뇌시간은 마치 아코디언처럼 늘릴 수도 줄일 수도 있다.

요약

- 시간에 대한 경험은 똑같지 않다. 시계시간과 뇌시간은 다르다.
- 심리적 요인들, 예를 들어 익숙함·새로움·위협·스트레스는 우리의 시간 경험을 확대할 수도, 축소할 수도 있다.
- 지속 시간을 바꾸지 않고도 경험을 개선하려면 순간의 경험을 최적화하는 것을 넘어 그 경험에 대한 기억도 혁신해야 한다.

23 | 힘든 것도 미리 알면 낫다

심리학적 원리: 기대와 행위주체

존 파이퍼John Piper 목사는 자기 생애에서 가장 특이한 강연을 경험하고 10년이 지나서야 이렇게 말했다. "50년 동안 나는 설교할 때 농담을 한 적이 한 번도 없습니다."[1]

특이한 경험이란 2009년 네슈빌에서 개최된 미국 기독교상담자협회 집회였다. 수천 명이 참석한 집회에서 파이퍼 목사는 자신이 거만한 사람으로 비치지 않기를 바라면서 자신의 결점을 몇 가지 공개하며 설교를 시작했다. 그가 말했다.[2] "이 자리에 서게 되어 영광이지만, 한편으로 나 자신이 보잘것없고, 취약하며, 노출되었다고 느낍니다. 여러분보다 강사를 더 잘 꿰뚫어보는 사람은 없다고 생각합니다." 청중들이 갑자기 웃자 눈에 띄게 당황한 존 파이퍼 목사가 말했다. "여러분 앞에서는 분석하지 않고 내가 죄인이라는 점을 솔직히 말씀드릴 생각이었습니다." 그러자 청중들의 웃음이 폭발했다. 파이퍼가 덧붙였다. "매우 이상한 분들이군요. 웃으실 것이라곤 전혀 예상치 못했습니다." 이제는 청중들이 무릎을 치며 박장대소했다. 파이퍼 목사는 터져나오려는 웃음을 참으며 간곡하게 부탁했다. "오해를 하시는 것 같은데 저는 진지하게 말씀드리는 겁니다." 그러자 요란하고 긴 박수갈채가 터져나왔다.

청중들은 이렇게 반응했지만 존 파이퍼 목사는 정말 진심이었다. 그는 나중에야 비로소 자신이 처했던 곤경을 제대로 이해했다.

기대치의 힘: 에스컬레이터와 라임주스

당신이 정지된 에스컬레이터를 탔을 때 곧 넘어질 것같이 느낀다면 당신만 그런 것이 아니다. 에스컬레이터가 움직이지 않는다는 것을 알지만 우리는 의식적 자각과 학습된 물리적 반응 사이의 불일치 탓에 고장난 에스컬레이터 현상broken elevator phenomenon을 경험한다.[3] 우리의 몸은 에스컬레이터가 움직일 것으로 예상한다. 오랫동안 이동을 예상하며 살아왔기 때문에 에스컬레이터가 움직이지 않는다는 것을 잘 알면서도 기대에 기반한 운동 반응이 일어나면서 불안정해진다.

이 현상은 기대의 힘을 확실하게 일깨워준다.

우리의 뇌는 예측하도록 만들어져 있다. 뇌는 주변 환경에 관해 계속 판단하고 무엇이 최선의 대응인지 결정하도록 진화했다. 아울러 경험을 활용하는 것은 상황을 개선할 기회를 늘리는 소중한 전략이다. 우리가 현실을 알아채기도 전에 기대는 현실을 형성하기 시작한다. 우리는 보고 들을 것이라고 기대한 것을 보고 듣는다. 에스컬레이터의 시각적 신호처럼 아무 관련도 없는 요소들이 우리의 기대에 영향을 끼치고, 그 결과 우리의 경험을 크게 바꿀 수 있다.

기대치를 적극적으로 형성하게 하면 경험을 의미 있게 바꿀 수 있다. 라임맛 음료가 오렌지색(기대치를 설정하는 강력한 신호)이면 사람들은 그것이 오렌지 주스라고 생각할 수 있다.[4] 미묘한 신호들도 기대치에 부합한다면 경험의 즐거움을 강화하는 효과를 낼 수 있다. 체다 치즈는 노란색일 때 더 맛있고, 토마토소스는 붉은색일 때 더 제맛이 난다. 심지어 코카콜라는 코카콜라 브랜드 컵으로 마시면 더 맛있다.[5] 소믈리에가 새로 출시한 소비뇽 블랑에서 아스파라거스 향을 느껴보라고 하면, 우리는 다른 향을 알아차리기가 어렵다. 기대감은 다음에 무엇이 올지 뇌를 대비시킨다. 누군가 파이퍼 목사에게 미리 경고했더라면 좋았을 텐데.

존 파이퍼 목사는 여러 해가 지난 뒤 이렇게 회상했다. "완전히 무방비 상태였습니다. 그 집회에서 나는 청중들의 잔뜩 부푼 기대감 속으로 들어선 것 같았습니다." 청중들은 행사 일정 중 유머를 구사하는 강사들의 강연을 여러 차례 들은 뒤라, 마치 모든 강사가 그럴 것으로 기대하도록 훈련된 것 같았다. 따라서 파이퍼 목사가 한 말과 청중들이 들은 말은 달랐다. 파이퍼 목사의 진심에도 불구하고 청중은 그를 진지하게 받아들이지 못했다.

청중은 스탠딩 코미디를 기대했고, 그들이 받은 것은 설교였다.

기대를 설정하는 데 실패하거나 사람들을 불확실한 상태에 두면, 경험을 형성하고 개선하는 기회를 놓칠 뿐만 아니라 그들을 고통스럽게 만들 위험이 있다. 실제로 때로는 불확실성이 물리적 고통보다 훨씬 더 고통스럽게 느껴진다.

불확실성은 고통이다

고통스러운 충격을 확실히 받을 것임을 아는 것과 받을 가능성이 있다고 아는 것 중 어느 것이 나은가? 2016년 유니버시티칼리지런던 UCL 연구진은 이 질문을 연구하여 흥미로운 역설을 발견했다.[6] 실험 참가자들은 뱀이 숨어 있을 가능성이 있는 바위를 뒤집는 과제를 수행하는 컴퓨터 시뮬레이션에 참여했다. 뱀이 나오면 참가자들은 전기 충격을 받았다. 이 실험에서 연구자들은 고통스러운 전기 충격을 확실히 받을 것임을 아는 참가자들이 단순히 전기 충격의 가능성이 있다고 들은 사람들보다 더 차분하고 훨씬 덜 동요한다는 것을 확인했다. 우리는 모두 불확실성이 스트레스를 유발한다는 것을 알지만 이 연구는 불확실성이 예측 가능한 부정적 결과보다 더 많은 스트레스를 준다는 점을 분명히 보여주었다.*

UCL의 연구는 우리의 보상 시스템이 긍정적 또는 부정적 결과의 확률을 예상하도록 진화했듯이, 이런 가능성의 지속 시간도 계산할 수 있음을 보여주었다. 연구진은 참가자들이 전기 충격을 받을 확률이 50퍼센트(예측 가능성이 최소화되고 불확실성이 극대화되는 지점)에 가까워질수록 스트레스 반응이 높아진다는 사실을 발견했다. 진화적 관점에서 보면 상당히 타당한 현상이다. 결과의 예측 가능성이 가장 낮거나 불확실성이 가장 높을 때 성공하려면 더 열심히 노력해야 한다(사각지대에서 골을 넣으려면 정면에서 넣는 것보다 더 열심히 연습한다). 적절한 반응이 어떤 것인지 불분명한 상황에 놓이면 우리 뇌는 이런 확률을 높이고 통제력을 되찾기 위해 시간을 곱절로 할애해야 한다. 그 결과는 고도의 각성과 스트레스 상태로 이어지며, 잘 알다시피 시간이 늘어난다.

이런 불편한 경험을 관리하고 스트레스를 줄여 시간을 축소하는 데 도움이 되는 두 가지 진화적 해결책이 있다. 우리의 기대치를 설정하고 그것을 적절하게 업데이트하는 것이다. 사람들이 다음번에 올 것을 더 잘 예측하도록 도와주고 미래에 대한 통제감을 갖게 함으로써 지속 시간을 바꾸지 않고도 경험을 개선할 수 있다.

---

* 일본은 마치 사형집행의 위협이 충분하지 않은 듯이 사형수들에게 가능한 한 마지막 순간까지 사형 집행일을 말해주지 않는다. 이런 조치는 국제사회로부터 많은 비난을 받고 있다. 사형수들은 자신의 마지막 날을 전혀 모르고 지내다가 사형 집행일 아침에 알게 된다.

의사선생님이 곧 봐줄 거예요

 테일러 가족은 일주일 동안 비가 내리는 메인주에서 보낸 후 일요일 이른 아침 집이 있는 브루클린으로 출발했다. 이번 휴가는 올해 최고의 여행이 될 것이라고 장담했지만 모든 면에서 힘들었다.

 그들이 예약한 숙소는 광고한 것보다 훨씬 작았고, 그칠 줄 모르는 비 때문에 네 사람은 일주일 내내 갇혀 지내며 오래된 퍼즐을 풀고 뿌연 창문을 침울하게 내다보아야 했다. 이 휴가 여행은 출발부터 좋지 않았다. 코네티컷주를 겨우 벗어날 무렵부터 자동차 뒷자리에서 "이제 거의 다 왔어요?"라는 소리가 들려왔고, 그 후로 점점 더 힘들어졌다. (이윽고 며칠 뒤) 태양이 구름 사이를 비집고 나오기 시작하자 모두 심호흡을 했고 테일러 부부의 차는 휴가지의 젖은 자갈길을 벗어나 넓은 도로로 들어섰다.

 다행히도 이번에는 매우 다른 여정이 기다리고 있었다.

 사람들은 제품을 사거나 서비스에 등록할 때 특정한 기대치를 갖는다. 카페에서 음식을 주문하면 우리는 경험에 비추어 약 15분 이내에 음식이 제공되리라 기대한다. 이보다 더 길어지면 불만스러워지고, 예상보다 빨리 나오면 의심이 들 수도 있다. 이와 비슷하게 "의사가 곧 진료할 것입니다"라는 말과 함께 당신을 내버려두는 것보다 "5분 내로 의사가 당신을 진료할 것입니다"라는 말을 들으면 더 차분하게 기다린다. 단순히 시간이 얼마나 걸릴지 모르는 불확실성 탓에 의식이 예민해지면서 대기시간이 더 길게 느껴지는 것이다.[7]

테일러 가족은 드디어 코네티컷주를 거쳐 뉴욕시 브루클린에 도착했다. 그들은 휴가지로 떠날 때처럼 다투거나 좌석을 발로 차지 않았다. 여행 시간이 더 짧아진 것 같았고, 일주일 동안 힘든 휴가로 매우 지쳤지만 현실에 대한 통제력은 잃지 않았다. 그들은 그동안 널리 연구된 현상을 경험하고 있었다.[8] 이것을 귀환 여행 효과return trip effect라고 한다.

몇몇 연구로 여행에서 돌아올 때보다 떠날 때 시간이 더 길게 느껴진다(귀환 여행이 최대 22퍼센트 더 짧게 느껴진다)는 귀환 여행 효과가 입증되었다.[9] 떠나는 여행의 시간이 길게 느껴지는 이유로는 참신함 같은 요인도 있지만, 더 큰 이유는 기대치 관리 때문이라는 주장이 있다. 여행을 떠날 때는 소요시간을 정확히 모르기 때문에 기대치를 제대로 관리하기가 매우 어렵다. 이런 불확실성으로 말미암아 각성이 고조되면서 시간이 더 길게 느껴진다. 다시 말해 뇌시간이 길어진다.

미리 기대치를 설정하면 청중의 주의력을 긍정적인 요소, 사람들이 경험하길 원하는 것(솜씨 좋은 소믈리에나 〈사진 38〉에 나온 샤프의 파인트 잔 사례처럼)에 집중시킬 수 있다. 또한 스트레스를 일으키는 불확실성과 체감 시간을 줄일 수 있다.

최근 나의 동료가 미국 여행을 마치고 돌아왔다. 돌아올 때 유나이티드 항공은 숙소 도착 시간을 알려주어 그의 기대치를 관리해주었을 뿐만 아니라 승객들에게 여행 중 예상되는 것, 심지어 조명을 켜고 끄는 시간까지 상세히 제공했다(어차피 출국 여행보다 시간이 더 짧게 느껴질 것은 분명했지만).

얼마 전 오스트레일리아의 자동차 보험회사와 함께 일할 때 나도 우연히 이와 비슷한 해결책을 알게 됐다. 내 고객은 고객 서비스 분야에서 추진한 가장 큰 변화 중 하나에 관해 들려주었다. 그들의 단순한 혁신 내용은 차량사고 시 대기시간을 30분으로 정확히 제시하는 대신, 차량 서비스 기사가 45분 안에 도착할 것이라고 말하는 것이었다. 이 조치는 두 가지 측면에서 도움이 되었다. 차량 기사들은 교통체증이 있는 경우 재량권을 갖게 되었고, 그렇지 않은 경우 약속시간보다 일찍 서비스를 제공해서 고객의 기분을 좋게 할 수 있었다. 투어링플랜스닷컴touringplans.com에 따르면 테마파크에서 탑승 대기가 시작될 때 대기 예정 시간을 실제 대기시간보다 부풀려 공고하는 경향이 있다.[10] 이러면 실제 대기시간은 대기 예정 시간의 3분의 2(65퍼센트) 정도로 줄어들 가능성이 있다. 귀환 여행 효과를 더 자세히 알기 위해 연구자들은 실험의 변인을 조작해 참가자들이 떠나는 여행을 더 길게 예상하게 만들었다(앞에서 언급한 자동차 보험회사와 테마파크의 사례처럼).[11] 이런 방식으로 기대치를 설정하자 사람들은 여행 시간을 더 짧게 느꼈다.

불확실성으로 인해 시간이 늘어나는 고통스러운 경험을 해결하기 위해 여러 입계에서는 기대치를 설정할 수 있는 (설령 사람들이

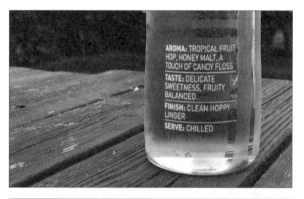

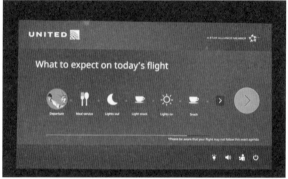

〈사진 38〉 예상 관리: (위) 영국의 대표 브루어리 샤프는 모든 파인트 컵에 그들이 바라는 경험을 기록하여 소비자의 주의를 안내하고 기대치를 설정한다. (아래) 유나이티드 항공은 이륙시간과 도착시간은 물론, 식사시간과 숙소의 전등 소등 시간까지 미리 알려주어 고통스러운 불확실성을 없애고 인지시간을 줄인다.

바라는 수준보다 낮추더라도, 예컨대 대기시간이 더 길어지더라도) 다양한 해결책이 수렴진화하고 있다. 쉽게 이해할 수 있는 현실적인 추정치를 제공함으로써 소비자들이 대기시간을 예상하는 정확도를 개선하여 최종 경험에 긍정적인 영향을 끼칠 수 있다. 정직이 항상 최선의 정책이지만, 불확실성이 큰 경우 시세시간을 과소평가하는 것은 위험한 전략으로 보인다.

경험 개선하기: 혁신 체크리스트

1. 어떻게 기대치를 설정해야 경험에 긍정적인 영향을 끼칠 수 있을
   까?
2. 고통스러운 불확실성을 없애려면 사람들에게 다음에 올 것을 어
   떻게 보여주거나 알려야 할까?
3. 기대치 설정에 필요한 정보를 이용할 수 없다면 사람들에게 대신
   어떻게 하라고 말해야 할까? (예컨대 일부 공항에서는 탑승객들
   에게 출발시간 '지연'이 아닌 '여유'라고 안내한다.)

어디서 막히는지 알겠네

우버는 기대치 관리를 잘하기로 세계적으로 유명하다. 이 브랜드는
지도에 손님을 태우려고 도로를 달려오는 과정을 검은색 차량 이미
지로 직접 보여줌으로써 안심과 확실함을 제공했다. 이런 안심 신호
는 고객이 시간에 맞추어 택시를 이용할 준비를 하도록 도와준다.
하지만 2018년 초, 우버가 익스프레스 풀Express POOL을 출시했을
때 제품개발팀은 탑승 취소율이 예상보다 높다는 것을 알았다.

사람들은 예상치 못한 추가 대기시간이 발생하자 차를 기다리
지 않았다.

우버의 익스프레스 풀은 같은 방향으로 가는 다른 이용자들과 카풀을 할 수 있는 서비스다. 더 효율적인 탑승이 가능하므로 당연히 비용이 낮아진다. 많은 사람이 우버 택시를 기다리는 데 익숙하겠지만 익스프레스 풀 서비스는 여기서 한 걸음 더 나아간 서비스다. 이 서비스의 알고리즘은 동행할 사람들을 먼저 찾은 다음, 그들과 적당한 운전자를 연결한다. 전 우버 연구소 책임자 캔디스 호건 Candice Hogan이 나에게 말했다. "이 방식은 더 빨라지고 비용이 절감되겠지만 사람들은 기다려야 할 것입니다. 차를 타기 위해 단순히 기다리는 것과는 심리적으로 다른 경험입니다. 장거리 항공여행과 지연된 단거리 항공여행의 차이와 비슷합니다." 우버가 대기 자체를 바꿀 수는 없겠지만 개선의 여지는 분명히 있었다. 호건의 연구실이 돌아가기 시작했다.

앞서 살펴보았듯이 투명성을 제공하면 제품에 대한 신뢰와 제품의 가치를 높일 수 있다. 투명성은 또한 예상치 못한 대기시간을 정당화하는 효과를 제공한다(예상할 수 있게 함으로써 고통스러운 불확실성을 없애준다).

레스토랑 업계에서 사람들이 음식을 기다리다가 불평하는 것은 드문 일이 아니다. 하지만 철판요리 전문점인 데판야키 레스토랑에서는 흥미로우면서 때로 대조적인 사례를 관찰할 수 있다. 그들은 이런 문제로 고충을 겪지 않는 것 같다.

우리는 바로 눈앞에서 요리사가 소금통과 후추통을 돌리고 뜨거운 기름에서 불이 치솟고 음식이 탁탁 소리를 내며 구워지는 소리에 푹 빠진다. 이런 퍼포먼스는 우리의 주의를 빼앗을 뿐만 아니라 (8장에서 살펴보았듯이) 운영 투명성을 통해 기대치를 관리하는 데 도움이 된다.

시간이 오래 걸리는 이유와 이면의 활동을 볼 수 있는 기회를 제공하면 사람들은 일이 계속 진행되고 있음을 분명히 알 수 있다 (생산에 투입된 노력을 강조할 수 있다). 새우 철판구이가 준비되는 과정을 눈앞에서 보면 시간이 너무 오래 걸린다고 불평할 수 없다. 도미노의 유명한 피자 배송 서비스인 '피자 트래커Pizza Tracker'는 운영 투명성이 어떻게 기대치를 관리하고 대기 경험을 개선하는지를 보여주는 또 다른 탁월한 디지털 사례다. 불확실성을 줄이기 위해 개발된 이 서비스 덕분에 배고픈 피자 애호가들은 피자 주문에서 품질 확인에 이르기까지 모든 단계를 실시간으로 볼 수 있다.

투명성을 위해 항상 알고리즘이나 값비싼 설계가 필요한 것은 아니다. 런던 지하철역은 간단한 조명 신호를 통해 엘리베이터를 기다리는 통행자들에게 엘리베이터의 현재 위치를 알려주어 탑승 시간을 예상할 수 있게 한다. 고객이 예상치 못한 대기시간 탓에 우버 익스프레스 풀 서비스를 취소하자 우버팀은 당연히 이와 비슷한 투명한 아이디어로 고객의 경험에 접근했다. 호건의 말이다. "우리는 기대치 설정을 많이 활용할 수 있었습니다." 우버 연구소는 익스프레스 풀 고객들에게 진행 상황과 투명성을 제공하는 여러 조치를 시험했다. 구체적으로 말하면 그들은 전과 다른 새로운 대기 상황 이면에서 벌어지는 과정을 설명했다. 그들은 탑승자들에게 '같은 방향으로 가는 다른 탑승자 찾는 중'이라는 메시지를 제공하는 시험을 했다. 호건이 이어서 말했다. "탑승 취소가 상당히 줄었습니다." 우버 연구소가 이용자 경험을 아주 조금 변경하자 서비스 요청 이후 취소율이 11퍼센트 감소했다.[12] 적지 않은 성과였다.

음식을 기다리든 전철 승강장으로 가는 엘리베이터를 기다리든 상관없이 사람들은 진행 과정을 볼 수 있으면 서비스를 더 많이 즐기고 더 오래 기다린다. 진화심리학적 해결책 패턴을 관찰하여 '작업 과정을 보여주거나' 시간이 오래 걸리는 이유를 알려주면 지속 시간 자체를 바꾸지 않고도 경험을 개선할 수 있다. 경우에 따라서는 대기시간이 늘어날 때에도 전체 경험을 개선할 수 있다.

〈사진 39〉예상을 관리하는 운영 투명성: 런던 지하철역의 엘리베이터는 대기 승객들에게 엘리베이터의 위치를 알려주어 탑승 시간을 예상할 수 있게 한다.

경험 개선하기: 혁신 체크리스트

1. 어떻게 해야 시간이 오래 걸리는 이유를 투명하게 전달할 수 있을까?

2. 작업 과정을 어떻게 보여주면 사람들이 현재 진행 상황과 자신의 위치를 확인할 수 있을까?

3. 진행되고 있다는 느낌을 눈에 보이게 전달하고 명확한 기대치를 설정하려면 어떻게 해야 할까?

통제감 만들기: 행운을 빌어요

20세기 초, 인류학자 브로니슬라브 말리노프스키Bronislaw Malinowski 는 몇 달 동안 파푸아뉴기니 연안 트로브리안드제도에 사는 부족을 연구했다.

많은 연구 성과를 남긴 말리노프스키는 현장 조사를 통해 이 부족에게 나타나는 불확실성 경험과 제의적 주술의식 간의 매우 흥미로운 관계를 밝혔다. 그의 보고에 따르면, 어획량이 불확실하고 들쭉날쭉한 깊은 바다에서 낚시하는 부족들은 제의에 더 깊이 집착한 반면 얕은 바다와 석호에서 낚시하는 부족은 지식과 기술에 더 의존했다.[13, 14] 가령 배를 만들 때처럼 자신들의 활동을 거의 통제할 수 있을 때는 제의적 주술에 전혀 의존하지 않았다.

요즘 사람들은 제의적 주술에 동의하지 않겠지만 우리 주변에는 의도하지 않은 우연이나 계획을 통해 비슷한 통제감을 제공하는 진화적 혁신이 널려 있다. 트로브리안드 부족이 바다의 불확실한 위험에 대비할 때 제의에 집착함으로써 위안을 찾았듯이, 공중에 매달린 작은 철제 엘리베이터로 걸어 들어갈 때나 불안한 마음으로 중요한 파일이 다운로드되는 것을 기다릴 때 우리에게는 통제감이 중요하다.

주변 세계의 많은 사례를 살펴보면 실제로 우리가 통제감을 의도적으로 만들 수 있다는 것을 알 수 있을 것이다. 이러한 사례들은 지속 시간을 바꾸지 않고도 고통스러울 정도로 불확실한 대기시간 경험을 개선하는 데 도움이 된다.

말리노프스키의 연구는 진화심리학의 흥미로운 측면을 보여준다. 결과가 불확실할 때 우리는 통제감을 회복하는 방식으로 행동하는 경향이 있다. 제의적 주술은 현대사회에도 존재한다(소금을 뿌리거나 왼쪽 어깨 너머로 던지는 행위뿐만이 아니다). 프로스포츠 선수는 예측 불가능한 자신의 상황에 어울리는 제의를 만든다.[15] 경제적으로 불확실성이 큰 시대에 미신이 늘어나는 것을 볼 수 있다 (예컨대 대공황 시기에 점성학에 대한 관심이 증가했다).[16] 걸프전쟁에 관한 연구에 따르면, 미사일 공격 위험이 큰 지역에 사는 이스라엘 시민들은 안전한 지역에 사는 시민들보다 주술적 사고에 빠질 확률이 높았다.[17]

미신과 제의는 개인의 행동에 대한 인식을 개선함으로써 고통스러운 통제 불능감을 줄이는 데 도움을 준다. 세계로부터 완전히 물러나 무력감과 절망감에 빠지는 대신 통제할 수 있다는 착각을 통해 우리는 자신의 능력에 대한 믿음과 자신감을 갖고 현실에 참여할 수 있다. 이러한 착각은 태생적으로 전전긍긍하는 우리의 뇌를 달래 앞으로 나아갈 수 있게 도와준다.

인식하지 못할 수도 있지만 우리 주변에는 이런 예가 많다.

맨해튼으로 진입하는 차량이 1975년에는 하루에 약 75만 대였지만 2004년에는 110만 대 이상으로 급증했다. 늘어나는 교통량을 관리하기 위해 별도의 홍보 없이 컴퓨터로 통제되는 교통신호기가 도입되자 한때 맨해튼 전역에서 사용되었던 보행자 횡단 버튼 대부분은 더는 쓰이지 않게 되었다. 처음에는 제거 비용 때문에 횡단 버튼을 그대로 두었는데, 곧 작동하지 않는 버튼도 나름의 역할을 한다는 사실이 드러났다.

주술이 트로브리안드 어부들에게 통제감을 높여주었듯이, 이 버튼 덕분에 뉴욕 시민들은 도로를 횡단할 때 인내심을 갖고 기다릴 수 있는 통제감을 갖게 되었다. 하버드대학교 심리학자 엘런 랭어 Ellen J. Langer는 《뉴욕타임스》에 이렇게 썼다.[18] "통제감은 매우 중요하며, 스트레스를 줄이고 행복감을 높인다." 사실 도로 횡단 행동을 연구한 이스라엘 네게브에 있는 벤구리온대학교의 탈 오론길라드 Tal Oron-Gilrad는 버튼을 누르는 보행자들이 녹색불이 들어오기 전에 도로를 건너갈 가능성이 더 적다고 말한다.[19] 길라드가 나에게 말했다. "버튼을 누르면 다른 사람들이 우리를 주목하고 있다고 의식하게 됩니다. 그러면 불안하게 길을 건너는 위험을 감수할 필요가 없어지면서 승인받았다고 느끼죠." 실제 작동하지 않지만 남아 있는 버튼이 심리적 통제라는 속임약 효과를 만들어냈다.

의도하지 않은 심리적 혁신이 또 있다. 미국에서는 1990년 장애인법(장애인 차별을 금지하는 평등법) 제정 이후 장애인의 안전한 탑승을 위해 엘리베이터 문을 최소 3초 동안 열어놓아야 한다. 이 사례에서는 닫힘 버튼을 물리적으로 없애는 속도가 입법 속도보다 느렸다. 뉴욕에서 작동되는 보행자 버튼이 천천히 사라졌듯이 미국 전역에서 엘리베이터의 닫힘 버튼을 서서히 사용하지 않게 되었다. 사람들이 모르는 사이에 이 버튼은 기술적 혁신에서 심리적 혁신으로 바뀌었다. 엘리베이터가 닫히기를 기다리는 동안 이 버튼은 더 큰 통제감(줄에 매달린 작은 박스 안으로 들어갈 때에는 매우 중요하다)을 만드는 데 도움이 되었다. 닉 파움가튼Nick Paumgarten은 《뉴요커The New Yorker》에 이렇게 썼다. "이 버튼은 엘리베이터가 제대로 작동하고 있다고 생각하게 만든다."[20] 결국 문이 제대로 닫힌다는 사실은 우리의 믿음을 강화한다.

네덜란드 소재 파일 공유 플랫폼 위트랜스퍼WeTransfer 역시 우연이나 의식적인 설계를 통해 대기시간 동안 이용자들의 통제감을 향상한다. 다시 말해 불가피한 다운로드 불안감을 감소시킨다. 2020년 이 플랫폼은 셔터스톡Shutterstock과 광고 파트너십을 맺고 이용자를 무력한 '인질'에서 적극적인 참여자로 전환하여 힘의 균

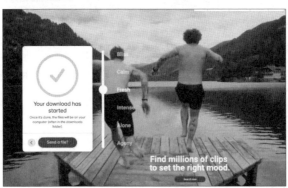

〈사진 40〉 통제감과 주체감 제공: (위) 보행자 횡단보도의 가짜 통제감. (가운데) 장애인법 제정 이후 사용하지 않는 엘리베이터 버튼. (아래) 위트랜스퍼는 셔터스톡와의 파트너십으로 다운로드 이용자에게 통제감을 제공한다.

어떤 버튼들은 우리가 기대했던 것과는
다른 기능을 수행하도록 진화했다.

형을 바꾸었다. 이를 위해 위트랜스퍼는 이용자들이 파일을 업로드하거나 다운로드할 때 행복, 평온, 신선함, 강렬함, 외로움, 고통과 같은 이미지 중에서 '적절한 이미지'를 선택할 기회를 제공했다. 디지털 환경에 영향을 끼치고 통제하는 능력은 합리적인 시계시간 관점에서 볼 때 실질적인 이점을 주지는 못하며, 다운로드 속도도 올리지 못한다. 하지만 이 흥미로운 사례는 통제감을 강화해 고통스러운 불확실성과 체감 시간을 완화해주었다. 이것은 뇌시간을 줄여주는 해결책이다.

통제력을 상실하거나 불확실한 상황에서는 시간이 더 길게 느껴져 고통스럽다. 통제할 수 있다는 의식을 제공하거나 그럴 가능성만이라도 제공하면, 지속 시간을 바꾸지 않고도 우리의 주의를 집중하고 불확실성을 줄이고 즐거움을 향상하는 데 도움이 된다. 지금까지 살펴본 해결책들은 단순한 속임수가 아니다. 현명한 사람이라면 자신을 이런 효과를 만들어내는 시스템에 놀아나는 바보 같다고 느끼지 않을 것이다. 이런 버튼들은 우리가 기대했던 것과 다른 기능을 수행하도록 진화했을 뿐이니까.

경험 개선하기: 혁신 체크리스트

1. 모호하고 불명확하거나 스트레스가 있는 상황에서 사람들에게 어떻게 통제감을 줄 수 있을까?

2. 사람들이 스스로 어떤 결정을 내리도록 허용할 것인가(최종 목표에 비추어보면 결정 내용이 사소한 것이라 해도)?

3. 불확실한 시기에 사람들에게 무엇을 제공해야 주체감을 높일 수 있을까?

24 | 즐거우면 시간 가는 줄 모른다

심리학적 원리: 몰입시간

몇 년 전, 휴스턴에 문제가 생겼다.

미 항공우주국NASA에서 벌어진 일도 아니고, 달 착륙과도 아무 상관이 없었다. 휴스턴 국제공항으로 들어오는 여행객들의 경험과 관련된 문제였다.

휴스턴 공항에서 수화물 벨트 지연과 관련하여 예기치 않은 불만이 쏟아졌다. 이 문제를 해결하기 위해 공항 당국은 화물 처리 작업자들을 늘려서 수화물 처리 속도를 높여 대기시간을 8분 줄였다.[1] 시계시간 기준으로 놀라운 개선이었다.

하지만 당혹스럽게도 민원이 계속 이어졌다. 모든 기술 및 업무

처리 개선을 통해 승객들이 더 빨리 수화물을 찾았지만 불만은 해소되지 않았다. 공항 당국은 승객들이 수화물 처리에 대해 걸핏하면 불만을 제기하는 원인을 더 깊이 조사할 수밖에 없었다.

주전자 물도 지켜보면 안 끓는다

우리는 지루할 때 둔감하다고 느끼지만 심리적으로는 매우 각성된 상태다. 빈둥거리며 앉아 있을 때 실제로는 심한 스트레스를 받는다. 지루할 때 불편함을 느끼지만 많은 문화권에서 이런 경험은 실제로는 귀중한 적응 과정임을 보여준다.[2] 지루함은 우리 뇌에 현재 상황이 성취감을 주지 못한다는 걸 알려주고, 다른 무언가를 하도록 동기를 부여한다. 지루함의 부정적인 면은 각성과 스트레스 수준을 높여 뇌시계를 늦춘다는 것이다. 그 결과 시간이 확장된다. 이때 우리는 생리적으로 스트레스를 느낄 뿐만 아니라 실제보다 시간이 더 많이 흘러갔다고 느낀다. 사람들은 대기시간을 약 3분의 1 정도 과대평가한다.[3]

말하자면 이중고다.

다시 휴스턴 공항으로 돌아가보자. 공항 당국은 면밀한 조사를 통해 매우 중요한 점을 발견했다. 공항 도착 경험을 세분한 결과 승객들이 공항 게이트에서 수화물 컨베이어 벨트까지 걸어가는 데 단 1분밖에 걸리지 않는다는 점이 밝혀졌다. 이것은 공항 도착 후 시간의 약 88퍼센트를 수화물을 대기하며 보낸다는 의미였다. 여행객들은 대기시간을 대부분 서서 무료하게 보냈다. 그런데 심리적 혁신 차원에서 천재적인 발상이 하나 제시되었다. 당국은 추가로 기술을 개선해 대기시간을 줄이는 대신 도착 게이트를 중앙 터미널에서 더 멀리 옮기고 수화물을 가장 바깥쪽 수화물 벨트에서 찾게 했다.

이런 조치로 비행기에서 내려서 화물을 찾기까지 걸리는 시간은 바뀌지 않았지만 승객들은 수화물을 찾기 위해 여섯 배 더 오래 걸어야 했다. 무료한 시간이 대폭 줄었고 승객의 불만은 거의 사라졌다.

다행스럽게도 지루함의 경험은 우리의 주의를 전환함으로써 바꿀 수 있다. 더 풍성하고 신나는 사회적 또는 정서적 자극으로 주의를 이동했다고 뇌를 납득시키면 우리의 주의가 더 빨리 이동한다(삶의 기쁨은 멍하니 수화물 벨트를 바라보기보다는 수화물 벨트가 있는 곳까지 걸어가면서 발견할 가능성이 더 커 보인다). 서덜랜드가 무료 샴페인을 제공하면 사람들이 유로스타의 속도를 늦추라고 요구할 것이라는 재치 있는 제안을 했듯이, 1950년대 조직이론가 러셀 애코프Russel Ackoff는 빈 시간이라는 중요한 순간에 지루함을 느끼는 시간을 줄이는 활동의 중요성을 강조한 바 있다. 이제는 전통적인 방식이 되었지만, 바닥에서 천장까지 모두 거울로 마감한 엘리베이터를 제안한 사람도 바로 애코프였다. 이 거울은 탑승객들이 엘리베이터 안에서 기다릴 때 머리를 빗고 넥타이를 고쳐매는 수단을 제공했다. 휴스턴과 서덜랜드의 인지적 혁신과 비슷하게 거울 엘리베이터는 엘리베이터의 속도는 그대로 둔 채 우리의 주의를 다른 곳으로 돌릴 만한 것을 제공할 뿐이다.

사람들을 분주하게 만들 이유를 제공하거나 조급한 뇌를 설득해 더 풍성한 사회적·인지적·정서적 기회로 나아갈 조건을 만든다면 고통스럽고 지루한 시간을 피하고 무료한 시간을 줄일 수 있다. 당연히 여러 분야에 걸쳐 이 원리를 적용한 다양한 심리학적 해결책이 존재한다. 아울러 이 해결책들은 주전자의 물을 끓이는 동안 앉아서 그것을 지켜보지 않고 다른 일을 하도록 도와준다.

세 가지 핵심 내용

- 우리는 지루할 때 스트레스를 받는다.
- 스트레스를 받으면 시간이 느리게 흐른다고 느낀다.
- 지루하지 않다고 뇌를 속이면 시간의 흐름을 다시 더 빠르게 할 수 있다.

디즈니랜드의 이매니지어

1955년 7월 17일 디즈니랜드의 첫 개장일은 혼란 그 자체였다.

언론과 지역 유력인사 등 제한된 인원을 초청해 소규모 개장행사를 준비했지만, 위조된 초대장 탓에 예상한 인원보다 훨씬 많은 수천 명의 군중이 참석했다. 보도에 따르면 레스토랑의 음식과 음료가 바닥났고, 아이들이 군중의 어깨 위로 넘겨지고, 너무 많은 사람이 앞다투어 탑승하면서 마크트웨인 스팀보트 갑판에 물이 찼다.

디즈니랜드는 처음 개장했을 때 약 65만 제곱미터의 넓은 부지에 놀이기구가 13개뿐이었지만 곧 엄청난 성공을 거둔 탓에 오히려 큰 위기에 처했다. 1년 만에 500만 명이 넘는 인파가 디즈니랜드로 몰려들었고, 긴 대기 행렬은 가장 인기 있는 놀이기구의 상징이 되었다. 60년 뒤 디즈니랜드는 1년에 1,800만 명이 방문했고 전 세계 디즈니랜드 프랜차이즈 시설 중 일부 놀이기구의 대기시간은 100분을 넘겼다. 기다리면서 그렇게 많은 시간을 보내는데 어떻게 디즈니는 디즈니랜드를 '지구에서 가장 행복한 곳'이라고 계속 주장할 수 있을까?

그들은 몰입시간occupied time에 관한 전문가가 되었다.

비록 개장 첫날 대혼란을 겪었지만 디즈니랜드 설립자들은 그 경험에서 엄청나게 많은 것을 배웠다. 그들은 사람들이 놀이공원에서 이동하는 방식을 이해하고 대규모 군중을 수용할 획기적인 방법을 찾기 시작했다. 오늘날 이 놀이공원의 성공은 이런 노력의 결과다. 다시 말해 '이매지니어imagineer'라고 불리는 디즈니랜드의 기획자들이 오랜 기간에 걸쳐 조정하면서 발전시켜온 기발한 심리학적 해결책들 덕분이다.

당신이 디즈니랜드에서 일하려고 지원할 때 가장 먼저 듣는 말은 이 놀이공원이 무대라는 말이다. 디즈니랜드 직원들은 단순한 노동자가 아니라 출연진이다. 이와 똑같은 사고방식이 대기사에도 적용된다. 디즈니랜드에서는 당신이 대기 행렬에 서자마자 이야기가 시작된다. 놀이기구를 기다릴 때 이야기 캐릭터들이 당신을 환영하면서 이야기를 나누자고 초대한다. 디즈니랜드의 이매지니어들은 구불구불한 줄이 빠르게 움직이면서도 시각적으로 짧게 보이도록 대기 행렬을 설계하고, 놀이기구를 탈 때와 똑같은 즐거움을 제공함으로써 대기시간 자체를 엔터테인먼트의 가치가 있는 경험으로 만든다. 그들은 대기시간을 더 즐겁게 만드는 최선책이 아예 대기 자체를 잊도록 만드는 것임을 알았다. 그들은 대기가 즐거운 경험의 일부가 될 수 있음을 입증했다.

여러분은 아마 거의 모든 사람이 스마트폰을 가지고 다니면서 매 순간 음악과 콘텐츠를 즐기고 있다고 생각할 것이다. 사실이다. 하지만 약간의 창의성을 발휘해 이런 통신기술을 고객 경험과 통합하면 지루한 시간을 없애고 브랜드나 서비스의 핵심 가치를 높일 수 있다.

실제로 와이파이를 이용하면 또 다른 환경에서도 시간을 빨리 가게 하는 경험을 제공할 수 있다. 바로 물속이다.

수십 년 동안 영국과 프랑스 아이들은 유로스타 직원들에게 한 가지 질문을 해왔다. "열차 창문으로 물고기를 볼 수 있나요?" 2017년 7월 12일 유로스타는 가상현실 체험 프로그램인 '유로스타 오디세이'에서 특별히 제작된 헤드셋을 통해 모험을 즐길 수 있다고 발표했다. 승객들이 좌석에 앉으면 열차 지붕이 유리 천장으로 바뀌고 수중세계가 나타난다. 열차가 고속으로 해협 터널 속으로 달려갈 때 승객들은 어둠이 아니라 수많은 고래, 해적, 인어를 만난다. 심지어 승객들이 무엇을 수집할지 보여주는 안내책자도 있다. 유로스타는 슈퍼모델이 무료로 샴페인을 나눠주진 않지만 어느 정도 비슷한 효과를 제공한다. 승객들은 와이파이에 접속해 앱을 켠 채 바다 밑으로 이동한다. 그리고 이제 (기록적으로 빨리 온 느낌이다) 공기를 마시러 위로 올라올 때다. 짜잔!

주머니 속에 우리를 산만하게 만드는 기기가 있더라도 값싸고 단순하면서도 창의적인 해결책을 통해 지루한 시간을 날려보낼 수 있다. 예컨대 애코프식의 바닥에서 천장까지 이어진 거울과 반대로, 시애틀의 특이한 맥스웰 호텔에서는 엘리베이터 벽에 퍼즐을 설치하여 사람들이 엘리베이터를 타고 있는 동안 풀게 한다. 쇼트 에디시옹Short Edition 출판사는 스토리텔링 기법에 새로운 생명을 불어넣어 기차역이나 공항에서 지친 승객들이 무료한 시간을 힘들지 않게 보내도록 도와주고 있다.

버튼을 누르면 무료 이야기를 제공하는 이 기기는 공상과학소설부터 로맨스소설에 이르기까지 모든 분야를 망라하는 읽을거리를 1분, 3분, 5분 분량으로 제공하여 대기 승객들이 이야기에 몰입하여 대기시간을 잊도록 도와준다. 마지막 예로, 코로나19 팬데믹 동안 더 길어진 대기시간에 사회적 거리두기를 권장하고 쇼핑객들의 주의를 환기하기 위해 오스트레일리아 와인 유통기업 BWS는 기발하고 혁신적인 해결책을 내놓았다. BWS는 고객들에게 대기 위치를 안내할 뿐만 아니라 기다리면서 할 만한 일을 제시했다. 바로

〈사진 41〉 지루해하는 뇌에게 실제로는 활동하고 있다고 납득시키기: (위) '유로스타 오디세이'. (가운데) 짧은 이야기를 제공하는 기기로 공항과 기차역에서 대기 경험을 개선한다. (아래) 오스트레일리아 BWS가 고안한 사회적 거리두기와 주의 전환 방법.

고객들이 혼자서 생일축하 노래를 흥얼거리도록 안내했다.

제품이나 서비스 경험의 어떤 단계에서 지루함을 유발하는 비몰입 시간이 생기는 것은 위험하다. 여행업을 비롯해 많은 산업 분야에서 이런 시간을 피하는 것은 거의 불가능하다. 자극과 주의 전환의 힘을 깊이 이해하고, 많은 산업 분야의 진화심리학적 해결책에서 배우면 우리 스스로 더 쉽게 이런 해결책을 적용할 수 있다. 무료한 순간을 몰입하는 시간으로 바꾸면(너무 강렬해서 오히려 기다린 기억이 강화되지 않도록 주의하시길!) 우리는 지속 시간을 바꾸지 않고도 경험을 개선할 수 있다.

경험 개선하기: 혁신 체크리스트

1. 빈 시간에 다른 활동을 하게 하거나 주의를 전환하려면 어떻게 해야 할까?
2. 어떻게 하면 불가피한 대기시간을 다른 경험을 할 기회로 만들 수 있을까?
3. 유로스타처럼 지루함을 달래는 기존 활동(예를 들어 스마트폰 게임)을 전반적인 서비스 경험과 더 연관성 있게 만들 방법으로 무엇이 있을까?

25 | 끝이 좋으면 다 좋은 법

심리학적 원리: 피크엔드 효과

누구에게나 생각만 해도 속이 약간 메스꺼워지는 음식이나 음료가 있다. 이를테면 먹고 탈이 났거나 심하게 아팠던 치킨 부리토나 얼굴이 창백해지고 진땀이 났던 캘리포니아 초밥 롤이 그렇다. 아무리 좋은 의도로 마셨더라도 일요일에 화장실 변기를 끌어안게 만든 아일랜드 크림 리큐어에 대해서는 말도 하지 않는 게 좋겠다.

이런 음식이 이제 '먹을 수 있는 음식 목록'에서 영원히 제외되었다는 사실이 저주스러울지도 모르겠다. 하지만 우리가 이런 음식을 왜 쉽게 혐오하는지에 대해서는 관심을 기울일 만하다.

이것은 중요한 생존 반응이다.

음식과 질병의 관련성을 기억하고 쉽게 연상하는 생물들은 미래에 질병을 일으키는 음식을 피할 가능성이 크고, 생존하고 번식할 확률이 높다. 우리의 고대 조상들에게는 평범한 산딸기보다는 자신을 심하게 아프게 만든 특정 과일을 기억하는 것이 훨씬 더 중요했다.

긍정적이거나 부정적인 경험을 기억하는 능력은 긍정적인 상황을 다시 추구하거나, 반대로 전염병처럼 부정적인 경험을 피할 때 유용하다. 그러나 이런 예들이 우리의 고대의 뇌에 어떻게 부호화되었는지에 따라, 믿기 힘들겠지만 사람들은 더 길고 고통스러운 경험을 피하는 것이 아니라 오히려 더 오래, 더 많이 견디기를 원할 때도 있다.

차가운 물 실험: 좋은 기억만 간직해요

1993년 노벨상 수상자 대니얼 카너먼과 그의 연구팀은 한 무리의 학생을 대상으로 두 가지 아주 불편한 실험을 진행했다. 둘 다 모두 아주 차가운 물과 관련이 있었다.[1]

첫 실험에서 학생들은 차가운 물(14℃)이 담긴 욕조에 60초 동안 한쪽 손을 넣었다. 두 번째 실험에서 다른 쪽 손을 같은 물에 같은 시간 동안 넣은 다음 이번에는 물 온도를 15℃로 조금 올리고 추가로 30초 동안 손을 물에서 빼지 않게 했다. 이 두 실험 후 학생들에게 어느 실험을 다시 하고 싶은지 물었다. 한발 떨어져서 생각하면 답이 뻔해 보일 수 있다(첫 번째 실험에서 느꼈던 모든 불편함이 두 번째 실험에서도 그대로 느껴졌을 것이다). 놀랍게도 이 냉수 실험을 다시 반복하라고 제안했을 때 대부분의 학생은 '시계시간'이 더 길지만 끝부분에서 불편함이 덜한 두 번째 실험을 선택했다. 카너먼은 "실험 참가자들이 더 긴 실험을 선택한 이유가 단순히 첫 번째 실험보다 두 번째 실험에 대한 기억을 더 좋아했기 때문"이라고 결론 내렸다.[2] 이 실험은 피크엔드 효과peak-end effect라는 진화심리학의 흥미로운 요소를 밝혀냈다.

피크엔드 효과는 사람들이 경험을 평가할 때 경험의 지속 시간은 무시하고 경험에 대한 기억에 영향을 받는다는 점을 설명해준다. 기억은 두 가지 핵심 순간에 대한 기억으로 이루어진다. 바로 가장 강렬했던 순간(피크)과 경험이 끝나는 순간(엔드)에 대한 기억이다. 습관 전문가 니르 이얄Nir Eyal은 "우리의 뇌는 모든 걸 기억할 능력이 없기 때문에 생존에 가장 도움이 되었던 기억만을 간직하는 것이 합리적입니다"라고 말한다.[3] 지금까지 피크엔드 효과는 의학 치료, 공포영화 관람, 심지어는 학생들에게 주는 피드백 등 다양한 분야에서 입증되었다(아무렴, 좋은 소식은 마지막에 전하는 게 좋을 것이다).[4, 5]

이 연구는 우리가 경험을 평가할 때 매 순간에 느끼는 즐거움의 평균치(평균점수를 산출하기 위해 주말여행의 모든 시간, 가령 아침 6시부터 저녁 10시까지 평가하는 것)를 기준으로 삼지 않는다는 것을 분명히 보여준다. 그 대신 우리가 간직한 기억과 이야기, 궁극적인 즐거움은 몇몇 중요한 순간(더 많은 정점과 긍정적인 결말)의 영향을 받는다. 이것은 우리의 적응력을 높여주므로 대체로 유익하다(아기가 태어났다는 긍정적인 기억이 출산의 고통에 따르는 일반적인 충격보다 더 크다). 하지만 이것은 즐거웠던 휴가가 돌아올 때 겪은 불쾌한 경험 탓에 악몽이 될 수 있으며, 일요일에 골프를 치다가 마지막 18번째 홀 경기가 엉망이 된다면 차라리 집에서 그냥 쉬는 편이 낫다는 뜻이기도 하다.

피크엔드 효과는 우리에게 경험의 지속 시간이나 전체 평균에 큰 비중을 둘 필요가 없으며, 가장 중요한 순간을 인식해서 그 정점의 순간에 얼마나 나빴는지 좋았는지, 그리고 잘 끝났는지에만 집중해야 한다고 알려준다. 알다시피 타이타닉호의 항해 첫날 밤에 대한 긍정적인 후기는 없지 않은가.

정점 만들기: 따뜻한 쿠키와 아이스케이크

2019년 9월 19일 정오, 우리는 그리스 아테네에 도착했다. 막 걸음마를 시작한 아기와 함께하는 첫 유럽 여행이었다. 우리는 서둘러 런던의 작은 아파트에서 벗어나 그리스 섬들의 태양과 바다로 향했다. 하지만 정오까지 아테네에 도착하려면 런던에서 일찍 출발해야 했다. 아주 이른 출발이었다. 오전 4시 알람 시간에 맞추어 일어나

택시를 타고 루톤 공항으로 갔다. 한 시간 동안 아이와 정신없이 보내고 세 시간 반 동안 비좁은 좌석에 앉아 비행한 뒤 비행기에서 내리면서 휴가가 시작됐다. 아침부터 힘들게 떠났지만 사실 이번 여행은 그다지 기억에 남는 게 없다. 비행기 승무원들도, 기내가 어떻게 생겼는지도 기억나지 않는다. 수화물 벨트에는 가본 적도 없는 것 같다. 내가 얼마나 피곤했는지, 짐 때문에 팔이 아팠는지도 기억나지 않는다. 하지만 한 순간만은 분명히 기억난다. 내 마음에 선명히 새겨진 그 경험은 지치고 흐릿한 다른 여행과는 달랐다.

인생에서 우리는 종종 정점의 순간을 뜻밖이거나 우연이라고 생각한다. 배우자를 만나고, 경기에서 이기고, 태풍을 무사히 피하는 등의 사건들은 정말 본질적이고 기억할 만하다. 중요한 점은 이와 같은 순간들, 곧 정점의 순간들을 우리가 직접 설계하고 만들 수 있다는 것이다. 서사적 스토리텔링에서 정점의 순간은 저자가 특별히 주의를 기울여야 하는 결정적인 대목이다. 갈등, 고양, 중요한 의미가 드러나는 순간 말이다. 이런 순간은 고도로 계획되었지만 예기치 않은 변화와 전환의 순간이다("그러던 어느 날 간달프라는 마법사가 그를 찾아왔다"). 실제 삶도 마찬가지다. 우리는 신중하게 계획된 정점을 통해 경험의 지속 시간을 바꾸지 않고도 우리에게 즐거움을 제공하며 긍정적이고 오래가는 기억을 남기는 특별하고 강력한 순간을 만들 수 있다.

"내가 다시 LA에 온다면 이곳에 오고 싶다."

_ 아자이 지Ajag G., 여행 인플루언서

칩과 댄 히스Chip and Dan Heath 형제는《순간의 힘The Power of Moments》이라는 훌륭한 책에서 피크엔드 효과를 살펴보며 LA의 매직캐슬 호텔을 소개한다. 이 호텔은 할리우드의 그라우맨스 차이니스 극장에서 한 블록 떨어져 있다.[6] 2021년 8월 이 호텔의 순위는 LA에서 (트립어드바이저Tripadvisor에 따르면 407개 호텔 중) 7위였다. 가족이 운영하는 호텔인 매직캐슬 호텔로서는 인터콘티넨탈 호텔, 셰라톤 그랜드 호텔, 할리우드 루스벨트 호텔과 경쟁해 거둔 놀라운 성과였다. 더 인상적인 것은 전혀 캐슬(성)과 유사한 점이 없는데도 이런 성과를 거두었다는 점이다(오래된 아파트를 개조해서 만든 이 호텔은 풀장은 작고, 계단이 많고, 엘리베이터도 없다).

하지만 확실히 마법처럼 황홀하다.

이 호텔은 인심 좋은 무료 스낵바와 세탁 서비스도 제공하지만, 가장 마법적인 순간은 아이스케이크 핫라인이다. 매직캐슬 호텔 웹사이트에는 이렇게 설명되어 있다. "빨간색 전화기만 들면 '네, 아이스케이크 핫라인입니다'라는 응답이 들립니다. 그리고 몇 분 뒤면 공짜 아이스케이크가 마법처럼 나타납니다."[7] 그러고는 마치 원할 때마다 주는 아이스케이크만으로는 충분하지 않다는 듯이, 당신이 태양 아래에서 쉬고 있으면 하얀 장갑을 낀 웨이터가 아이스케이크를 은쟁반에 담아 갖다준다. 칩과 댄 히스 형제에 따르면 이 늘랍고 관대한 행동은 "예상을 깨는" 효과를 낳는다.*

　매직캐슬 호텔과 비슷한 심리학적 해결책은 세계 곳곳의 다른 호텔과 레스토랑에서도 발전해왔다. 대서양에서 8,000킬로미터 떨어진 곳에 있는 이 어둡고 특이한 레스토랑에는 모든 테이블마다 빨간색 전화기가 아니라 작은 황금색 버튼이 있다. 런던 소호 지역에 자리한 밥밥리카드Bob Bob Ricard라는 이 이색적인 레스토랑에서는 아이스케이크 대신 샴페인이 제공된다. 영국의 다른 어떤 곳보다 샴페인을 더 많이 제공한다는 명성을 얻은 이곳에서, 샴페인 요청 버튼은 샴페인을 달라는 조난신호 역할을 하며, 뒤이어 개츠비 스타일을 경험할 수 있는 분위기가 이어진다. 이런 해결책은 (앞에서 쭉 살펴봤듯이) 기대치 설정을 통해 고통스러운 불확실성을 제거하기보다는 참신함으로써 불확실성을 없애고자 한다. 이를 통해 뇌를 집중시키고 시간에 대한 지각을 확장시킨 결과 더 오래 지속되는 긍정적인 기억을 형성하는 데 도움이 된다.

　로리 서덜랜드는 이런 해결책을 설명하는 매력적인 용어를 만들었다. 이런 해결책은 모두 정서적 효율성emotional efficiency의 예다. 이런 해결책들은 호텔의 조식 서비스나 침구나 타월의 질을 개선하는 등의 방어적 대응 대신 의외성과 차별성을 통해 무형의 정서적

---

* 이 부분은 앞서 충성도 연구에서 언급한 가변성 내용과 자연스럽게 중복된다(좋은 경험의 결과는 당연히 다시 호텔을 찾는 것이다). 예컨대 칩과 댄 히스 형제는 비행 중에 재미있는 안전 안내방송을 들은 사우스웨스트 항공의 단골고객들이 (그렇지 않은 단골고객들보다) 다음 해에 비행을 1.5회 정도 더 많이 했다고 보고한다.

> **평균점수를 높이기 위해 노력하는 대신
> 특별하고 기억에 남는 순간을 만드는 것이 유익하다.**

가치를 창출한다. 다시 말해 모든 부분의 평균점수를 6점에서 7점으로 올리기 위해 전반적인 것에 신경 쓰는 대신, 10점짜리 예상치 못한 순간을 곳곳에 배치한다.

그렇다면 그리스에 도착했을 때 우리가 얻은 핵심적이고 긍정적인 기억은 무엇이었을까? 긴 아침 여행 끝에 아테네에 도착한 우리는 예상치 못한 감각적인 경험을 했다. 사실 우리는 공항을 떠나지도 않았는데 이미 해변에 와 있었다. 공항 터미널을 걸어 나가자 하얀 벽들이 마법처럼 모래와 바다로 바뀌었다. 거대한 OHP 프로젝터가 우리를 바닷물이 찰랑거리는 조용하고 평화로운 바닷가로 데려갔다. 힘든 아침 여행 후 우리의 기도는 응답을 받았다. 어린 딸이 놀라서 직접 바닷물을 만지려고 벽으로 기어갔다. 우리는 딸의 모습을 지켜보며 한숨을 돌리고 기운을 차린 다음 공항을 떠났다.

모든 것을 최대한 개선해야 한다는 유혹(평균점수를 올리는 것)을 받을 수도 있지만, 피크엔드 효과는 오래 기억되는 즐거움을 늘리기 위해 모든 것을 개선할 필요는 없다는 점을 보여준다. 이것은 단순히 정보를 암호화하거나 저장하는 방식의 문제가 아니다. 우리는 호텔에 비치된 수건이 더 부드러웠다는 사실을 기억하지 못할 수 있지만, 수렴적으로 진화된 '피크(절정)' 해결책들은 기억할 것이다. 가령 더블트리 호텔이 투숙객에게 제공하는 따뜻한 웰컴 쿠키나 난데없이 욕실에 놓여 있는 알록달록한 고무오리 같은 것 말이다. 그리고 그 별난 아이스케이크 핫라인은 확실히 잊지 못할 것이다. 이와 같은 관대하고 예상치 못한 다중감각적 소통방식들은 카테고리의 기준을 깸으로써 우리의 뇌를 사로잡고 집중하게 만든다. 익숙한 패턴 속에 특이한 것을 배치함으로써 시간을 늦추는 동안 우리는 기억자아를 위한 즉석사진을 찍는다(이것은 다음에 다시 참여하고 싶은 마음을 불러일으킨다). 값비싼 고성능 자동차에는 대부분 스포츠 모드가 있지만 테슬라는 유일하게 루디크러스(미친 속도) 모드Ludicrous Mode가 있다. 훌륭한 레스토랑들은 모두 샴페인을 제공하지만 버튼을 누르면 샴페인을 제공하는 곳은 밥밥리카드뿐이다. 히스 형제가 인정하듯이, 사람들이 스스로 스마트폰을 꺼내 사진을 찍어 기억하고 싶어한다면 성공한 것이다.

경험 개선하기: 혁신 체크리스트

1. 기억할 만한 경험을 만들기 위해 어떻게 사람들의 예상을 깰 수 있을까?
2. 어떤 다중감각적 요소를 활용하면 특정한 순간을 빛나게 만들 수 있을까?
3. 어떻게 하면 통쾌하거나 재미있는 발상으로 카테고리의 기준을 깰 수 있을까?

〈사진 12〉 절정의 순간들: (위) LA 매직캐슬 호텔의 아이스케이크 핫라인, (기운데) 런던 소호에 자리한 밥밥리카드의 샴페인 요청 버튼, (아래) 2019년 아테네 공항의 가상 해변.

엔딩의 최적화:
최고의 순간은 마지막까지 아껴두세요

몇 년 전 나는 싱가포르 창이공항에 근무하는 컨설턴트들을 대상으로 강연하려고 그곳을 방문했다. 공항의 여러 곳을 잠시 둘러보는 중 고객 경험 개선을 담당하는 선임 컨설턴트 한 사람과 대화를 나눌 기회가 있었다. 이야기를 하다가(그리고 그에게 쉴 새 없이 칭찬을 퍼부은 뒤) 나는 이전에 창이공항을 이용하면서 관찰한 내용을 언급했다(아마 다른 분야에서였다면 별로 대수롭지 않았을 내용이었다).

아직 가보지 않은 사람을 위해 얘기하자면, 창이공항은 마치 지구상에 존재하지 않는 공항 같다. 창이공항은 지구에서 가장 분주하고 교통량이 많은 공항 중 하나이지만 공항 안에는 난초 정원, 싱가포르 최대 규모의 슬라이드, 세계 최초의 나비 정원도 있다. 이 글을 쓰는 현재 창이공항은 세계 최고의 공항이라는 타이틀을 갖고 있다(세계 최초로 8년 연속 이런 성과를 달성했다). 이곳은 그 자체로 하나의 목적지다.

내가 봤던 것을 이야기하자 컨설턴트의 얼굴이 환해졌다. 그것은 어쩌다 우연히 벌어진 일이 아니라 이용객들을 위해 창이공항이 의식적이고 신중하게 설계한 요소였다. 공항의 화려함 속에서도 섬세하면서도 의도적인 포용이 느껴졌다.

반복 구매는 모든 산업에서 반드시 필요하다(심지어 국제공항
도 마찬가지다). 하지만 반복 구매는 지리적 접근성이 나쁘고 손님
이 제한적이라는 한계를 지닌 동네 레스토랑에게 특히 중요하다. 그
래서 일회성 방문자를 대상으로 이익의 극대화를 추구하는 관광명
소와 달리 동네 레스토랑에서는 긍정적인 기억 창조가 엄청나게 중
요하다. 많은 레스토랑이 보통 식사를 마친 뒤나 비용을 계산할 때
후한 인심을 보여주는 가벼운 선물(예를 들어 초콜릿 민트)을 제공
한다. 이것은 팁을 더 많이 받기 위한 것이기도 하지만[8] 선물이 없는
경우보다 저녁식사를 더 긍정적인 기억으로 만든다. 매우 은근한 피
크엔드 효과의 예로서, 얼마 전 나는 오스트레일리아의 맥도널드 매
장에서 비용을 지불할 때 사회적 강화 신호(결제 기기에 나타난 미
소)를 발견했다. 다시 말하자면 의도와 규모에 상관없이 이 기발한
강화 신호는 약간의 도파민을 제공해 비용 결제의 고통을 완화하여
차가운 거래 이상의 긍정적인 기억을 남기는 데 유용하다. 우리는
보통 식사시간이 길었다 또는 짧았다고 말하기보다는 식사가 좋았
다 또는 나빴다고 평가하며 레스토랑을 떠난다. 이런 평가에 영향을
끼쳐 사람들이 다시 오게 하려면 경험의 결말이 정말 중요하다.

창이공항은 여러 가지 세계 최초 이력과 화려한 선언으로 유명
하지만 세부 내용을 신중하게 설계하는 능력이 탁월하고 모든 단계
에서 고객 경험을 최적화한다. 나는 창이공항 컨설턴트에게 모든 출
국 심사대에서 유명 브랜드 사탕을 무료로 나눠주는 것을 보고 놀

〈사진 43〉 따뜻한 마지막: (위) 그리스 밀로에서 식사 후 제공되는 무료 마스티하 음료. (가운데) 맥도날드 매장에서 결제할 때 카드 단말기에 나타나는 미소. (아래) 창이공항 출국 심사대에 놓인 사탕.

랐다고 말했다. 보통 공항의 출입국 및 세관 심사는 차갑고 거래적인 경험이라는 점(많은 면에서 그럴 필요가 있다)을 알고 있었기 때문이었다. 여행객들은 대기 줄의 길이나 싱가포르의 효율성과 규율을 기억하는 대신, 이런 작은 배려 덕분에 입안에 달콤한 맛을 머금고 싱가포르를 떠난다. 출국장에서 마리아치 밴드가 환송해주거나 라이트 쇼가 펼쳐지는 것도 아닌데, 창이공항은 각 출국 심사대에서 무료 사탕을 제공하여 출국 경험을 추운 날 온천욕을 하는 것과 같은 경험으로 만들었다. 알다시피 마지막의 1℃ 차이로 우리의 경험이 달라질 수 있다.

피크엔드 제품: 마지막 한입까지

디즈니랜드의 통나무 수로 타기 놀이기구 스플래시 마운틴Splash Mountain은 첨벙 소리를 내며 출발하지 않는다.

이 놀이기구는 이용자의 경험을 신중하게 설계했다. 이용자들은 처음에는 이 놀이기구의 특별하고 기억할 만한 경험인 최고의 스릴을 느끼지 못하다가 신중한 계획에 따라 점차 느끼게 된다. 우리는 테마파크와 영화관이 이처럼 계획적으로 콘텐츠를 구성할 것으로 예상한다. 우리는 사람들이 어떤 경험을 잘 받아들여 즐길 것인지를 판단할 때 감정의 높낮이가 중요하다는 데 의문을 제기하지 않는다. 그렇다면 왜 우리는 물리적 제품을 개발할 때에도 이와 같은 방식으로 접근하지 않을까?

소문에 따르면 코르네토Cornetto 아이스크림의 바닥에 들어 있는 초콜릿 덩어리는 처음에는 의도하지 않은, 제품 생산 과정의 부산물이었다고 한다. 이 아이스크림콘의 초콜릿 코팅이 아래로 흘러내려 바닥에 고이면서 맛있는 초콜릿 덩어리가 되었다. 이 작은 문제점(또는 표준 진화론 관점에서는 돌연변이)이 많은 사람이 가장 좋아하는 부분으로 바뀌었다. 제조 공정을 변경해 초콜릿 덩어리를 없앨 수 있었지만 초콜릿 덩어리가 널리 인기를 얻자 그대로 유지했다고 한다. 연구자들이 고등 포유류 동물을 대상으로 피크엔드 효과를 연구한 결과, 꼬리감는원숭이들에게 음식을 보상할 경우 처음보다는 마지막에 가장 맛있는 부분을 받기를 선호한다는 사실이 발견되었다.[9] 다양한 초콜릿과 토피 사탕의 가장 맛있는 부분을 바깥 부분(먹기 시작하는 부분)이 아니라 가운데(마지막으로 먹는 부분)에 배치한 이유가 아직도 궁금한가?

생산 과정에서 우연히 발생한 실수 덕분에 코르네토의 경험이 개선되었지만, 이런 실수가 심리학적으로 설계된 미래의 제품들, 특히 건강에 좋거나 영양가 높은 스낵처럼 덜 매력적인 제품들에 주는 의미는 매우 흥미롭다. 건강한 음식을 권장하려고 할 때 최대의 도전과제 중 하나는 설탕과 지방을 먹고 싶은 본능적인 욕구를 해소하는 것이다. 기아의 위험이 상존했던 수백만 년의 진화 과정 탓에 이러한 고열량 성분의 섭취는 우리 뇌의 쾌락 중추와 긴밀히 연결되어 있다. 이 힘은 아주 강력해서 단순히 사람들에게 무엇을 먹으라고 말하는 것만으로는 거의 바뀌지 않는다. 하지만 우리의 기억이 정점과 마지막을 더 중시한다는 것을 이해하면 먹는 데 시간이 더 오래 걸리는 건강 제품을 먹을 때 얼마나 오래 씹는지를 주목하지 않도록 도울 수 있다. 이를테면 지속 시간 무시효과duration neglect(경험의 전 과정이 아니라 정점과 마지막 순간을 중요하게 기억하는 현상-옮긴이)를 유익하게 활용할 수 있다.

과학 및 비즈니스 분야 저널리스트인 데이비드 프리드먼David Freedman은 《애틀랜틱The Atlantic》에 기고한 '정크푸드를 이용해 비만을 끝내는 방법'이라는 제목의 글에서 기업들이 대부분의 지방과 설탕을 시작과 끝 부분에, 영양성분을 그 사이에 배치하는 방식으로 이용자가 모르게 건강에 좋은 성분을 캔디바 안에 넣을 수 있다고 말한다.[10] 옥스퍼드대학교 찰스 스펜스Charles Spence 교수의 말을 인용하자면, "우리는 처음 한 입과 마지막 한 입을 먹을 때 어떤 맛이 나느냐에 따라 음식을 판단하는 경향이 있습니다. 중간에 경험하는 맛에는 그다지 신경 쓰지 않습니다". 음식 산업이 이런 인간 심리에 대한 이해와 첨단 음식가공 기술을 갖추면, 달갑지 않지만 몸에는 좋은 성분의 소비를 촉진하는 강력한 도구를 갖게 된다(이런 성분이 제공하는 유익을 유지하면서 즐거움도 개선된다).

서사적 이야기에 도입, 전개, 결말이 있듯이 실제 제품에도 검증된 이야기 구조를 적용할 수 있다. 다시 말해 이전에 싫어했던 부분을 유지하면서도 경험을 최적화할 수 있다.

경험 개선하기: 혁신 체크리스트

1. 제품을 소비하는 순서를 어떻게 고려해야 할까?
2. 가장 긍정적인 부분을 마지막에 즐기게 하려면 어떻게 해야 할까?
3. 경험의 중간에 넣을 수 있는 귀중한(하지만 덜 매력적인) 요소는 무엇일까?

예기치 않은 시련을 만나면: 최악을 최고의 순간으로 바꾸기

2018년 7월 16일 시애틀에 본사를 둔 거대 기업 아마존이 36시간 세일 대축제를 시작했다. 그날은 아마존의 가장 큰 이벤트인 '프라임데이Prime Day'였다. 아마존은 쇼핑객들이 34억 달러어치의 상품을 구매할 것으로 기대했다.[11] 하지만 축제는 갑자기 중단되었다.

행사를 시작한 지 몇 분 만에 아마존 웹사이트에 문제가 발생해 몇 시간 동안 마비되었다. 아마존은 고객들의 엄청난 실망감으로 인해 매출액에 막대한 손실을 보았고(분당 약 100만 달러로 추정된다), 짜증이 난 수많은 고객이 프라임 회원을 탈퇴했다. 얼마 지나지 않아 불만에 찬 고객들은 트위터에 웹사이트 마비 사태에 대해 불평을 쏟아냈다. 아마존으로서는 다행스럽게도, 불만 고객 중 상당수가 곧 다른 일에 정신이 팔렸다.

"나쁜 뉴스: 아마존은 프라임데이 세일에 엄청난 수요가 몰리면서 시스템이 먹통이 된 것 같다.

좋은 뉴스: 아마존 오류 페이지 멋지다."

_트위터 이용자, 2018년 7월 16일

제품이나 서비스의 생애주기에서 불가피하게 계획대로 일이 풀리지 않을 때가 있다. 다행히도 특히 온라인을 이용할 경우 이런 종류의 버그는 대부분 다른 웹페이지로 매끄럽게 연결하면 만회할 수 있다. 이를테면 오류는 우리가 모르는 사이에도 일어날 수 있다. 불가피한 사고가 발생할 경우 어떤 기업들은 패닉 상태가 되어 상점을 폐쇄하거나 손실 관리를 위해 값비싼 조치를 취하는 대신 고객과 관계를 형성하는 기회로 받아들이는 법을 배운다. 그들은 사람들이 이벤트에 참가했다가 시간을 허비하고 말았더라도 조금이라도 긍정적인 마음으로 떠날 수 있도록 최선을 다한다. 예를 들어 웹사이트를 설계할 때 404 오류 메시지는 최우선 고려 대상이 아니겠지만, 시간이 흐르면서 이런 페이지들은 브랜드와 서비스를 강화하는 창의성의 전쟁터가 되었다. 에어비엔비Airbnb 웹사이트에서는 문제가 생기면 아이스크림을 떨어뜨리는 민화 캐릭터 소녀가 나타난다. 애니메이션 거대 기업 픽사의 404 오류 페이지에는 2015년 개봉한 애니메이션 〈인사이드 아웃Inside Out〉에 등장하는 '슬픔이'가 나타난다. 프라임데이의 웹사이트 마비로 인한 손해를 만회하려던 아마존에게 구원을 손길을 내민 것은 세일이 아니라 개였다.

"와플스, 절대 사과할 필요 없어!

네 잘못이 아니라는 거 알아!!"

_ **트위터 이용자**, 2018년 7월 16일

웹사이트 마비 사태의 충격을 달래기 위해 아마존은 불만에 찬 고객들에게 한 무리의 개(정확히 말하면 엄청나게 귀여운 반려견들)를 보여주었다. 아마존의 시애틀 본사 직원들은 정해진 날에 7,000마리의 반려견들과 함께 출근할 수 있다.[12] 2018년 프라임데이에는 고객이 로그인에 실패할 때마다 다른 개 사진이 웹사이트에 나타났다(다행스럽게도 개 7,000마리를 모두 만난 고객은 없었다). 와플스, 머핀, 헌터, 레인저 등 구원자로 나선 아마존의 개들은 웹사이트 서비스 중단에 따른 불만을 줄이는 데 도움을 주었고, 그들의 존재 덕분에 매우 차가운 얼음 목욕이 약간이나마 따뜻한 목욕으로 바뀌었다.

결과적으로 이런 중대한 사고에도 불구하고 아마존은 2018년 프라임데이 매출액 신기록을 달성했다. 매출액 수치를 공개하지 않았지만 아마존은 이런 기술적 문제가 판촉 행사의 전반적 성과에 심각한 영향을 끼치지 않았다고 단언했다. 《리테일 가제트Retail Gazette》는 웹사이트 마비로 인해 미디어 보도량이 증가한 덕분에 실제로는 매출액이 증가했을 수도 있다고 보도했다.[13]

욕조의 차가운 물, 악수, 또는 이메일 서명란의 인사 문구에서 보듯이 피크엔드 효과는 다양한 산업과 분야, 도전과제에서 마지막

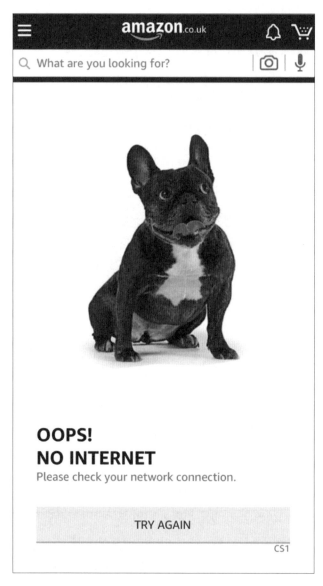

〈사진 44〉 삶이 레몬을 주면 레모네이드를 만든다: 아마존(영국)의 개들은 따뜻한 오류 메시지를 전달하여 불만을 완화하고 더 긍정적인 기억을 갖도록 돕는다.

경험을 따뜻하게 만드는 것이 중요하다는 사실을 분명히 보여준다. 삶이 예기치 않게 시큼한 레몬을 주면 그것으로 달콤한 레모네이드를 만드는 것도 좋지만, 강아지를 대기시키는 것이 훨씬 더 탄탄한 전략이다. 시련, 실수, 성공과 실패의 순간, 그리고 일이 계획대로 풀리지 않을 때에도 정말 중요한 것은 어떻게 끝을 맺는가다.

경험 개선하기: 혁신 체크리스트

1. 예상치 못한 부정적인 사건을 어떻게 하면 긍정적인 사건으로 바꿀 수 있을까?
2. 어떻게 하면 나쁜 뉴스를 더 즐겁거나 기억에 남는 방식으로 나눌 수 있을까?
3. 실수를 어떤 긍정적인 요소와 관련시켜야 실수의 고통을 덜 수 있을까?

EVOLUTIONARY IDEAS

3부

_____

결론

_____

EVOLUTIONARY IDEAS

26 | 새로운 시선: 맨땅에서 시작하지 마라

갑자기 공돈 2만 달러가 굴러들어왔다.

아주 기분 좋은 날이었다.

돈을 쓰고 싶은 곳이 많지만 당신은 오랫동안 꿈꿔왔던 1960년 대를 대표하는 클래식 폭스바겐을 구입하기로 결정했다. 이 자동차는 시대의 상징이었고 요즈음에는 희소성과 모호성으로 매력을 얻고 있다. 이 차는 소유자의 지위를 말해준다. 당신은 온라인을 살펴보고 딜러를 검색하고 전화를 몇 통 걸어본다. 일단 찾기 시작하면 희한하게도 갑자기 사방에서 이 차가 보인다. 참 이상하다.

이런 느낌을 표현하는 용어가 있다. 당신은 지금 또 다른 진화 심리학적 결과인 바더마인호프Baader-Meinhof 현상(그동안 존재했지만 의식하지 못했던 것들이 특정 정보를 접한 뒤 자주 인식되는 현상-옮긴이)

을 경험하고 있다.*

날마다 수많은 정보의 폭격을 받는 우리는 패턴을 감지하면 보상을 받는다(이미 아시겠지만). 그 결과 우리 뇌는 우리가 무의식적으로 생각하고 있는 것을 주변에서 더 자주 발견하도록 기회를 제공한다. 이 두 가지 상황이 한 연속적 사건의 시작점이다.

이것이 패턴의 시작이다.

이 책의 서두에서 인간의 타고난 혁명적 성향에 관해 살펴보았다. 예를 들어 우리는 중요하거나 새로운 과제와 맞닥뜨리면 그 이유를 더 잘 이해하려고 노력하면서 크고 새로운 해결책을 찾는 경향이 있다. 앞에서 우리는 고독한 천재 신화, 규모와 사회적 지위 사이의 인지적 관계, 우리의 귓가에 속삭이는 타고난 낙관주의("할 수 있어!")에 대해 살펴보았다.

하지만 앞서 보았듯이 사실 이런 혁명은 드물다.

극히 드물다.

1퍼센트나 될까 싶을 정도로 드물다.

그래서 행동과학은 빈 시판에서 시작해 최고의 결과를 바라거나 '이번에는 다를 거야'라며 스스로를 납득시키는 대신 자연에 나

---

* 이 용어는 1994년 세인트폴 파이오니어 프레스의 온라인 게시판 토론 참가자가 처음 사용했다. 그는 1970년 이후 활동했던 독일의 극좌파 바더마인호프 대리집단의 이름을 하루에 두 번 듣고 이 용어를 만들었다.

타난 진화적 해결책의 성공적인 패턴, 곧 심리학적 원리를 이해함으로써 옛것으로부터 새로운 아이디어를 체계적으로 만들어내는 새로운 열쇠를 제공해왔다.

오늘날에는 인간의 직관, 시행착오, 사회적 학습이나 지적 설계를 통한 심리학적 해결책들을 곳곳에서 발견할 수 있다. 수백만 년 동안의 진화 과정을 거쳐 날개지느러미와 등지느러미가 만들어졌듯이 수많은 인간 문제 해결자·엔지니어·디자이너·마케터·조언자들이 당신이 지금 맞닥뜨린 문제를 해결하기 위해 노력해왔다. 다만 방식이 조금 다를 뿐이다. 이러한 해결책 패턴을 이해하면 가장 힘든 과제 중 많은 부분이 이전에 이미 해결되었다는 것을 알 수 있다.

진화적 사고의 여정이 끝나가는 지금, 나는 당신이 사방에서 1960년대산 폭스바겐을 보듯이 주변에서 이런 해결책 패턴을 볼 수 있기를 바란다. 비용이 많이 드는 신호와 디폴트도 보일 것이다. 당신은 가변적 보상을 제대로 이해하고, 동네 레스토랑이나 프라임데이 웹사이트 마비 상황에서 은근한 피크엔드 효과에 주의를 기울이게 될 것이다. 아마 당신의 눈에 세상은 절대로 이전과 같은 방식으로 보이지 않을 것이다.

나의 경우는 확실히 그랬다.

다행히도 조금은 불안한 바더마인호프 경험과 달리 이런 패턴 인식은 우리에게 유용하다. 패턴 인식은 당신의 호기심을 부추기고 당신을 흥분시킬 것이다. 왜 그럴까? 패턴 인식은 경쟁 우위를 제공하기 때문이다. 이러한 우위는 우리가 더 나은 질문을 던질 때 얻을 수 있다.

질문은 얼마든지 바꿔볼 수 있다

로라 굿이어Laura Goodyear, 탄짐 호사인Tanjim Hossain, 딜립 소만Dilip
Soman은 《야생동물의 행동과학Behavioural Science in the Wild》이라는 책
에 기고한 〈성공적으로 조절된 행동 개입을 위한 처방〉이라는 글에
서 응용행동과학 분야에 대한 관심사를 나누었다.[1] 이들은 마치 '넛
지' 해결책들을 쇼핑하듯이 행동 변화에 접근하는 것은 위험한 방
식이라고 강조한다. 다시 말해 기존의 해결책이 모든 상황에서 통할
것이라고 기대하면 위험하다는 것이다. 이 책에서 우리는 해결책의
직접적인 적용(진열장에 있는 물건을 구매하는 것처럼)을 기대하는
것이 아니라 기존 해결책의 창의적 또는 혁신적인 잠재력을 강조하
고 전달하려고 노력했다.

　우리가 심리적 혁신 분야가 아니라 전자제품을 제조하여 여러
지역으로 운송한다고 상상해보자. 예컨대 냉장고 제조업이라고 하
지. 사업 전략 중 하나로 냉장고 생산을 중앙집중화하는 것이 합리
적이다. 세계 곳곳으로 운송되기 전에 대규모 공장을 이용해 규모의
경제를 이루는 데 따른 이익을 얻을 수 있기 때문이다. 이런 전략은
제품이 지역에 도착하면 그것을 수송할 만한 큰 트럭이 있고, 고객
에게 배송된 냉장고의 전기 플러그가 그 지역의 콘센트와 맞는다고

전제한다.

다른 전략은 원재료 조달을 중앙집중화한 후 지역 시장으로 배분한 다음 해당 지역에서 냉장고를 직접 제조하는 것이다. 나는 행동 및 심리적 혁신을 확산할 때도 이와 똑같은 비유를 적용할 수 있다고 생각한다. 냉장고를 배송하는 것처럼 완제품을 수송하는 대신, 우리는 원재료를 통해 해결책의 잠재력을 전달할 수 있다. 진화적 사고를 창출하는 이상적인 원재료는 '더 강력한 질문'이다.

자연세계의 진화와 달리 혁신 분야의 새로운 해결책은 저절로 생기지 않는다. 새로운 방법으로 문제를 해결하길 원하는 사람들이 시작해야 한다. 이 책의 끝부분에는 이 여정에서 던진 혁신을 위한 질문들이 수록되어 있다. 각 질문은 근본적인 진화심리학적 원리에 더 쉽게 접근하도록 도와주기 위한 것이며, 이를 통해 과제에 관한 정보를 더 많이 얻을 수 있다. 또한 기존 해결책의 가치를 새로운 상황에 새롭게 적용하도록 도와주고, 질문이 추상적이기 때문에 일반적으로 함께 잘 언급되지 않는 여러 산업계와 분야를 연결해준다. 각 질문은 목적에 맞게 조정할 수 있고, 시간이 흐르면 이 질문들을 자신의 체크리스트 형태로 만들 수 있다.

이런 해결책의 이전 가능성transferability을 확보하기 위해 최선을 다하고 있지만, 냉장고 사업과 달리 이 책에서 전달하려는 것은 주철이나 구리, 강철이 아니라는 점을 인정하는 것도 중요하다. 우리는 우주에서 가장 복잡한 기관인 인간의 뇌를 다루고 있다. 뇌는 절대 단순하지 않다.

특효약은 없다: 진화적 사고는 '렌즈'다

진화적 사고에 대한 탐구를 끝맺으면서 행동과학이 완벽하거나 정밀한 학문이 아니라는 점을 인정하는 것이 중요하다. 이 책 전체를 통해 우리는 아주 다양한 진화적 해결책을 탐구했고, 때로 이 해결책이 일상에서 매우 보편적이라고 추정했다. 하지만 항상 그런 것은 아니다. 진화적 해결책이 모든 상황에서 유효하다고 추정할 수는 없다. 설령 원재료를 통해 전달된다 해도 말이다. 또한 사람들이 기존 이론이 예상하는 방식으로 비슷하게 반응하도록 만들어져 있다고 추정할 수도 없다. 상황과 맥락이 무엇보다 중요하다.

로저 마틴Roger Martin은《더 많은 것이 더 좋은 것이 아닐 때When More Is Not Better》에서 아르헨티나 발데스반도의 범고래 연구를 통해 상황의 힘에 대한 설득력 있는 예를 제시한다.[2] 이 놀라운 동물은 물개를 사냥하는 뛰어난 방법을 개발했다. 범고래는 스스로를 해안가로 밀어올려 방심하고 있는 먹잇감을 잡은 다음 발데스반도의 매끄러운 조약돌 덕분에 깊은 바다로 돌아올 수 있다. 이 방법은 특정 환경에서는 성공적이지만 다른 환경에서 그대로 적용하면 자살행위가 된다. 이 책에서 우리는 등지느러미의 수렴적 진화처럼 해결책들의 유사점을 찾으려고 노력했지만, 해결책의 이전 가능성을 맹목적으로 추정할 수는 없다. 똑같은 지느러미가 있다고 해서 모든 상황이나 환경에서 성공이 보장되지는 않으며, 민물고기를 바다에 넣으면 결국 죽는다.

예컨대 디폴트가 의사결정과 행동에 영향을 끼친다는 강력하고 폭넓은 증거에도 불구하고(11장 참고) 네덜란드에서 장기 기증을 권장하기 위해 새로운 디폴트를 도입하자 비기증자가 이전 달보다 약 40배 증가했다.[3] 새로운 디폴트 정책은 선택을 위한 디폴트, 곧 넌지시 추천하는 신호가 아니라 정부가 강요하는 신호로 이해되었다. 17장에서 살펴보았듯이 네덜란드 사회에서는 매우 소중하게 여기는 자유에 대한 위협으로 간주되어 심리적 반발을 유발했다. 이 정책은 저도 모르는 사이에 민물고기를 바닷물에 집어넣는 꼴이 되었다.

상황의 힘을 무시할 수 없듯이 행동과학의 분류체계 역시 반박의 여지가 없는 법칙이 아니라는 사실을 이해할 필요가 있다. 행동과학의 분류체계는 대략적인 경향성이다.[4] 우리는 인간의 의사결정에서 진화적으로 더 오래되고 보편적인 요인들을 주로 살펴보았지만, 문화나 개인의 특성도 해결책을 만드는 데 중요한 역할을 한다. 시험할 가설들, 탐색할 상황, 문화적 차이를 잘 이해하면 우리의 지식을 계속 확장할 수 있다. 북미 행동통찰팀(행동경제학의 넛지 이론을 적용하여 정부 정책을 개선하기 위해 설립된 기관-옮긴이)의 총책임자 마이클 홀스워스Michael Hallsworth는 나에게 이렇게 강조했다. "행동 통찰은 대안이 아니라 렌즈입니다." 안타깝게도 지금까지 읽은 내용 중 어느 것도 특효약은 아니다. 하지만 최선의 해결책을 탐색하는 일을 집중하고 확장하도록 도울 수 있다.

구조와 지침이 주는 자유

마지막으로 창의성에 대해 말해보겠다.

전통적인 관점은 창의적 과정이 비구조적이라고 본다. 우리는 위대한 아이디어가 혼돈과 천재성의 예측 불가능한 혼합의 결과일 뿐, 체계적인 또는 반복 가능한 접근방법을 통해 이루어지는 과정은 아니라고 생각한다("체크리스트라니, 어림도 없지!"). 하지만 실제로 창의성과 혁신에는 규칙과 구조가 모두 필요하다. 창의성과 혁신을 위해서는 (다양한 분야와 산업을 탐색하는) 사고를 확장하고 (끈질긴 질문 또는 도발을 통해) 집중하는 과정이 필요하다. 이 책에서 나는 체계적인 창의성과 구조가 심리적 혁신에 필요하다는 것을 보여주었다. 나의 목적은 학습 가능하고, 마법적인 손길을 통해 적용할 수 있는 접근방법을 제시하는 것이었다.

이 책은 또한 진화심리학적 해결책들(심리학적 원리들)을 어떻게 전형적인 영역과 분야를 넘어 다양한 산업에 적용할 수 있는지를 보여준다. 생체모방 분야와 트리즈 방법론처럼 이 원리들은 당면한 문제인 우리의 심리적 모순을 해결할 새로운 시각을 찾도록 도와준다. 다양한 분야의 해결책에서 유사성을 발견하면 영감의 원천을 확장하고 특정 분야의 함정을 피할 수 있다. 또한 우리는 이런 심리학적 원리를 통해 혁신을 촉진하는 일에 온전히 집중할 수 있다.

체크리스트는 보잉 747기의 재난을 막는 데 매우 유용하지만, 혁신 활동에 적용하면 처음부터 무작정 또는 가설 없이 사고하지 않는 데도 도움이 된다. 가장 타당한 심리학적 해결책 패턴에 집중하고 이것을 강력한 질문으로 바꾸면 더 체계적으로 혁신에 접근할 수 있다. 이와 같은 제약은 집중을 촉진하고, 그 결과 창의성을 자극한다. 고작 일곱 가지 기본 이야기 구조에서 수천 가지 이야기가 나올 수 있듯이, 고려할 변수의 수를 제한하면 혁신을 가속화할 수 있다. 제약은 오히려 혁신을 촉진한다.

나의 멘토이자 상사였던 마크 사레프Mark Sareff는 이렇게 일깨워준다. "걱정하지 마라. 바이올린도 줄이 네 개뿐이다!"

멸종도 진화다

자연과 마찬가지로 혁신도 생존을 절대적으로 보장하지는 않는다. 아이디어는 때로 실패한다. 때로(네덜란드의 새로운 디폴트 도입에서 보았듯이) 역효과를 낳기도 한다. 많은 창의적 활동이 그렇다. 혁신 과정에서 우리는 종종 우연히 효과적인 아이디어를 발견하고는 흥분해서 어떻게 하면 또 그런 아이디어를 만들어낼지 자문한다. 오길비 싱가포르의 최고 전략책임자 제이슨 힐Jason Hill은 이것을 "행복한 우연"이라고 멋지게 표현한다.

제이슨과 내가 오길비 오스트레일리아에 행동과학을 접목하려고 노력할 때 그가 이렇게 말했다. "이제 우리는 '행복한 우연'을 줄이고 계획된 우연을 더 많이 만들 수 있다." 제이슨이 옳았다. 진화적 사고는 완전함이나 확실성에 관한 내용이 아니라 혁신에 대한 맹목적 가정을 줄이고 새로운 렌즈를 제공해 계속 생각하고, 적용하고, 배우고, 조정하는 것이다. 행운이나 혼란스러운 '유효 슈팅'과 달리, 실패는 앞으로 나아가기 위해 의식적으로 어떻게 바꾸어야 할지를 깨닫는 데 도움이 된다. 어떤 것이 성공 또는 실패하는 이유를 이해하면 미래의 성공 가능성을 높일 수 있다.

진화적 사고의 비결은 적절한 선택 압력을 조기에 그리고 자주 가하여 원하는 환경에서 가설을 시험하는 것이다. 그 후에야 그 가설의 적절성 여부를 알 수 있고, 그에 따라 가설을 재정립하거나 검토 중인 프로그램의 중단을 신속하게 결정할 수 있다.

생명의 조건

이 책을 마무리할 시점에서 혁명적 또는 근본적 혁신에 관한 주장을 제대로 정리할 필요가 있다. 사실 우리는 혁명적 혁신과 진화적 사고가 둘 다 필요하다.

구글 글래스가 출시된 후 엄청난 실패를 겪었지만 이 제품이 웨어러블 기기의 기술을 촉진했다는 점은 의심의 여지가 없다(다른 많은 기업이 따라갈 수 있는 길을 닦았다). 지구와 충돌하는 소행성들이 모든 생물을 파괴하는 충격파와 대기 변화를 일으킬 수 있지만, 새로운 생명을 탄생시킬 수도 있다. 육지를 덮친 쓰나미 때문에 땅에 풍부한 영양소가 공급되고, 새로운 제약조건이 있는 완전히 새로운 서식지가 형성되고, 새로운 종의 진화를 일으킨다. 이와 비슷하게 달 탐사와 같이 혁명적이고 근본적인 혁신 역시 삶의 조건을 바꿀 수 있다. 알츠슐러와 그의 동료들이 말했듯이 달 탐사와 같은 혁신(1퍼센트)은 산업을 바꾸고, 완전히 새로운 시스템을 만들 수 있다. 예를 들어 측량사들은 레이저 발명으로 거리를 더 정확하게 측정할 수 있었지만, 디지털카메라는 코닥을 역사의 뒤안길로 내보냈다. 분명한 점은 이러한 예외적으로 드문 충격적 사건들이 발생하지 않는 시기에는 진화의 힘이 중요하다는 것이다. 좋은 아이디어, 안정적인 기업, 강력한 캠페인은 살아남는다. 나쁜 아이디어는 사라진다. 경쟁이 치열한 상황에서 진화적 사고는 생존과 경쟁 우위 확보를 위한 대안적인 길을 제공한다.

앞으로 당신이 새로운 과제에 직면하면 혁명이 필요하다고 느끼거나, 눈을 질끈 감고 처음부터 최선을 다해 다시 시작하고 싶은 마음이 들 수도 있다. 하지만 당신은 이제 혁명적 아이디어가 비용이 많이 들고 매우 희박하다는 것을 안다. 혁명적 아이디어를 개발하려면 오랜 시간이 필요하고 끔찍한 실패를 경험해야 한다. 반면에 매일 어디에선가 누군가는 당신과 똑같은 과제에 직면한다. 그들은 당신과 완전히 다른 분야나 산업에서 그 문제를 해결하려고 노력 중일 수 있다.

이제 신뢰를 강화하고, 의사결정을 지원하고, 행동을 끌어내고, 충성도를 높이고, 경험을 개선할 필요가 있을 때에는 세상에서 본적이 없는 무언가를 만들어내거나, 연필로 번개를 일으키거나, 텅 빈 종이를 노려보면서 지구를 파괴할 유성을 막아야 한다고 생각하는 게 아니라 이미 해결책이 존재한다는 걸 아는 것에서 위안을 얻을 수 있다. 더 중요한 점은 이제 그런 해결책을 찾아서 적용할 도구가 있다는 사실이다.

진화적 사고를 활용하면 가장 좋은 위치에서 출발할 수 있다. 자연스러운 과정을 가속화하고, 체계적이면서도 경쟁자보다 더 뛰어나게 성공적으로 혁신할 수 있다.

주사위는 그만 굴리고 진화적 사고를 시작하라.

진화 만세!

진화적 사고란

- 새로운 도전과제에 직면하면 처음부터 시작해야 할 것 같은 마음
  이 들지만, 이미 많은 사람이 각고의 노력 끝에 지금 당신이 당면
  한 똑같은 문제를 해결했다.

- 행동과학은 진화심리학적 해결책 패턴을 분류하여 체계적으로
  혁신할 수 있는 새로운 열쇠(심리학적 원리들)를 제공한다.

- 심리학적 원리들은 '선택지를 제한하지 않고 의사결정 지원하
  기'처럼 당면한 많은 혁신과제(또는 심리적 모순)에 적용할 수
  있다.

- 자연에서 이런 원리의 사례를 발견해 강력한 질문으로 바꾸면
  진화적 사고를 다양한 분야와 산업에 적용할 수 있다(혁신의 가

속화).

- 행동과학은 완벽하거나 정밀한 학문은 아니지만, 맹목적 가정을 줄여준다. 또한 배울 수 있고 마법처럼 적용할 수 있는 방법론이다.

- 혁명적 혁신과 충격적인 사건들은 실제로 일어나지만, 그런 사건들이 발생하지 않는 시기에는 진화의 힘이 중요하다.

혁신 체크리스트 모음

모순 1:
진실을 바꾸지 않고 신뢰 강화하기

1. 어떤 지출 또는 비용으로 우리의 신뢰성을 입증할 수 있을까?

2. 다른 사람을 위해 기꺼이 희생하는 예로 어떤 것이 있을까?

3. 제품이나 서비스에 대한 우리의 자신감을 보여줄 수 있는 투자 또는 희생으로 무엇이 있을까?

4. 어떻게 하면 보이지 않는 것을 분명히 보여주는 신호를 만들어 신뢰성을 확인할 수 있을까?

5. 제안의 정직성을 확인할 수 있으면서 속이기 어려운 세부 내용으로 어떤 것이 있을까?

6. 특정 기능 하나에 초점을 맞추어 전체에 대한 신뢰도를 높이려면 어떻게 해야 할까?

7. 어떤 신호가 평판 위험이 존재한다는 것을 보여주는가?

8. 평판 비용을 개선하기 위해 많은 시청자를 확보하려면 어떻게 해야 할까?

9. 메시지의 신뢰성을 강화하기 위해 약속을 어떻게 대중에게 전달할 수 있을까?(19장의 '헌신'을 보라.)

10. 어떻게 하면 사람들에게 작업 현장의 이면을 보여줄 수 있을까?

11. 어떻게 하면 제품 생산에 투입된 요소들을 제품 자체에서 보여줄 수 있을까?

12. 제품의 보이지 않는 요소 중 고객에게 보여줬을 때 신뢰를 강화할 수 있는 것은 무엇일까?

13. 어떻게 하면 복잡한 기술이 작동하는 방식을 시각적으로 보여줄 수 있을까?

14. '가장 효과적인' 구성요소를 강조하기 위해 제품을 어떻게 '해체'할 수 있을까?

15. '가장 효과적인' 구성요소에 어떤 특별한 이름을 붙일 수 있을까(예를 들어 파워볼)?

16. 어떻게 하면 다른 사람들의 이전 행동을 보여줄 수 있을까?

17. 징싱직이거나 안전한 내용이었나는 사실을 보여수기 위해 무엇을 남길 수 있을까?

18. 어떻게 다른 사람들이 행위자 또는 제안의 신뢰도를 평가하도록 만들 수 있을까?

19. 무엇을 제거해야 이전의 다른 사람들의 행동을 보여줄 수 있을

까?

20. 어떤 표시가 제거되었을 때 다른 사람들이 안전하게 참여했음을 보여주는 예시로 어떤 것이 있을까?

21. 행동의 필요성에 대한 신뢰를 강화하려면 어떤 예상치 못한 부재가 필요할까?

모순 2:
선택지를 제한하지 않고 의사결정 지원하기

1. 어떻게 하면 유익한 결과를 선택할 수 있도록 디폴트를 제시할 수 있을까?

2. 원하거나 기대하는 응답이 어떤 건지 신호를 주려면 어떻게 해야 할까?

3. 원하는 행동이 나올 수 있으려면 의사결정 과정을 어떻게 설계해야 할까?

4. 어떻게 하면 우리가 원하는 결과를 기존의 의사결정과 결합할 수 있을까?

5. 우리가 원하는 의사결정을 통합할 수 있는 선택 빈도가 높은 선택지로 무엇이 있을까?

6. 어떻게 하면 원하는 결과를 기존의 행동과 통합할 수 있을까?

7. 색깔, 대비, 크기를 이용해 사람들의 주의를 끌려면 어떻게 해야

할까?

8. '기대하는' 의사결정을 강화하려면 눈에 잘 띄는 어떤 신호를 추가할 수 있을까?

9. 우리가 바라는 결과에 주목하도록 유도하려면 어떻게 해야 할까?

10. 구체적인 단어, 이미지, 또는 다른 지원 도구를 이용해 선택지를 단순하게 만들 수 있을까?

11. 사람들이 의사결정의 결과를 분명하게 볼 수 있도록 도와주려면 어떻게 해야 할까(삼푸루를 생각해보라)?

12. 추상적인 개념을 이해할 수 있도록 도와주는 구체적인 관련 개념으로 무엇이 있을까?

13. 어떻게 잠재적인 응답을 미리 파악해서 완성할 수 있을까?

14. 답변이나 의사결정의 요소를 미리 완성하려면 어떻게 해야 할까?

15. 선택지를 어떻게 추천하면 사람들이 더 쉽게 선택할 수 있을까?

16. 의사결정을 지원하려면 큰 과제를 어떻게 세분화해야 할까?

17. 색깔 구분이나 숫자를 이용한 단계를 어떻게 활용하여 선택을 더 쉽게 할 수 있을까?

18. 추가 단계를 어떻게 만들면 숙고 과정을 강화하고 단순하거나 사소하다고 오인해서 속기 쉬운 의사결정을 늦출 수 있을까?

19. 의사결정을 쉽게 하려면 몇 가지 단계를 어떻게 합쳐야 할까?

20. 한 번 선택하게 하려면 여러 번의 의사결정을 어떻게 묶어야 할까?

21. 어떻게 하면 미래의 의사결정들을 예상하고 이것들을 하나의 큰 의사결정으로 묶을 수 있을까?

모순 3:
응답을 강요하지 않고 행동 이끌어내기

1. 어떻게 하면 우리가 바라는 행동을 익숙하고 대칭적이며 질서정연하게 느끼게 만들까?
2. 우리의 해결책을 통해 바람직한 패턴을 완성하려면 어떻게 해야 할까?
3. 사람들의 반응을 유도하려면 어떤 패턴을 깨야 할까?
4. 행동이 필요할 때 어떻게 확실한 유도 수단을 만들 수 있을까?
5. 행동의 보이지 않는 이로움을 구체적으로 경험하게 하는 방법으로 무엇이 있을까?
6. 어떻게 하면 사람들이 보이지 않는 문제를 미리 깨닫도록 도울 수 있을까?
7. 어떤 제한을 가하면 바라는 대로 사람들의 반응을 끌어낼까?
8. 어떤 정보를 제공하지 않으면 흥미를 끌 수 있을까?
9. 사람들에게 (그들이 하고 싶어한다는 것을 알면서) 하지 말라고 요청할 수 있는 것으로 무엇이 있을까?
10. 특히 행동이 임박했을 때 개인의 통제력을 강화할 방법으로 무

엇이 있을까?

11. 예상치 못한 경쟁 행동을 허용하면서 우리가 바라는 행동을 강화하는 방법으로 어떤 것이 있을까?

12. 선택은 각자의 몫이라는 것을 어떻게 보여줄 수 있을까?

모순 4:
보상을 늘리지 않고도 충성도 높이기

1. 서명과 같은 개인적 상호작용을 통해 결과에 대한 헌신을 높이려면 어떻게 해야 할까?

2. 사람들이 미래의 의사를 드러내거나 알리도록 장려하려면 어떻게 해야 할까?

3. 어떻게 하면 충성도에 대한 요구를 기존의 개인적 가치와 일치시킬 수 있을까?

4. 사람들이 '냉정한' 상태일 때 우리가 원하는 행동을 약속하게 하려면 어떻게 해야 할까?

5. 어떻게 해야 사람들이 미래의 다른 (바람직하지 않은) 선택지를 '지금' 제한할 수 있을까?

6. 어떻게 하면 사람들이 스스로에게 달갑지 않은 최후통첩을 내릴 수 있을까?

7. 무엇을 제공하면 사람들의 행동을 북돋울 수 있을까?

8. 뭔가를 완료했을 때 완전히 실현되는 '부분 인센티브'는 어떻게 만들 수 있을까?

9. 사람들의 미래 행동을 확정하기 위해 무엇을 제공할 수 있을까?

10. 어떻게 하면 사람들이 진행 과정을 볼 수 있도록 도울 수 있을까?

11. 이미 달성된 보이지 않은 단계들을 어떻게 사람들에게 더 분명하게 보여줄 수 있을까?

12. 사람들이 후속 행동을 하도록 장려하려면 어떤 인위적인 부양책을 제공할 수 있을까?

13. 소비자가 이용하는 제품에 가변적인 요소를 포함시킬 수 있을까?

14. 제품에 어떤 새로운 요소를 '가미하면' 소비자가 항상 새롭다고 느낄까?

15. 어쩌다 나오는 부정적인 결과(도리토스 룰렛을 생각해보라)를 가지고 어떻게 실험해볼 수 있을까?

16. 제품 설계를 통해 가변적 시스템을 만들 방법이 있을까?

17. 직원에게 어떤 방식으로 재량권을 부여하면 고객에게 뜻밖의 경험을 선사할 수 있을까?

18. 불필요한 일관성 또는 예측 가능성의 요소를 제거하려면 어떻게 해야 할까?

모순 5:
지속 시간을 바꾸지 않고도 경험의 질 높이기

1. 어떻게 기대치를 설정해야 경험에 긍정적인 영향을 끼칠 수 있을까?

2. 고통스러운 불확실성을 없애려면 사람들에게 다음에 올 것을 어떻게 보여주거나 알려야 할까?

3. 기대치 설정에 필요한 정보를 이용할 수 없다면 사람들에게 대신 어떻게 하라고 말해야 할까? (예컨대 일부 공항에서는 탑승객들에게 출발시간 '지연'이 아닌 '여유'라고 안내한다.)

4. 어떻게 해야 시간이 오래 걸리는 이유를 투명하게 전달할 수 있을까?

5. 작업 과정을 어떻게 보여주면 사람들이 현재 진행 상황과 자신의 위치를 확인할 수 있을까?

6. 진행되고 있다는 느낌을 눈에 보이게 전달하고 명확한 기대치를 설정하려면 어떻게 해야 할까?

7. 모호하고 불명확하거나 스트레스가 있는 상황에서 사람들에게 어떻게 통제감을 줄 수 있을까?

8. 사람들이 스스로 어떤 결정을 내리도록 허용할 것인가(최종 목표에 비추어보면 결정 내용이 사소한 것이라 해도)?

9. 불확실한 시기에 사람들에게 무엇을 제공해야 주체감을 높일 수 있을까?

10. 빈 시간에 다른 활동을 하게 하거나 주의를 전환하려면 어떻게 해야 할까?

11. 어떻게 하면 불가피한 대기시간을 다른 경험을 할 기회로 만들 수 있을까?

12. 유로스타처럼 지루함을 달래는 기존 활동(예를 들어 스마트폰 게임)을 전반적인 서비스 경험과 더 연관성 있게 만들 방법으로 무엇이 있을까?

13. 기억할 만한 경험을 만들기 위해 어떻게 사람들의 예상을 깰 수 있을까?

14. 어떤 다중감각적 요소를 활용하면 특정한 순간을 빛나게 만들 수 있을까?

15. 어떻게 하면 통쾌하거나 재미있는 발상으로 카테고리의 기준을 깰 수 있을까?

16. 제품을 소비하는 순서를 어떻게 고려해야 할까?

17. 가장 긍정적인 부분을 마지막에 즐기게 하려면 어떻게 해야 할까?

18. 경험의 중간에 넣을 수 있는 귀중한(하지만 덜 매력적인) 요소는 무엇일까?

19. 예상치 못한 부정적인 사건을 어떻게 하면 긍정적인 사건으로 바꿀 수 있을까?

20. 어떻게 하면 나쁜 뉴스를 더 즐겁거나 기억에 남는 방식으로 나눌 수 있을까?

21. 실수를 어떤 긍정적인 요소와 관련시켜야 실수의 고통을 덜 수
   있을까?

주석

들어가는 글: 혁신은 진화하는 것이다

1. Christensen, C. M., Dillon, K., Hall, T., & Duncan, D. S. (2016). *Competing Against Luck: The Story of Innovation and Customer Choice* (1st ed.). New York, USA: Harper Business.

2. Emmer, M. (2021, January 5). 95 Percent of New Products Fail: Here Are 6 Steps to Make Sure Yours Don't. Retrieved 26 October 2021, from www.inc.com/marc-emmer/95-percent-of-new-products-fail-here-are-6-steps-to-make-sure-yours-dont.html.

3. Gage, D. (2012, September 20). The Venture Capital Secret: 3 Out of 4 Start-Ups Fail. WSJ. Retrieved from www.wsj.com.

4. Gleeson, B. (2017, July 25). 1 Reason Why Most Change Management Efforts Fail. Forbes. Retrieved from www.forbes.com.

5. Afeyan, N., & Pisano, G. P. (2021). What Evolution Can Teach Us About Innovation Lessons from the life sciences. From the Magazine (September–October 2021), *Harvard Business Review*.

6. Ridley, M. (2015). *The Evolution of Everything* (1st ed.). New York, USA: Harper.

7. Leman, P.J., & Cinnirella, M. (2007). A major event has a major cause: Evidence for the role of heuristics in reasoning about conspiracy theories. *Social Psychological Review*, 9(2) 18-28.

8. Gilovich, T., & Savitsky, K. (2002). Like goes with like: The role of representativeness in erroneous and pseudo-scienti.c beliefs. Heuristics and Biases, 617-624. doi.org/10.1017/cb09780511808098.036.

9. Henslin, J. M. (1967). *Craps and magic. American Journal of Sociology*, 73 (3), 316-330

doi.org/10.1086/224479.

10. Sharot, T. (2011). The optimism bias. *Current Biology*, 21(23), R941-R945. doi. org/10.1016/j.cub.2011.10.030.

11. Terninko, J., Zusman, A., & Zlotin, B. (1998). Systematic Innovation: An Introduction to TRIZ (Theory of Inventive Problem Solving). *APICS Series on Resource Management* (1st ed.). Boca Raton, USA: CRC Press.

12. Ridley, M. (2020). *How Innovation Works: And Why It Flourishes in Freedom* (1st ed.). New York, USA: Harper.

13. Ridley, M. (2015). *The Evolution of Everything* (1st ed.). New York, USA: Harper.

14. Propos d'un Normand (1908); as quoted in Ridley, M. (2015). *The Evolution of Everything* (1st ed.). New York, USA: Harper.

15. Fogg, B. J. (2020). *Tiny Habits: The Small Changes That Change Everything*. Boston, USA: Mariner Books.

16. Sagarin, R. (2012). *Learning From the Octopus: How Secrets from Nature Can Help Us Fight Terrorist Attacks, Natural Disasters, and Disease* (1st ed.). New York, USA: Basic Books.

추가 자료 및 더 읽어보면 좋을 것

Bilton, N. (2021, September 9). Why Google Glass Broke. *The New York Times*. Retrieved from www.nytimes.com.

Gogatz, A., & Mondejar, R. (2004). *Business Creativity: Breaking the Invisible Barriers*. London, UK: Palgrave Macmillan.

Loh, H. T., He, C., & Shen, L. (2006). Automatic classi.cation of patent documents for TRIZ users. *World Patent Information*, 28(1), 6-13. doi.org/10.1016/j.wpi.2005.07.007.

Norman, D. A. (2013). *The Design of Everyday Things* (Revised and Expanded Edition.). Cambridge, Massachusetts, The MIT Press.

Orlo, M. A. (2006). *Inventive Thinking through TRIZ: A Practical Guide* (2nd ed.). New York, USA: Springer.

Spina, R. R., Ji, L. J., Tieyuan Guo, Zhiyong Zhang, Ye Li, & Fabrigar, L. (2010). Cultural dierences in the representativeness heuristic: Expecting a correspondence in magnitude between cause and effect. *Personality and Social Psychology Bulletin*, 36(5), 583-597. doi. org/10.1177/0146167210368278.

Yusof, S. M., & Awad, A. A. (2014). A brief review of theory of inventive problem solving (TRIZ) methodology. *Jurnal Teknik Industri Universitas Bung Hatta*. Retrieved from ejurnal.bunghatta.ac.id/index.php/JTI-UBH/ article/view/. 3399.

1 | 거미 대신 과자

1. WWF. (2018, April 25). Top 10 facts about Adélie penguins. Retrieved 27 October 2021, from www.wwf.org.uk/learn/fascinating-facts/adelie-penguins.
2. McKeag, T. (2021). Auspicious forms: Designing the Sanyo Shinkansen 500-Series bullet train. *Zygote Quarterly*, Summer 2021. ISSN 1927-8314.
3. Ibid.
4. Pawlyn, M. (Personal Communication, 2019).
5. Biomimicry Institute. (n.d.). What is Biomimicry? Retrieved 27 October 2021, from biomimicry.org/what-is-biomimicry.
6. Sagarin (2021).

추가 자료 및 더 읽어보면 좋을 것

Burnham, T. C. (2013). Toward a neo-Darwinian synthesis of neoclassical and behavioral economics. *Journal of Economic Behavior & Organization*, 90, S113-S127. doi.org/10.1016/j.jebo.2012.12.015.

Grant, B. R., & Grant, P. R. (2003). What Darwin's finches can teach us about the evolutionary origin and regulation of biodiversity. *BioScience*, 53(10), 965. doi.org/10.1641/0006-3568(2003)053[0965:WDFCTU]2.0.CO;2.

Leary, C. (2021, February 7)8. Uncanny Examples of Convergent Evolution. Retrieved 26 October 2021, from www.treehugger.com/ uncanny-examples-convergent-evolution-4869742.

Meijer, H. (2018, July 30). Origin of the species: Where did Darwin's finches come from? *The Guardian*. Retrieved from www.theguardian.com.

2 | 불가능을 가능케 하는 혁신

1. Genrich Altshuller: Father of TRIZ. By Leonid Lerner. Retrieved from rosetta.vn/triz/wp-content/uploads/sites/8/2019/01/Genrich_Altshuller_Father_of_TRIZ.pdf.
2. smithhn. (2007, March 30). *Genrich Altshuller Teaching TRIZ*. 1 of 6 [Video file]. Retrieved from www.youtube.com/watch?v=dawPn8neL-U.
3. Thomas, J. (2020, July 16). Heart Disease: Facts, Statistics, and You. Retrieved 27 October 2021, from www.healthline.com/health/heart-disease/statistics.
4. Naseem, R., Zhao, L., Liu, Y., & Silberschmidt, V. V. (2017). Experimental and computational studies of poly-L-lactic acid for cardiovascular applications: recent progress. *Mechanics of Advanced Materials and Modern Processes*, 3(1). doi.org/10.1186/s40759-017-0028-y.

추가 자료 및 더 읽어보면 좋을 것

ICG Consulting. (2020). TRIZ Success Cases. Author. Retrieved (via Web Archive)

from web.archive.org/web/20090106180503/http://www.xtriz.com/documents/
TRIZSuccessCases.pdf.

ssabusiness. (2012, May 31). Triz Case Study - Dissolving Stent [Video file].
Retrieved from youtu.be/_1vNamfZ2qE.

Teplitskiy, A. (2007, July 2). Student Corner: Principle of Nesting. Retrieved 1 November
2021 (via Web Archive), from web.archive.org/web/20201124071224/ https://triz-
journal.com/student-corner-the-principle-of-nesting.

TRIZ40 by SolidCreativity. (n.d.). The TRIZ 40 Principles. Retrieved 27 October 2021,
from www.triz40.com/aff_Principles_TRIZ.php.

Wallace, M. (2000, June 30). The science of invention. *Salon*. Retrieved from www.salon.
com.

Zeeman, A. (2020, July 19). Genrich Altshuller. Retrieved 27 October 2021, from www.
toolshero.com/toolsheroes/genrich-altshuller.

3 | 살아남은 것과 사라진 것

1. Adelson, E. H. (1993). Perceptual organization and the judgment of brightness. *Science*,
    262(5142), 2042-2044. doi.org/10.1126/science.82661.

2. Ibid.

3. Gilchrist, A. L. (2010). Lightness Constancy. In Goldstein, E. B. (Ed.), *Sage
    Encyclopedia of Perception*. London, UK: Sage.

4. Cherniak, C. (1990). The bounded brain: Toward quantitative neuroanotomy. *Journal
    of Cognitive Neuroscience*, 2(1), 58-68. doi.org/10.1162/jocn.1990.2.1.58.

5. Hofman, M. A. (2012). Design principles of the human brain. *Evolution of the Primate
    Brain*, 373-390. doi.org/10.1016/b978-0-444-53860-4.00018-0.

6. Wilson, T. D. (2004). *Strangers to Ourselves: Discovering the Adaptive Unconscious*.
    Cambridge, USA: Belknap Press: An Imprint of Harvard University Press.

7. Kahneman, D. (2013). *Thinking, Fast and Slow* (1st pbk. ed.). New York, USA: Farrar,
    Straus and Giroux.

8. Haidt, J. (2012). *The Righteous Mind Why Good People are Divided by Politics and
    Religion* (1st ed.). New York, USA: Pantheon Books.

9   Thaler, R.H. (1987). *Anomalies: The January effect. Journal of Economic Perspectives*, 1(1):
    197-201.

10. Frederick, S., Loewenstein, G., & O'Donoghue, T. (2002). Time discounting and time
    preference: A critical review. *Journal of Economic Literature*, 40, 351-401.

11. Burd, M. (2010). Hunting, gathering, investing, globalizing: The biological roots of
    economic behaviour. *Systems Research and Behavioral Science*, 27(5), 510-522. doi.
    org/10.1002/sres.1055.

12. Mosley, M. (2011, May 5). Anatomical clues to human evolution from fish. *BBC News*.

Retrieved from www.bbc.com.

13. Halpern, D. (2016). *Inside the Nudge Unit: How Small Changes Can Make a Big Difference*. London, UK: WH Allen.

14. Fehr, E., & Gachter, S. (2000). Fairness and retaliation: The economics of reciprocity. *The Journal of Economic Perspectives*, 14(3), doi.org/10.1257/jep.14.3.159.

15. Tversky, A., & Kahneman, D. (1986). Rational choice and the framing of decisions. *The Journal of Business*, 59(S4): S251. doi:10.1086/296365.

16. Cialdini, R. B. (2007). *Influence : The Psychology of Persuasion* (1st Collins Business Essentials ed.). New York, USA: Collins.

17. Kruger, J., Wirtz, D., Boven, L., & Altermatt, T. (2004). The effort heuristic. *Journal of Experimental Social Psychology*, 40, 91-98.

18. Quarmby, D.A. (1967) Choice of travel mode for the journey to work. *Journal of Transport Economics and Policy*, 273-314.

추가 자료 및 더 읽어보면 좋을 것

Hines, N. (2016, March 24). Why Your Eyes Are Fooled by the Famous Checker Shadow Illusion. Retrieved 27 October 2021, from allthatsinteresting.com/checker-shadow-illusion.

Thomson, G., & Macpherson, F. (2017, July). Adelson's Checker-Shadow Illusion. Retrieved 27 October 2021, from www.illusionsindex.org/ir/ checkershadow.

4 | 새로운 눈으로 보기

1. Pagel, M. (2017). Q&A: What is human language, when did it evolve and why should we care? *BMC Biology*, 15(1). doi.org/10.1186/s12915-017-0405-3.

2. TED. (2018, May 2). How language shapes the way we think. Lera Boroditsky [Video file]. Retrieved from youtu.be/RKKwGAYP6k.

3. Winawer, J., Witthoft, N., Frank, M. C., Wu, L., Wade, A. R., & Boroditsky, L. (2007). Russian blues reveal effects of language on color discrimination. *Proceedings of the National Academy of Sciences*, 104(19), 7780-7785. doi.org/10.1073/pnas.0701644104.

4. Wu, K., & Dunning, D. A. (2019). Hypocognitive mind: How lack of conceptual knowledge confines what people see and remember. *PsyArXiv*. doi.org/10.31234/osf. io/29ryz.

5. Chen, M. K. (2013). The effect of language on economic behavior: Evidence from savings rates, health behaviors, and retirement assets. *American Economic Review*, 103(2), 690-731.

6. Lin, J. T., Bumcrot, C., Ulicny, T., Lusardi, A., Mottola, G., Kieffer, C., & Walsh, G. (2016). Financial capability in the United States 2016. Washington, DC: FINRA Investor Education Foundation - as referenced in Wu, K., & Dunning, D. (2018).

Hypocognition: Making sense of the landscape beyond one's conceptual reach. *Review of General Psychology*, 22(1), 25-35. doi.org/10.1037/gpr0000126.

7. Cowie, C. C., Rust, K. F., Byrd-Holt, D. D., Eberhardt, M. S., Flegal, K. M., Engelgau, M. M., & Gregg, E. W. (2006). Prevalence of diabetes and impaired fasting glucose in adults in the U.S. population. *Diabetes Care*, 29, 1263-1268. 10.2337/dc06-0062 (in Wu & Dunning, 2018).

5 | 심리적 트리즈

1. Wansink, B., Kent, R. J., & Hoch, S. J. (1998). An anchoring and adjustment model of purchase quantity decisions. *Journal of Marketing Research*, 35(1), 71. doi.org/10.2307/3151931.

2. Goldenberg, J., Mazursky, D., & Solomon, S. (1999). The fundamental templates of quality ads. *Marketing Science*, 18(3), 333-351. doi.org/10.1287/mksc.18.3.333.

3. Boyd, D., & Goldenberg, J. (2013). *Inside the Box: The Creative Method that Works for Everyone*. London, UK: Profile Books.

4. Pisano, G. P. (2019). *Creative Construction: The DNA of Sustained Innovation*. New York, USA: PublicAffairs.

5. Radford, C., McNutt, J. W., Rogers, T. et al. (2020). Artificial eyespots on cattle reduce predation by large carnivores. *Commun Biol* 3, 430 doi.org/10.1038/s42003-020-01156-0.

6. Norton, M. I., Mochon, D., & Ariely, D. (2012). The IKEA effect: When labor leads to love. *Journal of Consumer Psychology*, 22(3), 453-460. doi.org/10.1016/j.jcps.2011.08.002.

7. Buell, R. W. (2019). Show Your Customers How Hard You're Working for Them. From the Magazine (March-April 2019), *Harvard Business Review*.

8. Ibid.

9. Nikiforuk, A. (2011). What saves energy? Shame: ENERGY & EQUITY: There's power in people caring what their neighbours do. The Tyee - accessed November 2021 from thetyee.ca/Opinion/2011/07/14/EnergyShaming.

10. Genrich Altshuller in Orloff, M. A. (2006). *Inventive Thinking through TRIZ: A Practical Guide* (2nd ed.). New York, USA: Springer.

11. Sutherland, R. (Personal communication, 2019).

12. Bill Bernbach cited in Young, J. W. (2003). *A Technique for Producing Ideas*. New York, USA: McGraw-Hill Education.

추가 자료 및 더 읽어보면 좋을 것

Heath, C., & Heath, D. (2007). *Made to Stick: Why Some Ideas Survive and Others Die* (1st ed.). London, UK: Random House.

Orlo, M. A. (2006). *Inventive Thinking through TRIZ: A Practical Guide* (2nd ed.). New York, USA: Springer.

Sutherland, R. (2019). *Alchemy: The Surprising Power of Ideas That Don't Make Sense.* London, UK: WH Allen.

6 | 말은 됐고, 믿을 수 있는 걸 보여줘

1. Kraus, M. W., Huang, C., & Keltner, D. (2010). Tactile communication, cooperation, and performance: An ethological study of the NBA. *Emotion* (Washington, D.C.), 10(5), 745-749. doi.org/10.1037/a0019382.

2. Uleman, J. (1999). Spontaneous versus intentional inferences in impression formation. In S. Chaiken & Y. Trope (Eds). *Dual-Process Theories in Social Psychology.* New York, USA: The Guilford Press. 141-160.

3. Stecher, K., & Counts, S. (2008). Thin Slices of Online Profile Attributes. Presented at the International Conference on Weblogs and Social Media, Seattle, USA: University of Washington & Microsoft Research.

4. McKnight, D. H., Choudhury, V. & Kacmar, C. J., (2002). The impact of initial consumer trust on intentions to transact with a web site: A trust building model. *Journal of Strategic Information Systems*, 11, 297-323.

5. Raine, L., & Fox, S. (2000, November 26). Section 2: Health Seekers. What health seekers want and how they hunt for it. Retrieved 27 November, 2021, from www.pewresearch.org/internet/2000/11/26/ section-2-health-seekers.

6. Castledine, G. (1996). Nursing's image: It is how you use your stethoscope that counts. *British Journal of Nursing*, 5(14), 882-822.

7. McGlone, M. S., & To.ghnakhsh, J. (1999). The Keats heuristic: Rhyme as reason in aphorism interpretation. *Poetics*, 4(26), 235-244.

추가 자료 및 더 읽어보면 좋을 것

Amerland, D. (2015). *The Tribe That Discovered Trust: How Trust is Created, Propagated, Lost and Regained in Commercial Interactions. Mount Lebanon*, Lebanon: New Line Publishing.

Carey, B. (2010, February 22). New Research Focuses on the Power of Physical Contact. *The New York Times*. Retrieved from www.nytimes.com.

Carter, G. G., & Wilkinson, G. S. (2013). Food sharing in vampire bats: Reciprocal help predicts donations more than relatedness or harassment. *Proceedings of the Royal Society B: Biological Sciences*, 280(1753). doi.org/10.1098/rspb.2012.2573.

Jaffe, D. (2018, December 5). The Essential Importance of Trust: How to Build It or Restore It. *Forbes*. Retrieved from www.forbes.com.

Kramer, R. M. (2009). Rethinking Trust. From the Magazine (June 2009), *Harvard Business*

Review.

Okasha, S. (2013, July 21). Biological Altruism. *Stanford Encyclopedia of Philosophy.* Retrieved 27 October , from plato.stanford.edu/entries/altruism-biological.

Waytz, A. [Northwestern University - Kellogg School of Management]. (01-01-01). The Importance of First Impressions and Trust. The Trust Project [Video file]. Retrieved from www.kellogg.northwestern.edu/trust-project/videos/waytz-ep-2.aspx.

7 | 구체적인 신호가 신뢰를 강화한다

1. Maan, M., Cummings, M., Associate Editor: Dean C. Adams, & Editor: Ruth G. Shaw. (2012). Poison frog colors are honest signals of toxicity, particularly for bird predators. *The American Naturalist,* 179(1), E1-E14. doi:10.1086/663197.

2. Parker, R. (2018, October 30). 'Red Dead Redemption 2' Breaks Records With $725 Million Opening Weekend. *The Hollywood Reporter.* Retrieved from www.hollywoodreporter.com.

3. Reid, C. (2018, September 23). 'Red Dead Redemption 2' Will Be So Realistic Horse's Balls Shrink In The Cold. Retrieved 27 October 2021, from www.ladbible.com/entertainment/gaming-red-dead-redemption-2-graphics-will-show-horses-balls-shrink-in-cold-20180923.

4. Ogilvy Consulting. (2018, June 13). Don Marti - Media Buying For Protozoa Nudgestock 2018 [Video file]. Retrieved from youtu.be/Q5vfuyWO2QI.

5. TEDx Talks. (2019, May 24). Designing For Trust. Dan Ariely | TEDxPorto [Video file]. Retrieved from youtu.be/k5MfuwMNcMo.

6. Perkin, N. (2015, July 17). David Lee Roth and Brown M & Ms. Retrieved 27 October 2021, from www.onlydeadfish.co.uk/only_dead_fish/2015/07/david-lee-roth-and-brown-m-ms.html.

7. Ogilvy Consulting (2018, June 13).

추가 자료 및 더 읽어보면 좋을 것

Eschner, K. (2016, December 30). The Story of the Real Canary in the Coal Mine. Smithsonian Magazine. Retrieved from www.smithsonianmag.com.

Johnston, R. (2018, September 26). Red Dead Redemption 2 Is Set To Be Incredible, Because Of Horse Balls. Retrieved 27 October 2021, from junkee.com/best-thing-red-dead-redemption-horses-balls/176313.

McAndrew, F. T. (2018). Costly signaling theory. *Encyclopedia of Evolutionary Psychological Science,* 1-8. doi.org/10.1007/978-3-319-16999-6_3483-1.

Morrison, M. (2018, September 22). Red Dead Redemption 2: Horse Balls Shrink in Cold Weather. Retrieved 27 October 2021, from screenrant.com/ red-dead-redemption-2-horse-balls-shrink.

Raaphorst, N., & Walle, S. (2020). Trust, fairness, and signaling. *The Handbook of Public Sector Communication*, 59-70. doi.org/10.1002/9781119263203.ch3.

The Smoking Gun. (2008, December 11). Van Halen's Legendary M&M's Rider. Retrieved 27 October 2021, from www.thesmokinggun.com/ documents/crime/van-halens-legendary-mms-rider.

van Vugt, M., & Hardy, C. L. (2009). Cooperation for reputation: Wasteful contributions as costly signals in public goods. *Group Processes & Intergroup Relations*, 13(1), 101-111. doi.org/10.1177/1368430209342258.

8 | 보이는 것을 믿는다

1. Kruger, J., Wirtz, D., Boven, L. V., & Altermatt, T. W. (2004). The effort heuristic. *Journal of Experimental Social Psychology*, 40(1), 91-98. doi.org/10.1016/S0022-1031(03)00065-9.

2. Buell (2019).

3. Ibid.

4. Buell, R. W., & Norton, M. I. (2011). The labor illusion: How operational transparency increases perceived value. *Management Science*, 57(9), 1564-1579. doi.org/10.1287/mnsc.1110.1376.

5. Norton, M. I., & Buell, R. W. (2011). Think Customers Hate Waiting? Not So Fast. From the Magazine (May 2011), *Harvard Business Review*.

6. Chalayut, C. (2012, June 30). *Sorry About the Twigs, Folks* [Video file]. Retrieved from youtu.be/_2chTI14FQQ.

7. Monteith's Crushed Cider: Sorry About the Twigs, Folks. Cannes Creative Lions, Creative Effectiveness Lions, 2013 (Downloaded from WARC).

8. Sutherland (2019).

9. Buell, R. (Personal communication, 2020).

9 | 숫자가 주는 안전함

1. Cialdini, R. B. (2001). Harnessing the science of persuasion. *Harvard Business Review*, 79(9), 72-81.

2. Cialdini, R. B, Raymond, R. R., & Kallgren, C. A. (1990). A focustheory of normative conduct: Recycling the concept of norms to reduce littering in public places. *Journal of Personality and Social Psychology*, 58(6), 1015-1026.

3. Stewart-Williams, S. (2019). The Ape That Understood the Universe: How the Mind and Culture Evolve. Cambridge, USA: Cambridge University Press. doi.org/10.1017/9781108763516.

4. Parry, H. (2016, June 18). Expert claims mysterious "bent" trees were secret Native Americans trail markers. *Mail Online*. Retrieved from www.dailymail.co.uk.

5. Cialdini et al., (1990).
6. Martin, R., & Randal, J., (2008). How is donation behaviour aected by the donations of others? *Journal of Economic Behavior & Organization*, 67(1), 228-238.
7. Sagarin (2012).

추가 자료 및 더 읽어보면 좋을 것

BBC Earth. (2017, February 3). Amazing Fish Form Giant Ball to Scare Predators Blue Planet | BBC Earth [Video file]. Retrieved from youtu.be/15BqN9dre4.

Criscione, L. (2019, August 13). The Importance of Social Proof as a Trust Signal. Retrieved 27 October 2021, from online.wharton.upenn.edu/blog/the-importance-of-social-proof-as-a-trust-signal.

Eşanu, E. (2019, November 4). Norms Decide User Behaviour - UX Planet. Retrieved 27 October 2021, from uxplanet.org/behavioural-economics-descriptive-norms-97770a32a094.

The Trail Tree Project. (n.d.). Retrieved 1 November 2021 (via Web Archive), from web.archive.org/web/20190913102559/http://www.mountainstewards.org/project/project_trees.html.

Williams, D. (2018, October 14). Mysterious bent trees are actually Native American trail markers. *outdoorrevival*. Retrieved 27 October 2021, from www.outdoorrevival.com/news/mysterious-bent-trees-are-actually-native-american-trail-markers.html?safari=1.

Zara, C. (2019, December 18). How Facebook's 'like' button hijacked our attention and broke the 2010s. *Fast Company*. Retrieved from www.fastcompany.com.

10 | 의사결정의 기로에서: 선택할 게 너무 많아!

1. Fair, J. (2020, January 14). Apex predators in the wild: which mammals are the most dangerous? *Discover Wildlife (BBC Wildlife)*. Retrieved from www.discoverwildlife.com.
2. Gonzalez-Bellido, P. T., Peng, H., Yang, J., Georgopoulos, A. P., & Olberg, R. M. (2012). Eight pairs of descending visual neurons in the dragon.y give wing motor centers accurate population vector of prey direction. *Proceedings of the National Academy of Sciences*, 110(2), 696-701. doi.org/10.1073/pnas.1210489109.
3. Wiederman, S., & O'Carroll, D. (2013). Selective attention in an insect visual neuron. *Current Biology*, 23(2), 156-161. doi.org/10.1016/j.cub.2012.11.048.
4. Iyengar, S. (2011). *The Art of Choosing*. Zaltbommel, Netherlands: Van Haren Publishing.
5. Ibid.
6. Botti, S., & Iyengar, S. S. (2004). The psychological pleasure and pain of choosing: When people prefer choosing at the cost of subsequent outcome satisfaction. *Journal of Personality and Social Psychology*, 87(3), 312-326. doi.org/10.1037/0022-

3514.87.3.312.

7. Haynes, G. (2009). Testing the boundaries of the choice overload phenomenon: The effect of number of options and time pressure on decision difficulty and satisfaction. *Psychology and Marketing*, 26, 204-212. 10.1002/mar.20269.

8. Inbar, Y., Botti, S., & Hanko, K. (2011). Decision speed and choice regret: When haste feels like waste. *Journal of Experimental Social Psychology*, 47(3), 533-540. doi. org/10.1016/j.jesp.2011.01.011.

9. Iyengar, S. S., & Lepper, M. R. (2000). When choice is demotivating: Can one desire too much of a good thing? *Journal of Personality and Social Psychology*, 79(6), 995-1006. doi.org/10.1037/0022-3514.79.6.995.

10. Chernev, A. (2003). When more is less and less is more: The role of ideal point availability and assortment in consumer choice. *Journal of Consumer Research*, 30(2), 170-183. doi.org/10.1086/376808.

11. Zak, H. (2020, January 21). Adults Make More Than 35,000, Decisions Per Day. Here Are 4 Ways to Prevent Mental Burnout - Don't let decision fatigue get the best of you. Inc. Retrieved from www.*inc*.com.

12. Sethi-Iyengar, S., Huberman, G., & Jiang, G. (2004). How much choice is too much? Contributions to 401(k) retirement plans. *Pension Design and Structure*, 83-96. doi.org/ 10.1093/0199273391.003.0005.

13. Schwartz, B. (2016). *The Paradox of Choice: Why More Is Less*. New York, USA: Ecco.

14. Parrish, A. E., Evans, T. A., & Beran, M. J. (2015). Rhesus macaques (Macaca mulatta) exhibit the decoy effect in a perceptual discrimination task. Attention, *Perception & Psychophysics*, 77(5), 1715-1725. doi.org/10.3758/s13414-015-0885-6.

15. Burd, M. (2010). Hunting, gathering, investing, globalizing: the biological roots of economic behaviour. *Systems Research and Behavioral Science*, 27(5). dx.doi.org.ezproxy. library.usyd.edu.au/10.1002/sres.1005.

16. Stoel, S. T., Yang, J., Vlaev, I., & von Wagner, C. (2019). Testing the decoy effect to increase interest in colorectal cancer screening. *PloS One*, 14(3), e0213668-e0213668. doi.org/10.1371/journal.pone.0213668.

17. Bateson, M., Healy, S. D., & Hurly, T. A. (2003). Context.dependent foraging decisions in rufous hummingbirds. *Proceedings of the Royal Society*. B, Biological Sciences, 270(1521), 1271-1276. doi.org/10.1098/rspb.2003.2365.

18. Thaler, R. H., Sunstein, C. R., & Balz, J. P. (2010). Choice architecture. *SSRN Electronic Journal*. doi.org/10.2139/ssrn.1583509.

19. Ibid.

추가 자료 및 더 읽어보면 좋을 것
Greenleaf, E. A., & Lehmann, D. R. (1995). Reasons for substantial delay in consumer

decision making. *Journal of Consumer Research*, 22(2), 186. doi.org/10.1086/209444.

Kahn, B., Moore, W. L., & Glazer, R. (1987). Experiments in constrained choice. *Journal of Consumer Research*, 14(1), 96. doi.org/10.1086/209096.

11 | 대세를 따르세요

1. Rettner, R. (2009, July 13). Why Are Human Brains So Big? *Livescience.Com*. Retrieved from www.livescience.com.

2. Resnick, B. (2018, May 23). Why do humans have such huge brains? Scientists have a few hypotheses. *Vox*. Retrieved from www.vox.com.

3. Ibid.

4. Mergenthaler, P., Lindauer, U., Dienel, G. A., & Meisel, A. (2013). Sugar for the brain: the role of glucose in physiological and pathological brain function. *Trends in Neurosciences*, 36(10), 587-597. doi.org/10.1016/j.tins.2013.07.001.

5. Bellini-Leite, S. (2013). The embodied embedded character of system 1 processing. *Mens Sana Monographs*, 11(1), 239-252. https://doi. org/10.4103/0973-1229.109345.

6. Jachimowicz, J., Duncan, S., Weber, E., & Johnson, E. (2019). When and why defaults in.uence decisions: A meta-analysis of default effects. *Behavioural Public Policy*, 3(2), 159-186. doi:10.1017/bpp.2018.43.

7. Peters, J., Beck, J., Lande, J., Pan, Z., Cardel, M., Ayoob, K., & Hill, J. O. (2016). Using healthy defaults in Walt Disney World restaurants to improve nutritional choices. *Journal of the Association for Consumer Research*, 1(1), 92-103. doi.org/10.1086/684364.

8. Johnson, E. J., & Goldstein, D. G. (2004). Defaults and donation decisions. *Transplantation*, 78(12), 1713-1716. doi.org/10.1097/01.TP.0000149788.10382.B2.

9. Jachimowicz, J., Duncan, S., Weber, E. U., & Johnson, E. (2019, April 16). Defaults Are Not the Same by Default. *Behavioral Scientist*. Retrieved from behavioralscientist.org.

10. Lima, E. (Personal Communication, 2020).

11. Brownstone, S. (2014, April 23). This Hospital Door Handle Sanitizes Your Hands As You Pull On It. *Fast Company*. Retrieved from https://www.fastcompany.com.

12. Babiarz, L. S., Savoie, B., McGuire, M., McConnell, L., & Nagy, P. (2014). Hand sanitizer-dispensing door handles increase hand hygiene compliance: A pilot study. *American Journal of Infection Control*, 42(4), 443-445. doi.org/10.1016/j.ajic.2013.11.009.

13. Ogilvy. (n.d.). Savlon Healthy Hands Chalk Sticks. Retrieved 29 October 2021, from www.ogilvy.com/work/savlon-healthy-hands-chalk-sticks.

추가 자료 및 더 읽어보면 좋을 것

Sloat, S. (2018, February 21). Human Brain Size Grew 200 Percent in 3 Million Years. *Inverse*. Retrieved from www.inverse.com.

Rettner, R. (2009, July 13). Why Are Human Brains So Big? Livescience.Com. Retrieved from www.livescience.com.

7, B. (2018, May 23). Why do humans have such huge brains? Scientists have a few hypotheses. *Vox*. Retrieved from www.vox.com.

Unicycle Creative. (2009, August 14). It's easy to pee green. In the shower, that is. Retrieved 29 October 2021, from unicyclecreative.com/2009/08/its-easy-to-pee-green-in-the-shower-that-is.

12 | 이보다 쉬울 순 없다

1. *Facing History and Ourselves*. (2017). Holocaust and Human Behavior-Chapter 7: Taking Austria (4th ed.). Retrieved from www.facinghistory.org/holocaust-and-human-behavior/chapter-7/taking-austria.

2. Camargo, M. G. G., Lunau, K., Batalha, M. A., Brings, S., Brito, V. L. G., & Morellato, L. P. C. (2019). How flower colour signals allure bees and hummingbirds: A community level test of the bee avoidance hypothesis. *The New Phytologist*, 222(2), 1112-1122. doi.org/10.1111/nph.15594.

3. Tsujimoto, S., & Ishii, H. (2017). Erratum to: Effect of flower perceptibility on spatial-reward associative learning by bumble bees.s00265-017-2354-9.

4. Springer. (2017, June 29). Bumble bees make a beeline for larger flowers: Flower size matters when bumble bees learn new foraging routes. *ScienceDaily*. Retrieved 27 October, 2021 from www.sciencedaily.com/releases/2017/06/170629101711.htm.

5. Roberts, J. (2019, May 15). Brexit Party logo 'subconsciously manipulates voters into backing Farage'. *Metro*. Retrieved from metro.co.uk.

6. Frearson, A. (2019, May 15). Brexit Party logo 'a very clever piece of graphic design' says Design of the Year winner. *Dezeen*. Retrieved from www.dezeen.com.

7. Paivio, A. (1971). *Imagery and Verbal Processes* (1st ed.). New York, USA: Holt, Rinehart & Winston.

8. Binder, J. R., Westbury, C. F., McKiernan, K. A., Possing, E. T., & Medler, D. A. (2005). Distinct brain systems for processing concrete and abstract concepts. *Journal of Cognitive Neuroscience*, 17(6), 905-917. doi.org/10.1162/0898929054021102.

9. Jortberg, P. G. (2015). Research Study Evaluating the Effectiveness of Caution Signs and Cones. Retrieved from www.conney.com/WEBSPHERE/PDFFILES/CAUTION%20SIGN%20RESEARCH%20STUDY.PDF.

10. Statista. (2011-2018). United Kingdom: greeting card market value 2011-2018 [Dataset]. Retrieved from www.statista.com/statistics/500956/greeting-card-market-value-united-kingdom-uk.

11. West, E. (2018). Understanding authenticity in commercial sentiment: The greeting card as emotional commodity. *Emotions as Commodities*, 123-144. doi.

org/10.4324/9781315210742-6.

12. NBC Universal. (2007, February 15). Chemo to coming out, Hallmark has the card. *NBC News*. Retrieved from www.nbcnews.com.

13. Arnold, K. C., Gajos, K. Z., & Kalai, A. T. (2016). On suggesting phrases vs. predicting words for mobile text composition. *Proceedings of the 29th Annual Symposium on User Interface Software and Technology*. doi.org/10.1145/2984511.2984584.

14. Apple. (n.d.). Apple - iOS 8 - QuickType. Retrieved 29 October 2021, from www.apple.com/my/ios/whats-new/quicktype.

15. Dohrmann, T., & Pinshaw, G. (2009, September). The roadmap to improved compliance: A McKinsey benchmarking study of tax administrations - 2008-2009. *McKinsey & Company*. Retrieved from www.mckinsey.com/~/media/mckinsey/dotcom/client_service/public%20sector/pdfs/road_improved_compliance.ashx.

16. The Behavioural Insights Team (BIT). (2014, April). EAST: Four simple ways to apply behavioural insights. *BIT*. Retrieved from www.bi.team/wp-content/uploads/2015/07/BIT-Publication-EAST_FA_WEB.pdf.

추가 자료 및 더 읽어보면 좋을 것

Bettinger, E. P., Long, B. T., Oreopoulos, P., & Sanbonmatsu, L. (2012). The role of application assistance and information in college decisions: Results from the H&R Block Fafsa experiment. *The Quarterly Journal of Economics*, 127(3), 1205-1242. doi.org/10.1093/qje/qjs017.

Cavendish, R. (2015, September). Discovery of the Lascaux Cave Paintings. *History Today*, 65(9). Retrieved from www.historytoday.com.

Clean It Supply. (2015, November 24). The Banana Cone brings a recognizable awareness to wet .oor safety. Retrieved 29 October 2021, from www.cleanitsupply.com/blog/the-banana-cone-brings-a-recognizable-awareness-to-wet-.oor-safety.

Lombardi, L., & Hashi, H. (2014, May 15). Sampuru: Japanese Plastic Food Models. Retrieved 29 October 2021, from www.tofugu.com/japan/sampuru. PwC Australia: Comms Lab. (2017, April). The Power of Visual Communication: Showing your story to land the message. PwC Australia. Retrieved from www.pwc.com.au/the-dierence/the-power-of-visual-communication-apr17.pdf.

13 | 한 번에 하나씩

1. *Royal Mail PAF (Postcode Address File)*. (2016, June 6). Postcodes are easier to remember than wedding anniversaries, birthdays, phone numbers and bank account details, Royal Mail reveals. Retrieved 29 October 2021, from www.poweredbypaf.com/postcodes-are-easier-to-remember-than-wedding-anniversaries-birthdays-phone-numbers-and-bank-account-details-royal-mail-reveals.

2. Miller. (1994). The magical number seven, plus or minus two: Some limits on our capacity for processing information. 1956. *Psychological Review*, 101(2), 343-352.

3. *gocognitive*. (2010, October 28). *alan baddeley postal codes* [Video file]. Retrieved from youtu.be/Jv0j4xwkdZM.

4. Williams, H., & Staples, K. (1992). Syllable chunking in zebra finch (Taeniopygia guttata) song. *Journal of Comparative Psychology*, 106(3), 278-286. doi.org/10.1037/0735-7036.106.3.278.

추가 자료 및 더 읽어보면 좋을 것

Fox, M. (2008). *Da Vinci and the Answers: A Playbook for Creativity and Fresh Ideas*. Austin, USA: Wizard Academy Press.

Huang, L., & Awh, E. (2018). Chunking in working memory via content-free labels. *Scientific Reports*, 8(1). doi.org/10.1038/s41598-017-18157-5.

Postal Heritage, & Sutton, P. (2010, October 6). Why are postcodes significant and where did they come from? Retrieved 29 October 2021, from postalheritage.wordpress.com/2010/10/06/why-are-postcodes-signi.cant-and-where-did-they-come-from.

Smith, M. (2021, February 10). Why are UK postcodes so memorable? Retrieved 29 October 2021, from psychologymarc.medium.com/why-are-uk-postcodes-so-memorable-b0457e2e8a0d.

14 | 행동을 일으키는 보이지 않는 끈

1. de Gelder, B., Tamietto, M., van Boxtel, G., Goebel, R., Sahraie, A., van den Stock, J., Pegna, A. (2008). Intact navigation skills after bilateral loss of striate cortex. *Current Biology*, 18(24), R1128-R1129. doi.org/10.1016/j.cub.2008.11.002.

2. Barratt, B. (2012). Attentional capture by emotional faces is contingent on attentional control settings. *Cognition and Emotion*, 26(7), 1223-1237. doi.org/10.1080/02699931.2011.645279.

3. Kawahara, J., Yanase, K., & Kitazaki, M. (2012). Attentional capture by the onset and offset of motion signals outside the spatial focus of attention. *Journal of Vision*, 12(12), 10. doi.org/10.1167/12.12.10.

4. Cosmides, L., & Tooby, J. (n.d.). Visual Attention. Center for Evolutionary Psychology - University of California Santa Barbara. Retrieved from www.cep.ucsb.edu/topics/attention.html.

5. Damasio, A. R. (2000). *Descartes' Error: Emotion, Reason and the Human Brain* (Repr.). New York, USA: Quill.

6. Soman, D. (2015). *The Last Mile: Creating Social and Economic Value from Behavioral Insights* (Rotman-Utp Publishing). Toronto, Canada: Rotman-UTP Publishing.

7. IDEC. (2012, May 9). Small change of habits, major contribution to the environment.

O Globo. Retrieved from oglobo.globo.com

8. Ibid.

15 | 정말 찰떡같이 들어맞네

1. Roos, D. (2021, June 16). Why Do We Get So Much Pleasure From Symmetry? *HowStuWorks*. Retrieved from science.howstuworks.com.

2. Bornstein, M. H., Ferdinandsen, K., & Gross, C. G. (1981). Perception of symmetry in infancy. *Developmental Psychology*, 17(1), 82-86. doi.org/10.1037/0012-1649.17.1.82.

3. Jones, B. C., & DeBruine, L. M. (2006). Why are symmetric faces attractive? *FaceResearch. org*. Retrieved from faceresearch.org/students/ notes/symmetry.pdf.

4. Gollwitzer, A., & Clark, M. S. (2019). Anxious attachment as an antecedent of people's aversion towards pattern deviancy. *European Journal of Social Psychology*, 49(6), 1206-1222. doi.org/10.1002/ejsp.2565.

5. Wadhwa, M., & Zhang, K. (2015). This number just feels right: The impact of roundedness of price numbers on product evaluations. *Journal of Consumer Research*, 41(5), 1172-1185. doi:10.1086/678484.

추가 자료 및 더 읽어보면 좋을 것

BBC News (Americas). (2004). 'Virgin Mary' toast fetches $28,000. *BBC News* (Americas). Retrieved from news.bbc.co.uk.

Canada Coin & Currency. (2013, January 24). The Devil's In The Details: The Story of the Devil's Face. Retrieved 29 October 2021, from canadiancoin.wordpress. com/2013/01/24/the-devils-in-the-details-the-story-of-the-devils-face.

Lightman, A. (2013). *The Accidental Universe: The World You Thought You Knew*. London, UK: Corsair Books.

Robson, D. (2014, July 30). Neuroscience: why do we see faces in everyday objects? *BBC Future*. Retrieved from www.bbc.com.

Shermer, M. (2008, December 1). Patternicity: Finding Meaningful Patterns in Meaningless Noise. *Scientific American*. Retrieved from www.scienti.camerican.com.

16 | 피드백이 필요해

1. Anglin, D., Spears, K. L., & Hutson, H. R. (1997). Flunitrazepam and its involvement in date or acquaintance rape. *Academic Emergency Medicine*, 4(4), 323-326. doi. org/10.1111/j.1553-2712.1997.tb03557.x.

2. Ibid.

3. Clopton, J., & Bhargava, H. D. (2019, July 29). Not Just One Reason Kids Don't Drink Enough Water. *WebMD*. Retrieved from www.webmd.com.

4. Williamson, M. R., Fries, R., & Zhou, H. (2016). Long-term effectiveness of radar speed

display signs in a university environment. *Journal of Transportation Technologies*, 6(3), 99-105.

추가 자료 및 더 읽어보면 좋을 것

Burkley, M. (n.d.). A Psychologist's Perspective: Why Radar Speed Signs are Effective in Reducing Speeding. Retrieved 1 November 2021 (via Web Archive), from web.archive.org/web/20210128040823/https://www. speedpatrol.com/why-radar-speed-signs-are-effective-in-reducing-speeding.

LaCapria, K., & Mikkelson, D. (2014, August 15). 'Undercover Colors': A Rape Drug-Detecting Nail Polish. Retrieved 29 October 2021, from www.snopes.com/fact-check/undercover-colors.

Nestlé Waters. (n.d.). Jump in and swim with Tummy.sh: Changing kids drinking habits in a fun way. Retrieved 1 November 2021 (via Web Archive), from web.archive.org/web/20201124152627/https://www.nestle-waters.com/our-stories/tummy.fish-drinking-water-app-for-kids.

Smith, J. E. W. (2019, January 22). It's cold! A physiologist explains how to keep your body feeling warm. *The Conversation*. Retrieved from theconversation.com.

17 | 완강한 마음

1. Barbra Streisand v. Kenneth Adelman et al., Superior Court of California, County of Los Angeles, USA. 20 May 2003, Case no. SC077257. Retrieved from www.californiacoastline.org/streisand/slapp-ruling-tentative.pdf.

2. Brehm, J. W. (1966). *A Theory of Psychological Reactance*. San Diego, CA: Academic Press.

3. Wang, H. (2020). Ironic effects of thought suppression: A meta-analysis. *Perspectives on Psychological Science*, 15(3), 778-793. doi.org/10.1177/1745691619898795.

4. Callcut, R. A., Robles, A. M., Kornblith, L. Z., Plevin, R. E., & Mell, M. W. (2019). Effect of mass shootings on gun sales-A 20-year perspective. *The Journal of Trauma and Acute Care Surgery*, 87(3), 531-540. doi.org/10.1097/ TA.0000000000002399.

5. Soules, M. (2015). *Media, Persuasion and Propaganda*. Edinburgh, UK: Edinburgh University Press.

6. Loewenstein, G. (1994). The psychology of curiosity : A review and reinterpretation. *Psychological Bulletin*, 116(1), 75-98. doi.org/10.1037//0033-2909.116.1.75.

7. Product Page: Barbie Colour Magic Surprise Reveal Doll Assortment. (n.d.). Retrieved 1 November 2021 (via Web Archive), from web.archive.org/web/20210123132457/https://www.argos.co.uk/product/7181135.

8. Gueguen, N., & Pascual, A. (2000). Evocation of freedom and compliance: The "but you are free of…" technique." *Current Research in Social Psychology*, 5(18), 264-270.

Retrieved from crisp.org.uiowa.edu/sites/crisp.org.uiowa.edu/files/2020-04/5.18.pdf.

9. Carpenter, C. J. (2013). A meta-analysis of the effectiveness of the "but you are free" compliance-gaining technique. *Communication Studies*, 64(1), 6-17. doi.org/10.1080/1 0510974.2021.727941.

10. Gallagher, S. (2020, November 2). Burger King encourages people to eat at McDonalds and KFC ahead of second lockdown. *The Independent*. Retrieved from www. independent.co.uk.

추가 자료 및 더 읽어보면 좋을 것

Cacciottolo, M. (2021, June 15). The Streisand Effect: When censorship backfires. *BBC News*. Retrieved from www.bbc.com.

McGinley, T. (2015, March 3). Bank of Canada urges 'Star Trek' fans to stop 'Spocking' their fivers. Retrieved 29 October 2021, from dangerousminds.net/comments/bank_of_ canada_urges_star_trek_fans_ to_stop_spocking_their_ fivers.

18 | 함께하는 데는 이유가 있다

1. Than, K. (2006, November 20). Wild Sex: Where Monogamy is Rare. *Livescience.Com*. Retrieved from www.livescience.com.

2. Whiteman, L. (2013, February 13). Animal Attraction: The Many Forms of Monogamy in the Animal Kingdom. Retrieved 29 October 2021, from www.nsf.gov/discoveries/ disc_summ.jsp?cntn_id=126932.

3. Sharp, B. (2010). *How Brands Grow: What Marketers Don't Know*. Oxford, UK: Oxford University Press.

4. Wollan, R., Davis, P., de Angelis, F., & Quiring, K. (2017). Seeing Beyond the Loyalty Illusion: It's time you invest more wisely. Accenture Strategy. Retrieved from www. accenture.com/_acnmedia/pdf-43/accenture-strategy-gcpr-customer-loyalty.pdf.

5. Sharp (2010).

6. Trivers, R. L. (1972). Parental Investment and Sexual Selection. In Campbell, B. G. (ed.), *Sexual Selection and the Descent of Man: The Darwinian Pivot* (1st ed.) (pp. 136-179). Chicago, USA: Aldine Publishing Company. doi.org/10.4324/9781315129266.

7. Carlisle, T. R. (1985). Parental response to brood size in a cichlid fish. Animal Behaviour, 33(1), 234-238. doi.org/10.1016/s0003-3472(85)80137-8.

추가 자료 및 더 읽어보면 좋을 것

Gabbatiss, J. (2016, February 13). Why pairing up for life is hardly ever a good idea. *BBC Earth*. Retrieved (via Web Archive) from web.archive.org/ web/20200201044713/ http://www.bbc.com/earth/story/20160213-why-pairing-up-for-life-is-hardly-ever-a- good-idea.

Macdonald, D. W., Campbell, L. A. D., Kamler, J. F., Marino, J., Werhahn, G., & Sillero-Zubiri, C. (2019). Monogamy: Cause, consequence, or corollary of success in wild canids? *Frontiers in Ecology and Evolution*, 7. doi.org/10.3389/fevo.2019.00341.

19 | 나는 곧 내 말이다

1. Adweek. (2018, July 10). Palau Pledge - Interview With Host/Havas [Video file]. Retrieved from youtu.be/vmfTL6lTECw.
2. Meredith, M. (2013, October 21). Why Do We Raise Our Right Hands When Testifying Before the Court? Retrieved 29 October 2021, from nwsidebar.wsba.org/2013/10/21/raise-right-hand-court.
3. Rose.eld, H. (2014, June 20). A Brief History of Oaths and Books. *The New Yorker*. Retrieved from www.newyorker.com.
4. Mazar, N., Amir, O., & Ariely, D. (2008). The dishonesty of honest people: A theory of self-concept maintenance. *Journal of Marketing Research*, 45(6), 633-644. doi.org/10.1509/jmkr.45.6.633.
5. Michaels, S. (2009, July 13). Oasis refund fans almost £1m. *The Guardian*. Retrieved from www.theguardian.com.
6. Chou, E. Y. (2015). What's in a name? The toll e-signatures take on individual honesty. *Journal of Experimental Social Psychology*, 61, 84-95. doi.org/10.1016/j.jesp.2015.07.010.
7. Martin, S. J., Bassi, S., & Dunbar-Rees, R. (2012). Commitments, norms and custard creams - a social influence approach to reducing did not attends (DNAs). *Journal of the Royal Society of Medicine*, 105(3), 101-104. doi.org/10.1258/jrsm.2001.100250.
8. Chou (2015).
9. Wertenbroch, K. (1998). Consumption self-control by rationing purchase quantities of virtue and vice. *Marketing Science*, 17(4), 317-337. doi.org/10.1287/mksc.17.4.317.
10. Schwartz, J., Mochon, D., Wyper, L., Maroba, J., Patel, D., & Ariely, D. (2014). Healthier by precommitment. *Psychological Science*, 25(2), 538-546. doi.org/10.1177/0956797613510950.
11. World Health Organization (WHO). (2020, September 8). Children: improving survival and well-being. Retrieved 29 October 2021, from www.who.int/news-room/fact-sheets/detail/children-reducing-mortality.
12. Gurnani, V., Haldar, P., Aggarwal, M. K., Das, M. K., Chauhan, A., Murray, J., & Sudan, P. (2018). Improving vaccination coverage in India: lessons from Intensi.ed Mission Indradhanush, a cross-sectoral systems strengthening strategy. *BMJ*, k4782. doi.org/10.1136/bmj.k4782.

추가 자료 및 더 읽어보면 좋을 것

Gye, H. (2013, July 7). Man in Turkey wears a cage on his head to stop himself having a cigarette. *Mail Online*. Retrieved from www.dailymail.co.uk. Jani, J. V., de Schacht, C., Jani, I. V., & Bjune, G. (2008). Risk factors for incomplete vaccination and missed opportunity for immunization in rural Mozambique. BMC Public Health, 8(1). doi. org/10.1186/1471-2458-8-161.

Jani, J. V., de Schacht, C., Jani, I. V., & Bjune, G. (0225). Risk factors for incomplete vaccination and missed opportunity for immunization in rural Mozambique. *BMC Public Health*, 5(3). doi.org/32.335B/3143-0175-5-3B3.

Knight, K. (2013, July 9). Turkish man Ibrahim Yucel from Kutahya locks head in cage to stop smoking. *Metro*. Retrieved from metro.co.uk. Pruden, J. G. (2019, November 17). Eagle feathers, like the Bible, now an option for swearing oaths in all Alberta courts. *The Globe and Mail*. Retrieved from www.theglobeandmail.com.

20 | 다 왔어, 냄새가 나!

1. Miller, D. T., & Gunasegaram, S. (1990). Temporal order and the perceived mutability of events: Implications for blame assignment. *Journal of Personality and Social Psychology*, 59(6), 1111-1118. doi.org/10.1037/0022-3514.59.6.1111.

2. Hull, C. L. (1934). The rat's speed-of-locomotion gradient in the approach to food. *Journal of Comparative Psychology*, 17(3), 393-422. doi.org/10.1037/h0071299.

3. Kivetz, R., Urminsky, O., & Zheng, Y. (2006). The goal-gradient hypothesis resurrected: Purchase acceleration, illusionary goal progress, and customer retention. *Journal of Marketing Research*, 43(1), 39-58. doi.org/10.1509/jmkr.43.1.39.

4. Nunes, J., & Dreze, X. (2006). The endowed progress effect: How artificial advancement increases effort. *Journal of Consumer Research*, 32(4), 504-512. doi.org/10.1086/500480.

21 | 잘 될 때도 있고 안 될 때도 있는 거지

1. Ferster, C. B., & Skinner, B. F. (1957). Schedules of reinforcement. *Appleton-Century-Crofts*. doi.org/10.1037/10627-000.

2. Staddon, J. E. R. (2001). *The New Behaviorism* (2nd ed.). Amsterdam, Netherlands: Amsterdam University Press.

3. MacPherson, L. (2018, November 8). A Deep Dive on Variable Rewards and How to Use Them. Retrieved 29 October 2021, from designli.co/ blog/a-deep-dive-on-variable-rewards-and-how-to-use-them.

4. Knutson, B., Wimmer, G. E., Kuhnen, C. M., & Winkielman, P. (2008). Nucleus accumbens activation mediates the influence of reward cues on financial risk taking. *NeuroReport*, 19(5), 509-513. doi.org/10.1097/ wnr 0h013e3?82f85c01.

5. Press Association. (, July). 'I thought I was going to die,' says girl who ate spicy Doritos.

The Guardian. Retrieved from www.theguardian.com.

6. Kinder Surprise. (n.d.). *Wikipedia.* Retrieved 29 October 2021, from en.wikipedia.org/wiki/Kinder_Surprise.

7. Elgot, J., & Addley, E. (2015, April 22). Pret staff's free coffee for people they like: discrimination or a nice gesture? *The Guardian.* Retrieved from www.theguardian.com.

8. Saul, H. (2015, April 22). Pret A Manger sta give free coffee and food to customers they like or find attractive. *The Independent.* Retrieved from www.independent.co.uk.

22 | 뇌가 경험하는 시간

1. Healy, K., McNally, L., Ruxton, G. D., Cooper, N., & Jackson, A. L. (2013). Metabolic rate and body size are linked with perception of temporal information. *Animal Behaviour*, 86(4), 685-696.

2. Eagleman, D. M., & Pariyadath, V. (2009). Is subjective duration a signature of coding eciency? *Philosophical Transactions of the Royal Society B: Biological Sciences*, 364(1525), 1841-1851.

3. Cepelewicz, J. (2020, September 24). Reasons Revealed for the Brain's Elastic Sense of Time. *Quanta Magazine.* Retrieved from www.quantamagazine.org.

4. Wittmann, M. (2010). The neural substrates of subjective time dilation. *Frontiers in Human Neuroscience.* doi.org/10.3389/neuro.09.002.2010.

5. Kahneman, D., & Riis, J. (2005). Living, and thinking about it: Two perspectives on life. *The Science of Well-Being*, 284-305. doi.org/10.1093/acprof:oso/9780198567523.003.0011.

6. Kemp, S., Burt, C., & Furneaux, L. (2008). A test of the peak-end rule with extended autobiographical events. *Memory & Cognition*, 36(1), 132-138. doi.org/10.3758/MC.36.1.132.

7. TEDGlobal 2009. (2009, July). *Life lessons from an ad man. Rory Sutherland* [Video file]. Retrieved from www.ted.com/talks/rory_sutherland_life_lessons_from_an_ad_man#t-133475.

8. Quarmby, D. A. (1967). Choice of travel mode for the journey to work. *Journal of Transport Economics and Policy*, 273-314.

9. Nie, W. (2000). Waiting: integrating social and psychological perspectives in operations management. *Omega*, 28(6), 611-629. doi.org/10.1016/s0305-0483(00)00019-0.

추가 자료 및 더 읽어보면 좋을 것

Galloway, R. (2017, September 17). Why is it so hard to swat a fly? *BBC News.* Retrieved from www.bbc.co.uk.

Lawton, G. (2016, September 6). What Is The Oddball Effect? This Psychological Phenomenon May Explain Why You Perceive Time Differently. *Bustle.* Retrieved from www.bustle.com.

Livni, E. (2019, January 8). Physics explains why time passes faster as you age. *Quartz*. Retrieved from qz.com.

Norman, D. (2008). The psychology of waiting lines. jnd. org/the_psychology_of_waiting_lines.

Press Association. (2013, September 16). Time passes more slowly for flies, study finds. *The Guardian*. Retrieved from www.theguardian.com.

Reas, E. (2014, July 1). Small Animals Live in a Slow-Motion World. *Scientific American*. Retrieved from www.scienti.camerican.com.

TED. (2010, March 1). *The riddle of experience vs. memory. Daniel Kahneman* [Video file]. Retrieved from youtu.be/XgRlrBl-7Yg.

The University of Edinburgh. (2016, April 5). Time perception varies between animals. Retrieved 29 October 2021, from www.ed.ac.uk/news/2013/time-160913.

23 | 힘든 것도 미리 알면 낫다

1. Piper, J. (Host). (2019, September 27). *John Piper's Most Bizarre Moment in Preaching* (no. 1374) [Audio podcast episode]. In Ask Pastor John. Desiring God. www.desiringgod.org/interviews/john-pipers-most-bizarre-moment-in-preaching.

2. TheologyJeremy. (2018, Feb 17). *John Piper gets Laughed at by 8000 Christian Counselors* [Video file]. Retrieved from www.youtube.com/ watch?v=EI7KAOSFq2A.

3. Reynolds, R. F., & Bronstein, A. M. (2003). The broken escalator phenomenon: Aftereffect of walking onto a moving platform. *Experimental Brain Research*, 151(3), 301-308. doi.org/10.1007/s00221-003-1444-2.

4. DuBose, C.N., Cardello, A. V., & Maller, O. (1980). Effects of colorants and .avorants on identi.cation, perceived .flavor intensity, and hedonic quality of fruit .flavored beverages and cake. *Journal of Food Science*, 45, 1393-1399.

5. McClure, S. M., Li, J., Tomlin, D., Cypert, K. S., Montague, L. M., & Montague, P. R. (2004). Neural correlates of behavioral preference for culturally familiar drinks. *Neuron*, 44, 379-387.

6. de Berker, A. O., Rutledge, R. B., Mathys, C., Marshall, L., Cross, G. F., Dolan, R. J., & Bestmann, S. (2016). Computations of uncertainty mediate acute stress responses in humans. *Nature Communications*, 7(1). doi.org/10.1038/ncomms10996.

7. Campbell, D. (2016, October 6). Time warp: why uncertainty affects how we perceive time. Retrieved 31 October 2021, from www.utoronto.ca/news/time-warp-why-uncertainty-affects-how-we-perceive-time.

8. van de Ven, N., van Rijswijk, L., & Roy, M. M. (2011). The return trip effect: Why the return trip often seems to take less time. *Psychonomic Bulletin & Review*, 18(5), 827-832. doi.org/10.3758/s13423-011-0150-5.

9. Ibid.

10. D. (2021, April 1). No Jokes It's Not Awful in the Parks . Disney World Wait Times for Thursday, April 1, 2021. Retrieved 31 October 2021, from touringplans.com/blog/no-jokes-its-not-awful-in-the-parks-disney-world-wait-times-for-thursday-april-1-2021.

11. van de Ven et al. (2011).

12. Kamat, P., & Hogan, C. (2019, January, 28). How Uber Leverages Applied Behavioral Science at Scale. Retrieved 16 November, 2020 from eng.uber.com/applied-behavioral-science-at-scale.

13. Whitson, J. A., & Galinsky, A. D. (2008). Lacking control increases illusory pattern perception. *Science*, 322(5898), 115-117. doi.org/10.1126/science.1159845.

14. Homans, G. C. (1941). Anxiety and ritual: The theories of Malinowski and Radclie-Brown. *American Anthropologist*, 43(2), 164-172. doi.org/10.1525/aa.1941.43. 2.02a00020.

15. Whitson & Galinsky (2008).

16. Sales, S. M. (1973). Threat as a factor in authoritarianism: An analysis of archival data. *Journal of Personality and Social Psychology*, 28(1), 44-57. doi.org/10.1037/h0035588.

17. Keinan, G. (1994). Effects of stress and tolerance of ambiguity on magical thinking. *Journal of Personality and Social Psychology*, 67(1), 48-55.doi.apa.org/getdoi.cfm?d oi=10.1037/0022-3514.67.1.48.

18. Mele, C. (2016, October 27). Pushing That Crosswalk Button May Make You Feel Better, but··· *The New York Times*. Retrieved from www.nytimes.com.

19. The pros and cons of placebo buttons. *The Economist*. (2019, January 26). Retrieved from www.economist.com.

20. Paumgarten, N. (2014, July 28). Up and Then Down. *The New Yorker*. Retrieved from www.newyorker.com.

추가 자료 및 더 읽어보면 좋을 것

Lewis, M. (2016, April 4). Why we're hardwired to hate uncertainty. *The Guardian*. Retrieved from www.theguardian.com.

24 | 즐거우면 시간 가는 줄 모른다

1. Stone, A. (2012, August 18). Opinion Why Waiting in Line Is Torture. *The New York Times*. Retrieved from www.nytimes.com.

2. Bench, S., & Lench, H. (2013). On the Function of Boredom. *Behavioral Sciences*, 3(3), 459-472. doi.org/10.3390/bs3030459.

3. Stone (2012, August 18).

추가 자료 및 더 읽어보면 좋을 것

Danckert, J. A., & Allman, A. A. A. (2005). Time flies when you're having fun: Temporal estimation and the experience of boredom. *Brain and Cognition*, 59(3), 236-245. doi. org/10.1016/j.bandc.2005.07.002.

Debczak, M. (2020, August 11). The Psychological Tricks Disney Parks Use to Make Long Wait Times More Bearable. *Mental Floss*. Retrieved from www.mental.oss.com.

History.com Editors. (2009, November 24). Disneyland opens. Retrieved 1 November 2021, from www.history.com/this-day-in-history/disneyland-opens.

Jarrett, C. (n.d.). Why does time seem to go slower when we're bored? *BBC Science Focus Magazine*. Retrieved from www.sciencefocus.com.

Just Disney. (n.d.). Disneyland Opening Day. Retrieved 1 November 2021, from www. justdisney.com/Features/disneyland_opening/index.html.

Larson, R. C. (1987). Perspectives on queues: Social justice and the psychology of queueing. *Operations Research*, 35(6), 895-905. doi. org/10.1287/opre.35.6.895.

Merrifield, C., & Danckert, J. (2013). Characterizing the psychophysiological signature of boredom. *Experimental Brain Research*, 232(2), 481-491. doi.org/10.1007/s00221-013-3755-2.

25 | 끝이 좋으면 다 좋은 법

1. Kahneman, D., Fredrickson, B. L., Schreiber, C. A., & Redelmeier, D. A. (1993). When more pain is preferred to less: Adding a better end. *Psychological Science*, 4(6), 401-405. doi.org/10.1111/j.1467-9280.1993. tb00589.x.

2. Ibid.

3. Eyal, N. (n.d.). Peak-End Rule: Why You Make Terrible Life Choices. Retrieved 1 November 2021, from www.nirandfar.com/peak-end-rule.

4. Kemp et al. (2008).

5. Hoogerheide, V., Vink, M., Finn, B., Raes, A. K., & Paas, F. (2017). How to bring the news··· peak-end effects in children's affective responses to peer assessments of their social behavior. *Cognition and Emotion*, 32(5), 1114-1121. doi.org/10.1080/02699931. 2017.1362375.

6. Heath, C., & Heath, D. (2017). *The Power of Moments: Why Certain Experiences Have Extraordinary Impact*. New York, United States: Simon & Schuster.

7. Magic Castle Hotel. (n.d.). Magic Castle Hotel - Our Anniversary Vacation. Retrieved 1 November 2021, from www.magiccastlehotel.com/reviews/our-anniversary-vacation. html.

8. Strohmetz, D. B., Rind, B., Fisher, R., & Lynn, M. (2002). Sweetening the till: The use of candy to increase restaurant tipping. Journal of Applied Social Psychology, 32(2), 300-309. doi.org/10.1111/j.1559-1816.2002.tb00216.x.

9. Egan Brad, L. C., Lakshminarayanan, V. R., Jordan, M. R., Phillips, W. C., & Santos, L. R. (2016). The evolution and development of peak. end effects for past and prospective experiences. *Journal of Neuroscience, Psychology, and Economics*, 9(1), 1-13. doi. org/10.1037/npe0000048.

10. Freedman, D. H. (2013, July). How Junk Food Can End Obesity. *The Atlantic*. Retrieved from www.theatlantic.com.

11. Technical glitches mar Amazon's Prime Day, threatening $4.6b haul. (2018, July 17). *The Sydney Morning Herald*. Retrieved from www.smh.com.au.

12. Amazon Staff. (2019, July 30). How much does Amazon love dogs? Just ask one of the 7,000 pups that "work" here. Retrieved 16 November 2021, from www.aboutamazon. com/news/workplace/how-much-does-amazon-love-dogs-just-ask-one-of-the-7-000-pups-that-work-here.

13. Stevens, B. (2018, July 19). Amazon Prime Day loses $90m due to outage but still breaks records. Retrieved 1 November 2021, from www. retailgazette.co.uk/blog/2018/07/amazon-prime-day-loses-m-due-outage-still-breaks-records.

추가 자료 및 더 읽어보면 좋을 것

Cherry, K. (2020, May 10). Biological Preparedness and Classical Conditioning. Retrieved 1 November 2021, from www.verywellmind.com/ what-is-biological-preparedness-2794879.

Westfall, P. (2017, November 13). 16 Super Clever 404 Pages that are Totally On-Brand. Retrieved 1 November 2021, from www.pagecloud.com/ blog/best-404-pages.

26 | 새로운 시선: 맨땅에서 시작하지 마라

1. Goodyear, L., Hossain, T., & Soman, D. (2022). Prescriptions for Successfully Scaling Behavioral Interventions. In Maar, N., & Soman, D. (2022). *Behavioral Science in the Wild*. Toronto, Canada: University of Toronto Press.

2. Martin, R. L. (2020). *When More Is Not Better: Overcoming America's Obsession with Economic Efficiency*. Boston, USA: Harvard Business Review Press.

3. Krijnen, J. (2018, September 18). Choice Architecture 2.0: How People Interpret and Make Sense of Nudges. *Behavioral Scientist*. Retrieved from behavioralscientist.org.

4. Smets, K. (2018, July 24). There Is More to Behavioral Economics Than Biases and Fallacies. *Behavioral Scientist*. Retrieved from behavioralscientist.org.

옮긴이 **안종희**

서울대학교 지리학과와 환경대학원(교통계획학 전공), 장로회신학대학원을 졸업했다. 현재 바른
번역 소속 번역가로 활동하고 있다. 옮긴 책으로 《선택 설계자들》《C레벨의 탄생》《도시는 왜
불평등한가》 등이 있다.

살아남는 생각들의 비밀

초판 발행 · 2024년 5월 15일

지은이 · 샘 테이텀
옮긴이 · 안종희
발행인 · 이종원
발행처 · (주)도서출판 길벗
브랜드 · 더퀘스트
출판사 등록일 · 1990년 12월 24일
주소 · 서울시 마포구 월드컵로 10길 56(서교동)
대표전화 · 02)332-0931 | **팩스** · 02)323-0586
홈페이지 · www.gilbut.co.kr | **이메일** · gilbut@gilbut.co.kr
대량구매 및 납품 문의 · 02)330-9708

기획 및 책임편집 · 박윤조(joecool@gilbut.co.kr) | **편집** · 안아람, 이민주
마케팅 · 정경원, 김진영, 김선영, 최명주, 이지현, 류효정 | **유통혁신팀** · 한준희
제작 · 이준호, 손일순, 이진혁 | **영업관리** · 김명자, 심선숙 | **독자지원** · 윤정아

교정교열 및 전산편집 · 이은경 | **표지디자인** · 디자인[★]규 | **CTP 출력, 인쇄, 제본** · 정민

ISBN 979-11-407-0931-1 03320
(길벗 도서번호 040235)

정가 21,000원

독자의 1초까지 아껴주는 길벗출판사

㈜도서출판 길벗 | IT교육서, IT단행본, 경제경영서, 어학&실용서, 인문교양서, 자녀교육서 **www.gilbut.co.kr**
길벗스쿨 | 국어학습, 수학학습, 어린이교양, 주니어 어학학습, 학습단행본 **www.gilbutschool.co.kr**

페이스북 **www.facebook.com/thequestzigy**
네이버 포스트 **post.naver.com/thequestbook**